Nicole Heymann

WELT
GESTALTER

Wie wir als Kinder Gottes die Schöpfung nachhaltig prägen

W0198041

SCM

Hänssler

SCM

Stiftung Christliche Medien

SCM Hänssler ist ein Imprint der SCM Verlagsgruppe, die zur Stiftung
Christliche Medien gehört, einer gemeinnützigen Stiftung, die sich für
die Förderung und Verbreitung christlicher Bücher, Zeitschriften,
Filme und Musik einsetzt.

MIX
Papier aus verantwor-
tungsvollen Quellen
FSC® C084279

© 2022 SCM Hänssler in der SCM Verlagsgruppe GmbH
Max-Eyth-Straße 41 · 71088 Holzgerlingen
Internet: www.scm-haenssler.de · E-Mail: info@scm-haenssler.de

Hauptübersetzung:
Neues Leben. Die Bibel, © der deutschen Ausgabe 2002, 2006 und
2017 SCM R.Brockhaus in der SCM Verlagsgruppe GmbH Holzgerlingen. (NLB)
Weiter wurde verwendet:
Lutherbibel, revidiert 2017, © 2016 Deutsche Bibelgesellschaft, Stuttgart. (LUT 2017)

Lektorat: Mirja Wagner, www.lektorat-punktlandung.de
Umschlaggestaltung und Titelbild-Illustration:
Astrid Shemilt // Büro für Illustration & Gestaltung, www.astridshemilt.com
Autorenfoto: © Jeffrey Werner
Satz: typoscript GmbH, Walddorfhäslach
Illustrationen im Innenteil: Yun-mi Willems
Druck und Bindung: Print Consult GmbH
Gedruckt in der Slowakei
ISBN 978-3-7751-6166-4
Bestell-Nr. 396.166

INHALT

GOTT UND DIE WELT AM JÄGERTURM

Neulich am oberen Rand von Ewersbach …

Es war April, draußen hatte es gerade geregnet, und die Luft war herrlich frisch. Vor meinem Fenster lud mich der Nadelwald zum Spaziergang ein. Doch ich gebe zu, mein Bett sah auch recht verlockend aus: Ich saß gerade mit Kopf- und Rückenschmerzen an meinem Schreibtisch im Wohnheim und hatte mein Zimmer heute noch nicht verlassen. Der Grund: meine Masterarbeit. Aber Bewegung soll ja gesund sein, und außerdem kam gerade die Sonne hinter den Wolken hervor! Also schleppte ich mich die Treppe hinunter, zur Tür hinaus und den Waldweg hoch.

Wer die Theologische Hochschule Ewersbach und ihre Umgebung kennt, weiß, dass es dort ruhig ist. Sehr ruhig: Auf dem bewaldeten Berg eine kleine Hochschule, im Tal ein kleines Dorf – Einwohnerzahl zusammengenommen: knapp unter 3000. In der Zeit, in der ich draußen war, sah ich keinen einzigen Menschen – und auch keine größeren Tiere. In der Ferne hörte ich lediglich ein paar Kinder spielen.

Ich versuchte zur Ruhe zu kommen – und war sauer auf mich selbst, als es nicht klappte. Aber meine negative Gedankenspirale wurde unterbrochen: Ich sah am linken Wegrand einen verwitterten Jägerturm. Er war grob aus Baumstämmen und Brettern zusammengesetzt und an manchen Stellen schon repariert worden. Doch er war noch stabil. Also kletterte ich, trotz meiner Höhenangst, neugierig die Leiter hinauf.

Oben angekommen setzte ich mich erst mal auf die Bank. Durch die Ritzen der Bodenbretter konnte ich den Waldboden erkennen. Ein unheimliches Gefühl. Gleichzeitig fühlte ich mich wie ein Kind in seinem Baumhaus. Als ob der Beginn eines Abenteuers vor mir lag. So ließ ich die Höhenangst unten liegen und betrachtete meine Umgebung. »Anker lichten, ihr Landratten, es kann losgehen!« Aber im Gegensatz zu einem Kind hatte ich keine Schatzkarte bei mir und hielt auch nicht Ausschau nach Angreifern. Hätte mich jemand beobachtet, hätte er vermutlich gesagt, dass ich in den nächsten zwanzig Minuten gar nichts tat. War es also doch kein Abenteuer? Doch, war es. Denn es passierten zwei Dinge: Erstens, ich horchte, ich spürte in meine fünf Sinne hinein und kam endlich zur Ruhe. Und zweitens hatte ich so etwas wie eine Begegnung mit Gott und der Welt. Unspektakulär und doch ganz besonders. Ich sah zum Beispiel Kritzeleien im Turm, die mir zeigten, dass Menschen vor mir hier gewesen waren und nach mir auch sein würden. Ich sah die Bäume, die teilweise wegen vorangegangener Trockenheit dürr waren, oder einen kleinen Käfer, wie er vorbeikrabbelte. Und ich merkte, dass all diese Eindrücke Teil eines Systems waren. In diesem Moment spürte ich eine tiefe Verbundenheit mit der ganzen Schöpfung – und mit Gott, der diese Schöpfung hält. Es war, als ob er damit sagen würde:»Ich halte all das und mehr. Schau also aufmerksam in die Welt, liebes Geschöpf, denn dort findest du mich am Werk.« So kletterte ich mit einem Gefühl des Friedens und der Verbundenheit den Turm irgendwann wieder runter, und kehrte zum Wohnheim zurück.

Weltgestalter sein

In diesem Buch werde ich dich (und mich) als Weltgestalter bezeichnen. Warum? Weil ich glaube, dass wir als Christinnen und Christen von Gott dazu geschaffen sind, mit ihm zu leben und mit ihm seine Welt zu gestalten. Natürlich können prinzipiell alle Menschen die Welt gestalten, aber ich möchte hier bewusst die Perspektive auf Gott legen: Wir müssen diese Welt nicht allein gestalten und alle Last allein tragen. Gott ist mit uns.

Du und ich haben das volle Leben geschenkt bekommen und dürfen es einsetzen. Wir sind Weltgestalter. Das ist das Abenteuer, zu dem Gott uns einlädt!

Weltgestalter sein heißt also nicht, dass man einem bestimmten Persönlichkeitstyp entsprechen oder besonders leistungsfähig sein muss. Es heißt vor allem, dass wir mit Gott und der Welt eine ganzheitliche Beziehung leben. Dort oben auf dem Jägerturm habe ich zwar nur dagesessen und hingehört. Aber dadurch habe ich eine Verbundenheit zur Welt gespürt und neu den Wunsch gehabt, diese Welt aktiv zu gestalten. Je mehr wir also Gott und sein Herz kennenlernen, desto mehr lernen wir auch unsere Rolle und unsere Liebe zu seiner Schöpfung kennen. Egal, ob bei geistlichen, praktischen, stillen oder sozial sichtbaren Lebensbereichen: Du und ich haben das volle Leben geschenkt bekommen und dürfen es einsetzen. Wir sind Weltgestalter. Das ist das Abenteuer, zu dem Gott uns einlädt!

Alles ist verbunden

Egal, ob man ständig unterwegs ist oder immer im selben Dorf lebt: Wir alle sind miteinander und mit Gott verbunden. Das gilt nicht nur für Menschen, sondern auch für Tiere, Pflanzen und mehr. Deshalb geht es in diesem Buch auch um Zusammenhänge – solche, die uns persönlich berühren, aber auch solche, die ganze Gesellschaften und Naturgewalten betreffen.

Als ich dort auf dem Jägerturm saß, stachen mir einige dieser Zusammenhänge förmlich ins Auge: Manche Bäume waren gesund, aber viele waren dürr, und andere waren bereits abgeholzt worden. Und ich wusste genau warum: Der Klimawandel führt seit Jahren zu unregelmäßigen Regen- und Trockenzeiten, was selbst einen fernen Wald in Ewersbach beeinflusst. Gleichzeitig saß ich auf einem Turm, den ein anderer gebaut und repariert hatte. Unbekannte Personen waren vor mir hier gewesen und hatten ihre Initialen eingeritzt, hatten also einen kleinen Schnittpunkt mit meinem Leben. Große und kleine Zusammenhänge beeinflussen mich, und ich habe Einfluss auf diese Zusammenhänge.

Mit anderen Worten: Unser Leben dreht sich um mehr als nur um uns selbst. Wir stehen immer in Beziehung zu unserer Umgebung. Das klingt anstrengend, ist aber gleichzeitig mit tiefem Frieden verbunden: Du und ich sind Teil des großen Ganzen, und Gott hält alles zusammen. Gott ist der Künstler und du und ich dürfen Pinselstriche in seinem großen Gemälde sein. Leben mit Gott und Welt ist ganzheitlich. So dürfen wir als Weltgestalter nicht nur in geistlichen Lebensbereichen etwas bewegen, sondern zum Beispiel auch in der Politik, in unserer Familie oder für die Umwelt. Selbst wenn du dich isoliert oder unfähig fühlen solltest, und sogar, wenn die Welt scheinbar aus den Fugen gerät: Du bist in eine Beziehung zu Gott eingeladen und kannst an dem Platz, an dem du gerade bist, Beziehung gestalten. Das ist das, was ich im Jägerturm gespürt habe, und auch das, was du hoffentlich beim Lesen spüren darfst.

In diesem Buch verbinde ich persönliche Erlebnisse und Geschichten mit Weisheiten der Bibel, die ganz praktisch in unser Leben sprechen. Dabei wird es im ersten Teil des Buches um das große Bild und die Frage gehen: »Warum sind wir Weltgestalter?« Denn wenn wir das wissen, können wir umso besser aktiv werden. Im zweiten Teil wird es dann konkret. Hier gebe ich Einblicke in praktische Themen, es wird also um die Frage gehen: »Wie werden wir zu Weltgestaltern – wie leben wir Beziehungen, wie bekämpfen wir Armut, was machen wir mit unserem Plastikmüll oder mit unserer Zeit…?«

Zum Abenteuer bitte rausgehen

Wir können nicht kontrollieren, wann und wo Gott zu uns spricht oder uns bewegt. Aber wir können uns dafür öffnen, indem wir »rausgehen«: raus aus unseren festgefahrenen Mustern, raus aus zu engen Vorstellungen von Gott, um dann mit neuem Blick in die Welt zu gehen. Ich ging zum Beispiel trotz meiner Kopfschmerzen raus in den Wald, ich kletterte trotz meiner Höhenangst auf den Jägerturm und ließ mich trotz des Unistresses auf die Ruhe des

Waldes ein. Es war ein Aufwand ohne Erfolgsgarantie: Ich hätte genauso gut nichts spüren können. Doch solche Risiken sind Teil des Lebens, auch unseres Lebens mit Gott.

Aber liebt Gott nicht bedingungslos? Ja, Gott kommt mit einem Geschenk. Aber dieses Geschenk ist kein Grund zum Stehenbleiben: es ist eine Einladung zu einer dynamischen Beziehung – zu einem Abenteuer, das Bewegung braucht. Zwang? Nein. Aber wenn du Fülle in Glauben und Leben erleben willst, dann ermutige ich dich als deine Mit-Abenteurerin: Lass die Impulse in diesem Buch an dich ran. Schau, was Gott in dir dadurch bestätigt, umkrempelt, tröstet oder neu belebt. Und dann geh mit diesen Impulsen raus in dein Leben mit Gott und der Welt.

Also dann: Anker lichten! Auf geht's!

Deine Nicole

Teil 1

GOTTES WELT GESTALTEN

Kapitel 1:
WARUM GANZHEITLICH?

Im ewigen Kreis

Alles ist dunkel. Man hört nur den sanften Wind und ein paar Vögel und Insekten. Ansonsten: Stille. Dann, wie ein Paukenschlag, schallt der Gesang eines Sängers über die Savanne. Der Himmel färbt sich orange, und ein afrikanischer Chor stimmt ein, während die Sonne über dem Horizont aufgeht. Kurze Zeit später versammeln sich unzählige Tiere vor dem Löwenfelsen: Der König und die Königin präsentieren ihren neugeborenen Sohn, Simba, und alle Tiere jubeln ihnen feierlich zu …

Erinnerst du dich noch an die erste Story, die dich so richtig beeindruckt hat? Für mich war es der Disney-Film »König der Löwen«. Ich war vier Jahre alt, als ich ihn zum ersten Mal sah, und war so begeistert, dass ich mein Plüschtier gleich Simba nannte. Okay, mein Plüschtier war ein Hund und kein Löwe, aber das war mir egal. Ich nahm Simba überall hin mit und spielte mit ihm den Film nach. Aber was genau hatte mich so fasziniert? Im Grunde genommen geht es im Film darum, wie Simba seinen Platz im »ewigen Kreis« findet. Die einzelnen Szenen sind zusammengenommen ein Bild dafür, wie ein junger Mensch von Selbstgefälligkeit zu Vollmacht und Verantwortung findet: Simba war vorher ein eingebildeter Prinz, dann ein ängstlicher Flüchtling, dann ein mutiger König. Auch wenn ich als Vierjährige nichts davon erklären konnte, hatte ich doch ein intuitives Gespür dafür. Ich wollte irgendwann auch, genau wie Simba, meinen Platz im »ewigen Kreis« einnehmen.

Vierzehn Jahre später stand ich kurz vor dem Abi und überlegte, was ich studieren könnte. Ich hatte alle möglichen Interessen: Wie wäre es mit Kunst, Agrarwissenschaft oder irgendwas in der Entwicklungshilfe? Eigentlich lag mir Kunst am Herzen, aber mit den anderen Berufen würde ich mehr Leuten helfen können. Wäre meine Entscheidung für ein Kunststudium zu egoistisch? Ich besprach die Sache im Gebet mit Gott. Ich meinte zu wissen, was er sagen würde. Doch seine Antwort überraschte mich:»Ich habe dir Kunst gegeben. Mach dich bereit für das, was kommt.« Bereit? Für was genau? Das sagte Gott mir nicht. Sein Reden war auch nicht wirklich spektakulär: Ich war zu dem Zeitpunkt einfach im Garten. Aber in diesem Moment spürte ich Gottes Reden in Form eines Wie-aus-dem-nichts-Gefühls: eine tiefe Dringlichkeit und zugleich ein tiefer Friede. Als ob die Sache wichtig und absolut richtig wäre. Ich schickte also eine Bewerbungsmappe los, und einige Monate später ging ich an die Kunstakademie in Karlsruhe.

Euer Evangelium ist zu klein!

Ich lernte, Ölfarben herzustellen, Wörter zu formen und mit einem Schweißgerät umzugehen. Ich hatte Freude an der Kunst, doch es fühlte sich so an, als ob noch etwas fehlen würde. Waren Biologie, Gartenarbeit, mein Glaube und mein Herz für soziale Gerechtigkeit etwa nicht mehr wichtig? War diese gute Nachricht Gottes, an die ich als Christin glaubte, nur etwas für meine frommen Gedanken oder hatte sie etwas mit meinem Leben zu tun?

Ohne es zu wissen, kam ich der Antwort auf diese Fragen näher: Meine Familie hatte eine Freundin, die auf der Insel Zypern ein Gebetshaus leitete. Sie und ihr Team boten ein sechswöchiges Praktikum namens »Closer« an (englisch für »näher«): näher zu Gott kommen. Das Programm klang interessant, und ich konnte es zeitlich mit dem Studium vereinbaren. Also buchte ich den Flug und reiste nach Zypern.[1] Natürlich verbrachten wir dort viel Zeit im Gebet. Aber die geistlichen Übungen standen nicht für sich allein: Das Gebetshaus unterstützte auch aktiv Projekte, die Sklaverei bekämpften und ehemaligen Opfern halfen. Als Praktikantinnen und Praktikanten durften einige diese sozialen und kreativen Arbeiten mitgestalten. Geistliche Übung und Einsatz in der Welt gehörten hier zusammen. So, wie ich das schon länger auf dem Herzen hatte. Neu war für mich aber, wie das mit dem Glauben in Verbindung gebracht wurde:

Roy Godwin, ein Gastredner, hielt einen Vortrag mit dem Titel »Your Gospel is too small« (Euer Evangelium ist zu klein). Er fragte uns zum Einstieg, was für uns dieses Evangelium sei. Wir gaben alle brav christliche Antworten: »Jesus ist für unsere Sünden gestorben …« »Nach dem Tod sind wir bei ihm im Himmel …« Hättest du ähnlich geantwortet? Roy hörte sich das alles an und nickte. Unsere Antworten seien typisch und auch nicht falsch, meinte er. Aber sie würden die gute Nachricht auf ein abstraktes Leben nach dem Tod reduzieren. Dabei müsse das gar nicht sein: Das Wort »Evangelium«, das aus dem Altgriechischen kommt, übersetzen wir meist mit »gute Nachricht«.[2] Nur sei sie nicht irgendeine abstrakte gute Nachricht, sondern die Nachricht eines Boten, der die Ankunft eines neuen Königs ankündigt, also ein feierlicher Herrschaftswechsel: Gott kommt als König mit einem neuen Reich zu uns – das, was Jesus in der Bibel »Reich Gottes« nennt. Man könnte auch sagen: Seine Welt, seine Macht, seine Regeln und seine Liebe kommen in unsere Welt. »Dein Reich komme. Dein Wille geschehe wie im Himmel so auf Erden« (Matthäus 6,10; LUT 2017) beten wir im Vaterunser. Gott schuf uns für gesunde Beziehungen zu sich, zu unseren Mitmenschen und unserer Umwelt. Roy erklärte es so: Das Evangelium ist nicht nur eine Linie, sondern wie ein Kreis – ein Kreis heiler Beziehungen im Hoheitsbezirk Gottes. Ein Teil des Kreises steht zum Beispiel für »Vergebung«, ein anderer für »Hunger bekämpfen« und wieder ein anderer für »durch Kunst die Welt schöner machen«. Jeder Mensch kommt anders mit dem Reich Gottes in Berührung. Jeder steigt an einer anderen Stelle in den Kreis ein. Aber dann kommt er nach und nach mit dem Rest des Kreises in Kontakt. Er lernt, wer er ist, dass Gott ihn geschaffen hat, wo Sünde und die ungemütlichen Dinge vor Gott versöhnt werden können und so vieles mehr.

Für mich war das wie eine Offenbarung: Ich dachte vorher, ich müsste Christsein, Kreativsein und mein soziales Engagement trennen – entweder etwas Kreatives oder etwas Soziales machen. Als ob es ein Ranking gäbe, bei dem nur bestimmte Dinge »fromm« oder »wichtig« wären. Aber das stimmt nicht: Wir sind schon jetzt, gemeinsam mit Gott, Weltgestalter. Das Kind in mir würde sagen: Wir sind im »ewigen Kreis«, König der Löwen in Real-Life!

Jetzt wird's ganzheitlich!

Ich werde im nächsten Kapitel genauer darauf eingehen, wie die Bibel diesen Gedanken aufgreift. Jetzt will ich erst mal einen Blick darauf werfen, was ich mit dem Wort »ganzheitlich« meine.

Stell dir dazu vor, du würdest von oben auf unsere Welt herabschauen. Vermutlich würden dir schon nach kurzer Zeit bestimmte Schlagwörter auffallen: Nachhaltigkeit, CO_2, Flüchtlingskrisen, Kriege, Rassismus, Hunger … Aber vielleicht würdest du auch die schönen Seiten bemerken: Familien, Musik, religiöse Sinnsuche,

Kunst, Spaß, Naturwunder, leckeres Essen, großartige Erfindungen, ja, vielleicht sogar das, das wir »Menschlichkeit« nennen.

All diese Themen betreffen uns ganzheitlich: Wir sind alle von ihnen betroffen und zugleich durch sie verbunden. Und es geht noch einen Schritt weiter: All diese Themen sind auch untereinander verbunden. Mit unserem Blick von oben merken wir: Die Welt ist nicht wie ein Apothekenschrank, in dem viele Dinge nebeneinander gelagert sind, sondern wie ein Netz, in dem alles miteinander verknüpft ist. Wenn ein Teil des Netzes sich ändert, ist auch der Rest betroffen. Dazu kommt, dass sich die Welt ständig verändert. Das Netz ist also zusätzlich noch in Bewegung! Kompliziert? Ja, irgendwie schon!

Woher soll man da noch wissen, wie man sich in diesem Netz bewegen soll? Was soll man schon machen angesichts der Zerstörung des Amazonas-Regenwaldes, des Ukrainekrieges, der Flüchtlinge im Mittelmeer oder rassistisch-motivierten Angriffen? Genau diese Frage hält viele davon ab, sich mit den großen Themen zu beschäftigen. Es scheint einfach zu kompliziert. Und es stimmt: Das große Bild ist zu kompliziert, um es jemals ganz zu überblicken. Und dennoch können wir mit einer »Groß-Bild-Brille« durch die Welt gehen: ganzheitlich sehen und denken. Das bedeutet, darauf zu achten, dass eine Strategie, Handlung oder Entscheidung möglichst allen Beteiligten gut und langfristig dient.[3] Wenn etwas ganzheitlich oder nachhaltig ist, dann hilft es ökonomisch (Jobs, Geld, Wirtschaft), ökologisch (Tier- und Umweltschutz) und sozial (gesunde Beziehungen, Familienhilfe).

Natürlich macht nicht jeder alles. Aber trotzdem kann man als Einzelperson, Firma oder Verein seinen Schwerpunkt so legen, dass er mehr im Blick hat als nur sich selbst: Wenn ein Wald aufgeforstet wird, ist das zum Beispiel ein ökologischer Schwerpunkt. Aber wenn die Aufforstung ganzheitlich passieren soll, muss das Projekt auch ökonomisch und sozial dienlich sein: Die Aufforstung sollte auch Jobs schaffen und das soziale Miteinander vor Ort nachhaltig verbessern. Bäume zu pflanzen, darf nicht nur dem Wald dienen.

Ist unser Evangelium zu groß?

Auf Zypern habe ich gelernt, dass das Evangelium wie ein Kreis ist, bei dem unser Glaube eine Auswirkung auf unsere Beziehungen zur Welt hat. Unser Glaube ist nämlich nicht nur eine Liste korrekter Aussagen, sondern eine Beziehung zu Gott (Gebet, Lobpreis …). Und diese Beziehung zu Gott fließt über auf die Beziehung zu uns selbst (körperliche und emotionale Heilung, Selbstbild …), zu anderen Menschen (Familie, Freundschaft, Armut …) und der übrigen Schöpfung (Tier- und Umweltschutz …). So ist eine Predigt genauso Teil des Reiches Gottes wie die Zuwendung zu den Armen oder unser Umgang mit unseren Kindern.

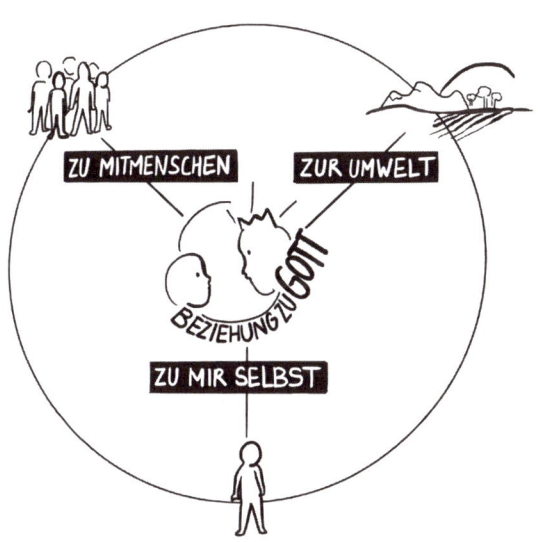

Damit taucht aber eine weitere Frage auf: Wenn das Evangelium so weit gefasst wird, kommt es dann letztlich nur auf unser soziales Engagement an und nicht mehr auf unseren Glauben? Macht es dann noch einen Unterschied, ob man Jesus nachfolgt oder nicht? Nach meinem Verständnis wäre das zu kurz gedacht. Warum?

Lass uns dafür noch mal einen Schritt zurückgehen, diesmal nicht mit einem Blick von außen, sondern einem Blick von innen: Stell dir vor, du würdest die Meere erforschen und Eisberge untersuchen. An der Meeresoberfläche würdest du nur die Spitzen der Eisberge sehen. Aber diese Sicht würde dir fast nichts verraten: Wie groß sind die Eisberge? Wie alt sind sie? Sind sie noch fest oder schon eher wie Schneematsch? Wo werden sie voraussichtlich mit der Strömung hintreiben? Um das herauszufinden, musst du unter die Oberfläche tauchen, vielleicht auch eine Wasser- oder Eisprobe nehmen und genau hinsehen. Nicht einfach aus Neugier, sondern weil du sonst mit einer Katastrophe belohnt werden würdest: Eisberge würden weiterschmelzen – ein Umstand, der alles vom lokalen Lebensraum der Eisbären bis hin zu Meeresströmungen und Extremwetter beeinflussen würde – und die Menschheit wäre unfähig, darauf zu reagieren. In anderen Worten: Unter der Oberfläche sieht es ganz anders aus als oberhalb, und das ist relevant!

So ist das auch, wenn wir uns mit unterschiedlichen Glaubensausrichtungen in der Welt einsetzen: An der Oberfläche sieht das Engagement oft ähnlich aus, aber die Fundamente sind anders. Ein Mensch kann sich aus verschiedenen Gründen für eine bessere Welt einsetzen. Aber solange sein Fundament nicht auf dem Evangelium gründet, müssen seine Möglichkeiten zum Handeln immer aus der Welt selbst kommen: »Ich muss stark sein, dann kann ich dich stark machen.« »Wir machen das mit dem Wissen, was wir haben.« Am Ende gilt: »Ich versuche, mich mit meinen eigenen Mitteln zu erlösen: Mein Wissen, mein Geld, meine Freundschaften, meine frommen Taten, mein Engagement.« Das kann schon einiges bewirken. Solange wir uns stark fühlen, scheint das auch gut zu gehen. Aber wenn ich oder meine Mitmenschen versagen, dann wird es schwierig.

Das ist für uns als Christinnen und Christen, die wirklich ganzheitlich leben, anders: Wir müssen uns nicht selbst an den eigenen Haaren aus dem Sumpf ziehen. Wir sind Weltgestalter, aber nicht Schöpfer der Welt. Was nach Einschränkung klingt, ist in Wirklichkeit eine Befreiung: Wir gestalten die Welt mit dem großen Ganzen im Blick, aber müssen nicht verzweifeln, wenn wir dieses komplexe Bild nie ganz verstehen. Stattdessen lassen wir den Anspruch los, alles selbst zu bestimmen. So wenden wir uns auf einer viel größeren Quelle des Lebens zu: Wer an Jesus glaubt, der hat »Ströme lebendigen Wassers« (vgl. Johannes 7,38), er wird sogar selbst zu einer Quelle! Egal, ob du schon länger mit Gott unterwegs bist oder dich ganz neu mit dem Glauben beschäftigst, lass dir das mal auf der Zunge zergehen: Wir haben nicht nur einen Becher bekommen, mit dem man etwas Leben abzapft. Wir sind nicht Weltgestalter mit notdürftigen Mitteln. Wir haben Zugang zur Quelle selbst, wir stehen in Beziehung zu Gott: zum Vater, der diese Welt erschaffen hat, zu Jesus, der uns mit Gott und einander versöhnt hat, und zum Heiligen Geist, der sogar in uns wohnt! Gott ist die Quelle, und wenn wir an ihn glauben und uns von ihm gestalten lassen, dann werden wir ganz automatisch zu Gestaltern einer vollen, reichen Welt Gottes!

Und wie soll das gehen?

Doch wie kann das konkret aussehen? Je nach Persönlichkeitstyp, Prägung und anderen Faktoren wird der Weg jedes Weltgestalters anders aussehen. Aber ich kann erzählen, wie das bei mir weiterging: eine Mitarbeiterin auf Zypern sprach mir zu, dass ich Gottes gute Nachricht verschiedenen Völkern predigen würde. Eine andere Frau ermutigte mich darin, dass Gott meine Kreativität für seine guten Zwecke gebrauchen könnte, wenn ich ihn nur lassen würde. Ich wollte diesen Zusprüchen Glauben schenken ... aber wie? Es gab so vieles, was mir im Weg stand: meine Schüchternheit, meine chronische Müdigkeit und andere gesundheitliche Einschränkungen. Wie sollte ich je normal arbeiten können, geschweige denn predigen und meine Gaben auf große Art und Weise einsetzen?

> Wir haben nicht nur einen Becher bekommen. Wir haben Zugang zur Quelle selbst.

Diese Gedanken nahm ich mit zurück nach Deutschland. Dort besuchte ich einige Monate später ein Seminar zum Thema Bibelauslegung. Ich stellte der Lehrerin viele Fragen. So viele, dass eine andere Teilnehmerin scherzte: »Du wirst bestimmt mal Theologie studieren.« Ich lächelte verlegen und schüttelte den Kopf. Aber die Fragen ließen mich nicht los. War das vielleicht tatsächlich mein Weg? Bei einer Jugendkonferenz besuchte ich dann den Infostand der Theologischen Hochschule Ewersbach. Ich unterhielt mich mit einigen Studierenden und nannte meine Bedenken. Aber ein Student versicherte mir: Man muss nicht der eine Typ Pastor bzw. Pastorin sein. Man kann Kreativität und alle Gaben, die man mitbringt, in den späteren Beruf einbauen oder zumindest von ihnen inspiriert sein! Einige Monate später besuchte ich die Hochschule für einige Tage. Es ist eine kleine Uni, und damals gab es nicht mal richtiges Internet! Aber ich spürte, dass ich hier sein sollte. So schickte ich kurz nach Abschluss des Kunststudiums eine Bewerbung nach Ewersbach und fing dort im Oktober 2016 an. Wir lernten viel über die Bibel, Kirchengeschichte, wie man mit verschiedenen Altersgruppen umgeht und anderes mehr. Und in allem gingen die Eindrücke aus Zypern ein Stück in Erfüllung: Ich fing an zu predigen. Ich nutzte meine kreativen Ideen, um Bilder, Geschichten oder Requisiten zu erstellen. Und ich machte die Erfahrung, dass Leute davon etwas mitnahmen. Fast zeitgleich zu meinem Studienbeginn gründeten meine Eltern eine kleine Organisation, die jungen Müttern in Uganda aus der Armut hilft. Bis heute arbeite ich bei diesem Projekt mit und sehe, dass Gott die Arbeit segnet. Anfang 2022 bekam ich dann noch die Möglichkeit, dieses Buch zu schreiben. Auch dadurch darf ich Gottes Geschichte mit den Menschen auf eine kreative Art weitergeben. Dabei gab es immer wieder Krisen und Herausforderungen, die mir und meiner Umgebung im Weg gestanden haben. Aber das hinderte Gott nicht daran, den Himmel an Stellen hier und da zu öffnen.

Werde ich in zehn Jahren also als Pastorin, Autorin, Missionarin in Uganda oder alles drei arbeiten? Wo wird unsere Welt sein, und wo nicht? Ich habe keine Ahnung. Doch ich weiß, dass Gottes gute Nachricht ganzheitlich wirkt und dass ich daran mitgestalten darf. Die persönlichen Zusprüche, die ich auf Zypern erhalten durfte, sind wahr geworden. Ich habe zwar noch Ängste und Zweifel, doch ich lasse mich von ihnen nicht bestimmen. Ich weiß, dass Gottes Kreis der Beziehungen, sein Evangelium, mein unverrückbares Fundament ist. Es ist, aus eigener Erfahrung gesprochen, ein Abenteuer im »ewigen Kreis«. Und ich lade auch dich ein, dieses ganzheitliche Leben zu entdecken.

Kapitel 2:
GOTT UND DIE GANZE WELT

Ein Blick in Gottes Herz

Ich verlasse die Wohnung einer Freundin und laufe gemütlich Richtung Bahn. Der Europaplatz in Karlsruhe ist voller Menschen, Autos, Fahrräder und Motorräder. Sie alle ziehen im Takt der Ampeln durch die anliegenden Straßen, an vielen Läden und Betrieben vorbei. Ich habe es nicht eilig, also schau ich auf die Schilder, die für ihre Produkte werben: Uhren, Klamotten, ein Kino … und ein Art-Café. Ob dort eine Ausstellung zu finden ist?

Ich bin neugierig und trete ins Café ein. Der Innenraum ist mittelgroß und wirkt gemütlich: braune Holzstühle, Dielen, Glaslampen mit schwarzen Eisenrahmen. Der Name ist tatsächlich Programm: Entlang der Wände werden gerade die Gemälde eines Hobbykünstlers ausgestellt. Etwa fünfzig Gäste könnten hier sitzen, doch zu dieser frühen Nachmittagszeit sind höchstens ein Dutzend Personen anwesend. Die einzige Kellnerin, die vorn am Tresen steht, begrüßt mich. Ich bestelle ein Getränk und zeige auf die Bilder an der Wand. »Von wem sind die?« Sie nennt mir den Namen des Künstlers und erklärt, dass man hier die Wände für Ausstellungen zur Verfügung stelle. Das finde ich spannend und so setze ich mich mit meinem Getränk an einen der vorderen Tische, um mich weiter mit der Kellnerin zu unterhalten. Sie erzählt mir, dass sie eine Gastarbeiterin aus Polen sei, dass sie erst seit einigen Monaten hier lebe und arbeite, und von der Tochter, die sie zu

Hause zurücklassen musste. Diese Frau erzählt offen. Und ehrlich. Und ich merke: Sie ist unsicher, was sie in Zukunft erwartet. Ich höre zu und überlege, was ich dazu sagen soll.

Dann bekomme ich den Impuls von Gott: »Bete für sie.« Ich zögere: »Wie, jetzt? Mit ihr zusammen?« Und Gott antwortet: »Ja.«

Ich brauche einen kurzen Moment, doch dann schaue ich die Frau an und sage: »Ich kann Ihnen nicht sagen, was Sie tun sollen. Aber ich glaube an einen Gott, der uns alle kennt und liebt. Wäre es in Ordnung, wenn ich kurz für Sie bete?« Sie schaut mich verdutzt an. Doch zu meiner Überraschung ist sie sofort einverstanden. Wir schließen die Augen und ich spreche ihr zu, dass Gott sie kennt und sie in ihrer Not sieht. Und ich bitte Gott, dass er dieser Frau und ihrer Familie real begegnet. »In Jesu Namen, Amen.«

Wir öffnen unsere Augen wieder, und die Frau schaut mich sichtlich gerührt an. Sie fragt mich, ob ich wiederkommen würde. Ich kann es ihr nicht versprechen. Doch ich nehme die Visitenkarte des Cafés mit, die sie mir reicht. Ich winke ihr beim Abschied noch mal freundlich zu, bevor ich mich wieder zu den Menschen auf dem Europlatz geselle.

Auf dem Weg zur Haltestelle denke ich noch mal über das Erlebte nach, und das Gesicht der Kellnerin kommt wir wieder in den Sinn. Ich sehe die vielen Menschen um mich herum, und dann fällt es mir wie Schuppen von den Augen: Hier sind so viele Gesichter – junge Gesichter, alte Gesichter, Männer, Frauen, Kinder, Deutsche und Ausländer. Glückliche, traurige und gehetzte Gesichter, gelangweilte Gesichter, die sich den neuesten Fotos auf ihrem Instagram-Feed widmen …

Ich bin täglich von solchen Gesichtern umgeben. Aber heute ist es so, als ob ich eine Ebene tiefer sehe: Hinter all diesen Gesichtern stecken Menschen mit einer Lebensgeschichte, mit Freuden und Leiden, mit Fragen, mit Zweifeln und Träumen. Es ist, als ob ich durch ein Fenster in Gottes Herz sehen und er sagen würde: »Schau diese Menschen an, Nicole. Sie gehen ihrem Alltag nach, und ich wünsche mir nichts mehr, als dass jeder Einzelne dieser Menschen mich kennenlernt und zum Leben in Fülle findet.« In der Theorie hätte ich diesem Gedanken an jedem Tag zugestimmt. Heute aber erreicht mich der Herzschlag Gottes. Keine intellektuelle Erkenntnis, dafür aber eine radikale Tiefe, die dann meine Tiefen umdreht. So sehr, dass ich die Tränen zurückhalten muss, als ich schließlich in die Bahn einsteige und nach Hause fahre.

Es geht von Gott aus

Ich habe es bereits erwähnt: Unser Glaube ist ganzheitlich. Nicht eine Linie, sondern ein Kreis der Beziehungen. Wo aber finden wir das in der Bibel wieder? Hier sind es Leitthemen, in denen uns dieser Kreis begegnet und von denen drei für uns besonders interessant sind: Mission, Segen und Reich Gottes.

Gottes Mission

Fangen wir direkt mit dem theologischen Begriff an, dem Wort »Mission«. Es kommt, im Gegensatz zu den anderen beiden Wörtern, nicht direkt in der Bibel vor, interessiert uns aber trotzdem: Mission kommt aus dem Lateinischen und bedeutet »Sendung«. Wer eine Mission hat, ist mit einem bestimmten Auftrag unterwegs. Es geht also um den Sinn von dem, was wir tun: Ein Geheimagent hat eine Mission, eine Briefträgerin hat eine Mission. Aber wie würdest du christliche Mission definieren? Wer ist in der Bibel gesendet – und wozu?

Vielleicht kommt dir der »Missionsbefehl« in den Sinn, den Jesus seinen Jüngern gab (vgl. Matthäus 28,18-20). Oder du denkst an heutige Missionarinnen und Missionare, die irgendwo auf der Welt von Jesus erzählen. Vielleicht denkst du auch an die dunklen Episoden der Kirchengeschichte, wie die Kreuzzüge, Kolonialismus oder Missbrauchsskandale. Die eine Person verbindet mit Mission was Gutes, die andere würde Mission am liebsten in der Vergangenheit begraben.

All diese Beispiele haben aber eines gemeinsam: Menschen sind diejenigen, die Mission betreiben. Gott sitzt oben im Himmel und gibt Aufträge, und wir führen sie mehr oder weniger erfolgreich aus. Gott sendet, wir schuften. Nach diesem Denken sind wir als Menschen,

> Menschen können viel tun, aber sie sind nicht die Hauptträger. Mission ist, bei allem Weltgestaltertum, zuallererst Gottes Sache.

Kirchen und Werke also die »Macher« der Mission. Aber stimmt dieses Bild?

Es wurde bereits deutlich: Wir sind nur deshalb Weltgestalter, weil Gott unsere Quelle ist. Das heißt aber, dass Gott derjenige ist, von dem alles ausgeht. In Wirklichkeit ist es Gottes Mission. Dazu gibt es in der Theologie einen lateinischen Fachbegriff: *Missio Dei*.[4] Er bedeutet »Sendung Gottes«. Sprich: Gott ist der Gestalter. Gott ist der erste und letzte Missionar. Er wollte von Anfang an auf die Menschheit zukommen. Er schreibt mit Menschen Geschichte. Menschen können viel tun, aber sie sind nicht die Hauptträger. Mission ist, bei allem Weltgestaltertum, zuallererst Gottes Sache. *Missio Dei*.

Und auch wenn wir den Begriff »Mission« so nicht in der Bibel finden, ist der Gedanke dahinter sehr wohl zu erkennen. Von vorn bis hinten zeigt sich Gott als jemand, der sich selbst zu den Menschen sendet.

Fangen wir beim allerersten Satz der Bibel an: »Am Anfang schuf Gott den Himmel und die Erde« (1. Mose 1,1). Dieser Satz ist schon das erste Zeichen eines Gottes, der eine Mission hat. Denn wenn wir ehrlich sind: Gott hätte gar nichts erschaffen müssen. Schon gar nicht, wenn er doch wusste, was mit der Welt passieren würde. Ich an seiner Stelle hätte mir die Mühe gespart. Warum also der Aufwand? Weil Gott von Anfang an ein Gott der Beziehung ist. Schon »vor«[5] der Schöpfung ist Gott Beziehung in Person: Er ist ein Gott, aber drei Personen – Vater, Sohn und Heiliger Geist. Das ist für uns Menschen kaum zu verstehen. Aber es drückt aus: Gott braucht uns nicht, um Gemeinschaft zu haben, da er das schon in sich selbst hat. Doch gelebte Beziehungen gehören so sehr zu Gottes Wesen, dass er nicht nur bei sich bleiben will: Er schafft eine Welt, mit der er gemeinsam leben möchte. Das ist sein innerer Antrieb, seine Mission.

Der Schöpfungsbericht wird uns in einer klar erkennbaren Struktur erzählt. Wie in einem Lied gibt es Dinge, die sich immer wiederholen. So erkennt man, was der Schreiber an Gott und der Schöpfung betonen wollte. Schauen wir uns die Verse 3 bis 5 an:

1. Gott schafft etwas: »Da sprach Gott: ›Es soll Licht entstehen!‹, und es entstand Licht« (1. Mose 1,3). Gott schafft die Welt ohne große Mühe. Er scheint nur ein Wort sagen zu müssen, und schon entsteht etwas. Gott ist also der allmächtige Herr, der das Chaos der Welt im Griff hat.

2. Er schaut es sich an: »Und Gott sah …« (1. Mose 1,4a). Gott könnte etwas schaffen und direkt weitermachen. Aber er hält kurz inne. Er schaut sich das an, was er gerade geschaffen hat. Wie ein Künstler, der sein Bild betrachtet.

3. Er schätzt es wert und gibt ihm einen (Beziehungs-)Namen: »Und Gott sah, dass das Licht gut war. Dann trennte er das Licht von der Finsternis. Gott nannte das Licht ›Tag‹ und die Finsternis ›Nacht‹« (1. Mose 1,4-5a). Gott ist bei all seiner Macht nicht kühl und distanziert. Er schätzt seine Schöpfung wert. Er spricht ihr zu: »Hey, das ist gut!«, und stellt eine Beziehung zu ihr her: Er gibt ihr einen Namen. Namen waren in der Bibel nicht einfach nur Titel, sondern sagten immer etwas darüber aus, was die Sache für denjenigen bedeutete. Gott sagt also: »Das ist nicht nur irgendwie da, sondern ich habe eine Beziehung dazu. Es bedeutet mir was.«

Was sagt uns das nun aber über Gott und den Kreis ganzheitlicher Beziehungen? Mehrere Dinge.

Aus der Beziehung heraus entsteht Neues

Beziehung gehört so sehr zu Gott, dass er die Welt erschafft. Aber Beziehung ist nicht nur sein Antrieb, um etwas zu machen, sondern die Beziehung selbst schafft etwas Neues. Das ist in unserer natürlichen Welt ähnlich: die sexuelle Intimität der Eltern führt zu neuem Leben, Zeit mit kreativ offenen Menschen bringt neue Projekte hervor … Bezogen auf die Beziehung zu Gott heißt das, dass seine Beziehung zu uns das Leben stiftet und erhält. Daraus folgt eine einfache wie deutliche Gleichung: Wenn wir uns wegbewegen von der Beziehung zu Gott, bewegen wir uns weg vom erfüllten Leben. Wenn wir uns aber in Beziehung zu Gott wissen und diese Beziehung pflegen, entsteht neues Leben: neue Vorstellungen von uns selbst, neues Verhalten gegenüber unserer Umwelt und neue Fähigkeit, unsere Gaben in diese Welt zu tragen.

Kein Einheitsbrei

Gott ist kreativer Schöpfer – aber ohne kreatives Chaos: Er trennt Licht und Finsternis, Tag und Nacht. Er ordnet den Einheitsbrei. Er gibt der Schöpfung eine Struktur, und das schafft einen lebensfördernden Rahmen.

Je nachdem, wie man geprägt ist, kommt Struktur nicht gerade als Zutat für kreatives Schaffen oder Beziehungen in den Sinn. Schließlich braucht man Freiheit, um sich zu entfalten, da stört Struktur doch nur! Persönlich bin ich auch so geprägt. Aber ich habe beim kreativen Arbeiten eine wichtige Lektion gelernt: Man kann noch so tolle Ideen haben, doch wenn man keine Struktur hat, wird aus den Ideen nichts. Meine Bilder wären zum Beispiel nie entstanden, wenn es nicht so etwas wie eine Malfläche gegeben hätte. Würde man auf der Leinwand jede Farbe vermischen, bliebe ein diffuses Matschbraun übrig. Und selbst bei meinem spontanen Gespräch mit der Kellnerin musste es ein Café geben, wo sie angestellt war, und eine gemeinsame Sprache, damit wir uns verständigen konnten. Man merkt also: Struktur ist kein Gegensatz zu kreativer Gestaltung und Beziehungen, denn ohne Struktur gibt es nichts, was man miteinander in Beziehung setzen kann. Das ist auch der Gedanke in der Schöpfungsgeschichte: Gott schafft Ordnung, nicht als Feind des freien Lebens, sondern als Befähigung zum vollen Leben.

Wahrnehmen, von vorn bis hinten

Zum Gestalten gehört offenbar auch, dass man etwas wahrnimmt und wertschätzt: »Und Gott sah, dass das Licht gut war.« Er sieht seine Schöpfung an, und zwar von vorn bis hinten. Er sieht zum einen, was noch gemacht werden soll, und zum anderen, was bereits vollendet wurde. So ist seine Schöpfung ihm nicht fremd geblieben, sondern sie bekommt ein »Gesicht«. Sie bedeutet ihm etwas, und er hat eine Beziehung zu seinem Werk aufgebaut.

Oft sehen wir ein Projekt lediglich von vorn: Wir sehen ein Problem, planen und machen was. Aber sehen wir es dann auch von hinten? Sehen wir hin, sobald die Probleme weg sind, oder vergessen wir, uns über Lösungen oder gute Momente zu freuen? Sehen wir unsere Kinder nur an, wenn sie schlechte Noten schreiben, oder sehen wir sie auch, wenn sie einfach Fußball spielen oder uns ein selbst gemaltes Bild zeigen? Sehen wir unsere Nachbarn nur an, wenn es Stress gibt, oder sind wir auch in der Lage, etwas mit ihnen zu gestalten? Der Impuls, den ich aus der Schöpfung ziehe, ist: Nimm dir Zeit, deine Beziehungen und Umstände bewusst wahrzunehmen. Schau hin, nicht nur wenn du am Arbeiten bist, sondern auch danach. Sei dankbar und drücke Freude über dein Leben aus. Nicht nur, wenn alles perfekt ist, sondern auch inmitten der Herausforderung. Das gibt deiner Welt ein »Gesicht« und lässt Gottes Blick für die Dinge in dein Herz. Denn eine gestaltete Welt ist, bei aller Fehlerhaftigkeit, von Gott geliebt. Gott sieht sie an und sieht, dass sie gut ist. Nicht nur von vorn, sondern auch von hinten.

Gottes Segen

Ein Segen für die Welt

Der nächste zentrale Begriff, den wir uns vornehmen, ist der »Segen«. Man könnte sagen, dass die *Missio Dei* im Alten Testament mit diesem Stichwort greifbar wird.

Das Wort »Segen« ist im Hebräischen mit dem Wort für »(gebeugtes) Knie« verwandt, und zwar im Sinne von »jemandem dienen«.[6] Es beschreibt eine Zusage, die uns im besten Sinne dienen soll: Segen führt dazu, dass die Beziehung zwischen Gott und den Menschen, ja der ganzen Schöpfung gestärkt wird. Wenn Gott segnet, geht es also nicht nur um einen netten Bonus, sondern um etwas, was Beziehungen stärkt. So gesehen gestaltet der Segen die Welt in die Richtung heiler Beziehungen zu Gott und einander.

Der Segen wird erstmals am fünften Tag der Schöpfung eingeführt. Gott erschafft die Vögel und Meeresbewohner. Und dann »segnete Gott sie und sprach: ›Die Fische sollen sich vermehren und die Meere füllen. Auch die Vögel sollen auf der Erde zahlreich werden‹« (1. Mose 1,22). Dann, am sechsten Tag, ist der Mensch dran: »So schuf Gott die Menschen nach seinem Bild, nach dem Bild Gottes schuf er sie, als Mann und Frau schuf er sie« (1. Mose 1,27). Und Gott segnet auch sie:

> Und Gott segnete sie und gab ihnen den Auftrag: »Seid fruchtbar und vermehrt euch, bevölkert die Erde und nehmt sie in Besitz. Herrscht über die Fische im Meer, die Vögel in der Luft und über alle Tiere auf der Erde.«
> *1. Mose 1,28*

Diese Bibelstelle wurde leider oft so verstanden, als könnte man die Welt schamlos ausnutzen. Sei es der übermäßige Walfang im 19. Jahrhundert oder die heutige Abholzung des Regenwaldes. Aber was genau meint hier »in Besitz nehmen«? Und warum die Betonung, dass der Mensch »nach dem Bild Gottes« geschaffen ist?

Die beiden Fragen hängen eng miteinander zusammen: In der Umwelt des alten Israels wurde von einem Herrscher erwartet, dass er gewaltsam seine Macht ausdrückt. Das begründete man damit, dass er »Ebenbild« der Götter sei: Der Pharao wurde wie ein Gott angebetet, weil er als Vertreter des Sonnengottes regierte.[7] Und die Götter der Ägypter waren nun mal ruchlos und distanziert. Also war klar, dass der Pharao auch so sein musste.

Die Schreiber der Bibel griffen diese typische Vorstellung auf, aber sie zeigten ihrer damaligen Umwelt eine radikal neue Interpretation: In Ägypten war nur der Pharao ein »Ebenbild« der Götter. In der Bibel sind aber alle Menschen »nach dem Bild Gottes« (1. Mose 1,27): arm und reich, einheimisch oder fremd, Mann und Frau. Alle haben Autorität, die Welt zu gestalten. Für die damalige Zeit ein revolutionärer Gedanke! Gleichzeitig wird der Gottstatus des Ebenbildes abgeschafft: Wo beim Pharao das Ebenbild angebetet wurde, wird in der Bibel nur Gott selbst angebetet. Die Menschen (und auch die übrige Schöpfung) sind also keine kleinen Götter, aber sie bekommen eine göttliche Würde und Aufgabe zugesprochen: Sie sollen die Welt »in Besitz« nehmen. Im Hebräischen steht hier *kabash*, was »unter seine Macht bringen« bedeutet.[8] Wie schon erwähnt waren damals Gewalt und Macht des Herrschers kaum zu trennen, und genau deshalb benutzen die Schreiber dieses Wort. Die Sache ist nur: Wir Menschen sollen so herrschen wie Gott. Und das ist eben nicht tyrannisch. Er schafft eine Welt, die er segnet. Er schätzt seine Schöpfung wert und sucht Gemeinschaft mit ihr. Er ist Beziehung in Person, nicht distanzierter Kontrollapparat. Es ist so, als ob die Schreiber der Bibel sagen würden: »Ja, wir Menschen bringen die Dinge wie ein Herrscher unter unsere Kontrolle. Aber es geht gerade nicht darum, dass wir die Welt nach Gutdünken ausbeuten. Das Gegenteil ist gemeint: Wir Menschen haben eine höhere Verantwortung für diese Schöpfung, die Gott gemacht hat und liebt. Wir sind dazu fähig, bewusste Entscheidungen zu treffen, und deshalb haben wir den Auftrag, wie verantwortliche Ebenbilder Gottes zu leben.« Oder anders ausgedrückt: Weltgestalter Gottes zu sein.

Ein Zeichen der Hoffnung für alle Völker

Am Ende der Schöpfungstage spricht Gott aus, dass sein Werk »sehr gut« ist (vgl. 1. Mose 1,31). Besser geht's gar nicht! Eine Weile lang bleibt das auch so, aber dann suchen die Menschen ihre eigenen Wege. Die Beziehung zu Gott bekommt Brüche, was dann zu kaputten Taten führt. Die Bibel bezeichnet das als »Sünde«. Die Rede von Sünde meint also nicht den erhobenen Zeigefinger, sondern einen Zustand, der Beziehungen real kaputt macht. Die erste Sünde betrifft die Beziehung zwischen Mensch und Gott (vgl. 1. Mose 3), aber diese führt nach und nach auch zu einer zerbrochenen Welt. Doch Gott belässt es nicht bei diesem Zustand, sondern kommt bald mit einem neuen Segen auf die Menschen zu:

Dann befahl der Herr Abram: »Verlass deine Heimat, deine Verwandten und die Familie deines Vaters und geh in das Land, das ich dir zeigen werde! Von dir wird ein großes Volk abstammen. Ich will dich segnen und du sollst in der ganzen Welt bekannt sein. Ich will dich zum Segen für andere machen. Wer dich segnet, den werde ich auch segnen. Wer dich verflucht, den werde

Gott hätte jeden Menschen berufen können: den Pharao, den König Babylons oder zumindest einen Mann mit viel Status. Aber stattdessen beruft er einen Mann namens Abram (später bekannt als Abraham). Dieser war zwar nach damaligen Verhältnissen reich – er hatte Hunderte Schafe und Ziegen und wahrscheinlich auch einige Hundert Angestellte. Aber er war für seine Kultur auch eine bittere Enttäuschung: Er war schon 75 Jahre alt und hatte keine eigenen Kinder. Nicht mal einen einzigen Erben, der eines Tages seinen Namen hätte weitertragen können. Die Leute haben wahrscheinlich hinter seinem Rücken getuschelt: »Der arme Abram. So ein Jammer, wo er doch so reich ist. Hat Gott ihn wohl bestraft? Da müssen entweder er oder seine Vorfahren dran schuld sein …«

Aber Gott gestaltet ausgerechnet mit und durch Abraham diese Welt, und zwar, indem er ihn segnet und zum Segen für die Welt macht. Wie schon bei der Schöpfung betrifft der Segen nicht einfach irgendein frommes Gefühl: Gott verspricht etwas, was alle Lebensbereiche beeinflusst. Gott will Abram zu einem großen Volk machen. Er verspricht also Nachkommen, die sich auf seinen Namen berufen. Biologisches Leben, aber auch wirtschaftlichen Erfolg, Gesundheit und eine Familie als sozialen Verbund gehörten nach damaligem Bild zu einem vollen Leben dazu. Mehr noch: Gott schützt ihn sogar vor Unheil. Er wird jeden verfluchen, der Abram verflucht. Mit dem Segen verspricht Gott: Ich habe eine Beziehung zu dir und das hat gute Auswirkungen auf dein ganzes Leben.

Aber der Segen bleibt nicht nur bei Abram. In ihm sollen alle Völker gesegnet werden. Sprich: Durch Abram soll die Welt näher an diesen guten Segen, diese Lebensfülle Gottes, herangeführt werden. Alles, was Abram versprochen wurde, soll nach und nach auch die übrige Welt erreichen. Darum wird Abram auch später zu Abraham umbenannt (vgl. 1. Mose 17,5): Das bedeutet übersetzt »Vater vieler Völker«.[9]

Da könnte man fragen: Warum segnet Gott nicht gleich alle Völker? Warum dieser Umweg über einen fragwürdigen alten Mann? Weil Gott nicht an den Menschen vorbei handelt, sondern immer in Beziehung. Beziehungen können nicht aus dem Nichts entstehen. Sie brauchen Zeit, um zu wachsen. So braucht es Zeit, bis die Welt bereit ist, Gott zu vertrauen. Und wenn sie Abram sehen, wird klar: Gott hat ihn nicht wegen seines Status ausgesucht. Anscheinend hängt der Segen Gottes nicht an menschlicher Kompetenz, sondern an dem Willen Gottes zur Beziehung. So wie bei der Schöpfung ist es auch hier: Der innere Antrieb Gottes ist so stark, dass er immer weitere Kreise zieht. *Missio Dei* gilt für die unscheinbaren und die auffälligen Leute. Sie gilt für das reale Leben. Durch die Beziehungen im Kleinen verändert sich auch das große Umfeld, bis »alle Völker der Erde« auf Gott aufmerksam werden.

Gottes Reich

Gott segnet Abraham, sodass er im hohen Alter tatsächlich Nachkommen hat. Diese Nachkommen wachsen zu einem Volk an, und das Volk bekommt den Namen Israel. Gott gibt ihnen Anweisungen und Rahmen, mit denen sie ihre Beziehung zu ihm gestalten: Gebote, Opferrituale, ein Priestertum und einen Tempel. Strukturen, die gefüllt werden wollen. Doch Israel versagt an seiner Berufung. Sie beten immer wieder andere Götter an, und das führt zu einem Zerfall des gesunden Miteinanders. Alles, von Sklaverei bis Menschenopfer, ist in ihrer Mitte zu finden. Aber Gott bleibt ihnen treu. Er schickt ihnen immer wieder Propheten, die das Volk zurück auf richtige Wege führen sollen. Die Strafen für das Volk sollen dazu führen, dass es wieder umkehrt. Aber das funktioniert nur mäßig, und so geht Gott noch einen Schritt weiter: Er kommt selbst zu den Menschen! Dazu schreibt der Evangelist Johannes:

> Am Anfang war das Wort. Das Wort war bei Gott und das Wort war Gott. […] Durch ihn wurde alles geschaffen, was ist. Es gibt nichts, was er, das Wort, nicht geschaffen hat. […] Er, der das Wort ist, wurde Mensch und lebte unter uns. […]
> *Johannes 1,1.3.14a*

Johannes spannt hier einen Bogen zwischen der Schöpfung und dem Leben von Jesus: Wie bei der Schöpfung hat Gottes Wort in sich die Kraft, Leben zu schaffen und zu verändern. So weit, so gut. Aber dann sehen wir etwas ganz Neues: »Er, der das Wort ist, wurde Mensch und lebte unter uns.« Der große Schöpfer, der über allem steht, macht sich zu den Menschen auf. Mit allem Drum und Dran! Jesus wird als Baby in einem kühlen, stinkenden Stall geboren, lebt als Sohn eines einfachen Handwerkers und kriegt den Schmerz und die Freude unserer Welt hautnah mit. Er lacht, er weint, er wird wütend, er feiert. Der souveräne Gott wird nahbar, mitten in der römischen Besatzungszone Palästinas. So, wie das sich damals keiner hätte vorstellen können. Gott schafft Struktur, aber er sprengt auch jegliche menschliche Struktur!

Reich Gottes? Was ist das?

Der große Gott macht sich klein genug, damit er unter uns sein kann. Und doch bleibt es nicht bei klein gemachtem Mitgefühl: Jesus, Mensch und Gott zugleich, verkündet das Reich Gottes.[10] Viele der Gleichnisse Jesu beginnen zum Beispiel mit »Das Himmelreich ist wie …« (Matthäus 13,31b). Entweder erklärt Jesus direkt, was das Reich Gottes ist, oder er beschreibt einen Aspekt dieses Reiches. Schon als Kind hörte ich diese Geschichten, aber ich verstand die Formulierung nicht: Was genau ist das Reich Gottes? Ist es die Kirche, alle Gläubigen einzeln, der Himmel, eine Auswahl heiliger Menschen?

Heute würde ich es so erklären: Das Reich Gottes ist der Bereich, wo Gottes Macht und seine geheilten Beziehungen in der Welt sichtbar werden. Es ist wie ein Staat, samt eigener Regeln und offizieller Regierung. Das Reich Gottes ist genauso von Menschen bevölkert, die mit Gott leben und so Bürgerinnen und Bürger dieses Reiches geworden sind, wie auch von Leuten, die noch keine Bürgerinnen und Bürger sind.

Auch wenn die Ränder des Reiches nicht klar abzugrenzen sind, gibt es doch einen klaren Ruf, ganz reinzukommen: So heilte Jesus viele Kranke und gab den Hungrigen zu essen, unabhängig davon, was diese Leute glaubten. Dennoch predigte er den Menschen, dass man zum Reich Gottes umkehren müsse. Wie? Indem man seine Sünden vor Gott bekennt und von nun an Jesus als Mittelpunkt seines Lebens annimmt. Er sagt das teils auf sehr drastische Weise:

> Wer Vater oder Mutter mehr liebt als mich, ist es nicht wert, zu mir zu gehören; und wer seinen Sohn oder seine Tochter mehr liebt als mich, der ist es nicht wert, zu mir zu gehören. Wer sich weigert, sein Kreuz auf sich

zu nehmen und mir nachzufolgen, ist es nicht wert, zu mir zu gehören. Wer an seinem Leben hängt, wird es verlieren; aber wer es für mich aufgibt, wird es finden. *Matthäus 10,37-39*

Eine absolut anmaßende Forderung! Warum sagt Jesus so etwas?

Diagnose: Tod – Prognose: Leben

Wenn Jesus von Umkehr und Nachfolge redet, dann hat das was mit Sünde zu tun. So sagt Jesus einem Gelähmten zuerst: »Sohn, deine Sünden sind dir vergeben« (Lukas 5,20) und dann: »Steh auf, nimm deine Matte und geh nach Hause!« (Lukas 5,24b). Er spricht erst über Sünde, dann kommt das sichtbare Wunder. Warum muss man also erst über Sünde reden? Dazu muss man verstehen: Sünde meint nicht in erster Linie eine Liste an unmoralischen Taten. Sondern sie meint etwas viel Grundlegenderes: den Zustand, in dem wir in kaputter Beziehung zu Gott und zueinander leben. Die Taten sind insofern Sünde, dass sie diese tiefere Krise zum Ausdruck bringen, aber sie sind eben nicht das Hauptproblem. So gesehen ist es egal, ob wir uns als »gute Menschen« bezeichnen oder nicht. Ob du als Kind mal ein Kaugummi aus dem Laden geklaut oder Ehebruch begangen hast, die Taten sind das Ergebnis eines tieferen Problems, nämlich einer kaputten Beziehung. Beim Ehebruch ist offensichtlich die Beziehung gestört, sonst würde die Person nicht betrügen. Aber auch bei so harmlosen Sachen wie dem geklauten Kaugummi

> Wer wirklich in geheilte Beziehung zu Gott und der Welt eintreten will, muss erst der eigenen kaputten Beziehung zu Gott ins Gesicht sehen und sie ehrlich vor Gott aussprechen.

spielen kaputte Beziehungen eine Rolle: Das Kind nutzt das Vertrauen des Ladens aus, um einen unfairen Vorteil für sich zu erschleichen. Es will nicht den eigenen Anteil der Beziehung tragen, sondern etwas bekommen, ohne etwas zu geben. Es ist also egal, was wir tun oder wie brav oder böse wir uns benehmen mögen: Kaputte Beziehungen betreffen uns alle.

Aber wo ist die Wurzel dieses Problems zu suchen? Laut der Bibel haben wir alle tief in uns einen inneren Antrieb, nicht mit Gott im Einklang leben zu wollen. Wir sind alle in dieser Selbstzentrierung gefangen, ob wir das wollen oder nicht. Das ist die eigentliche Sünde, um die es geht. So sind unsere Beziehungen zu Gott, zu uns selbst, zu unseren Mitmenschen und zur Schöpfung gestört. Wir kommen da selbst nicht raus, deshalb die düstere Prognose der Sünde: Wir werden für immer in kaputten Beziehungen leben. Getrennt von Gott, der Quelle des Lebens. Diagnose: Tod.

Das wäre zumindest die Prognose, wenn es nicht die gute Nachricht des Evangeliums geben würde: Der Kern des Reiches Gottes ist die Heilung der Beziehung zwischen Gott und Mensch. Jesus spricht: »Deine Sünden sind dir vergeben.« Von der Vergebung der Sünden berichten die Schreiber des Neuen Testaments immer und immer wieder. Weil es eben mehr ist als ein frommer Satz: Genauso wie der Segen im Alten Testament hat die Vergebung der Sünden eine so tiefe Auswirkung, dass alle Lebensbereiche befreit werden. Der Gelähmte wird körperlich und sozial geheilt, weil Gott neu in die Beziehung zu ihm getreten ist. Gott hat ihm vergeben, also ist Versöhnung passiert, und das bringt neues Leben. Jesu Vergebung erregte dabei gehörigen Anstoß bei der Zuhörerschaft: die religiösen Lehrer seiner Zeit nannten Jesu Behauptung Gotteslästerung, denn nur Gott könne diesen tiefen Graben der Sünde überwinden. Sie hatten recht: Nur Gott kann Sünden wirklich tilgen. Und bald ließ Jesus auf seine Worte entsprechende Taten folgen: Er trug die

Sünden der Welt, indem er einen qualvollen Tod starb – und stand dann von den Toten wieder auf. Das zeigt: Er konnte wirklich die Sünden überwinden. Das, was eigentlich Tod bringt, hat er bis zum Ende durchlebt, aber dann besiegt, indem er wieder lebte. Unsere Beziehung zu Gott ist also auf radikal ernsten Taten gebaut.

Für uns heißt das praktisch: Wer wirklich in geheilte Beziehung zu Gott und der Welt eintreten will, muss erst der eigenen kaputten Beziehung zu Gott ins Gesicht sehen und sie ehrlich vor Gott aussprechen. So, wie man erst seine ärztliche Diagnose anerkennen muss, bevor die Behandlung starten kann. Wir bekennen unsere Sünden nicht, damit Gott uns runtermacht, sondern damit wir die geheilte Beziehung Gottes für uns in Anspruch nehmen können.

Und diese Vergebung rückt all unsere Beziehungen wieder ins richtige Lot: mit uns selbst, mit anderen Menschen und mit der Schöpfung. Wie eine »unmenschlich« neue Fähigkeit: Wir können neu anfangen, wo eigentlich alles kaputt ist. Vergebung bedeutet nicht, dass alle Schmerzen jetzt einfach weg sind. Aber es bedeutet, dass ich mich nicht mehr von diesen Dingen geißeln lasse. Ich muss mich nicht verstecken, mich selbst beweisen oder verbittert an alten Dingen festhalten. Ich kann neu anfangen mit Gott und der Welt, denn ich weiß: Die Beziehung zu Gott ist im Reinen. Das ist das größte Wunder, was Gott uns schenkt. Es ist die Grundlage des vollen Lebens. Gottes Wille zur Beziehung ist der Kern, es ist die *Missio Dei*, und daraus fließt volles Leben in alle Bereiche des Lebens.

Wir können das Reich Gottes mitgestalten!

Das Großartige ist: Jesus verkündet uns nicht nur das Reich Gottes für die ferne Zukunft, sondern wir dürfen als »Bürger im Himmel« (Philipper 3,20; LUT 2017), wie Luther es übersetzt, schon jetzt auf Erden aktiv daran mitgestalten![11] Am deutlichsten wird dies am berühmtesten Gebet der Bibel: dem Vaterunser. Es ist wie eine Kurzzusammenfassung von dem, was Jesus mit dieser Welt vorhat und wie wir dafür beten sollen.

Gleich zum Einstieg wird das Programm deutlich: »Unser Vater im Himmel! Dein Name werde geheiligt.« (Matthäus 6,9b; LUT 2017). Es lenkt den Blick auf Gott als den liebenden Vater. Hier steht nicht: »Gott, erfüll meine Wünsche, dann geh ich wieder«, sondern es wird deutlich, dass wir mit Gott ganz persönlich reden. Und es zeigt uns, dass Glaube auch etwas mit Gemeinschaft zu tun hat: Hier steht nicht »mein Vater«, sondern »unser Vater«. Eine Zeile später beten wir: »Dein Reich komme. Dein Wille geschehe wie im Himmel so auf Erden« (Matthäus 6,10; LUT 2017). Mit anderen Worten: »Gott, deine Welt komme in unsere Welt. So, wie du dir Leben und Beziehungen vorstellst, soll es hier Wirklichkeit werden. So, wie es im Himmel keine Krankheit, keine zerbrochenen Familien, keinen Krieg, keine Armut und keine Zerstörung der Schöpfung gibt, so soll es hier auf Erden sein.« Was für eine weite Perspektive: Wir kleinen Menschen dürfen als Kinder Gottes unseren Vater im Himmel bitten, dass der Himmel auf die Erde kommt!

Wenn wir sehen, was Gottes Herzschlag für diese Welt ist, dann werden wir bewegt, mit diesem Herzschlag Reich Gottes mitzugestalten.

Allerdings kann eine solch »himmlische« Perspektive im Alltag schnell untergehen. Wie also können wir den Blick des Himmels in unser Leben holen? Stichwort: *Missio Dei.* Alle Erkenntnis – zu Gott und seinem Weg mit der Welt – geht von ihm aus. Er will uns begegnen, er schenkt uns seinen Heiligen Geist. Gott selbst »wurde Mensch und wohnte unter uns« (Johannes 1,14a). Ja, er wohnt jetzt sogar in uns! Das ist also unsere Grundlage, um mit dem Himmelsblick auf unsere Welt zu sehen und unser Leben dementsprechend zu gestalten: immer wieder die Beziehung zu Gott suchen. In vielen kleinen Schritten. Und manchmal schenkt uns Gott sogar so einen besonderen Moment wie mir und der Kellnerin am Europaplatz: In solchen Momenten zieht Gott den Vorhang beiseite und lässt uns in sein *Missio-Dei*-Herz blicken. Und wenn wir sehen, was Gottes Herzschlag für diese Welt ist, dann werden wir bewegt, mit diesem Herzschlag Reich Gottes mitzugestalten.

Kapitel 3:
BEZIEHUNGSSTATUS? GESTALTER!

Bad Schönborn, Frühling 2016

Ich war gerade von der Uni heimgekommen, als meine Mutter mich zu sich rief: »Schau mal, welchen davon würdest du nehmen?«

Sie drehte mir ihren Laptop zu. Man sah Fotos und Videos von einer Hündin mit etwa acht Welpen. Ich zeigte auf den Bildschirm: »Wie wäre es mit dem da … der mit dem rosa Halsband?«

»Ja, das ist ein Weibchen. Sie gefällt mir auch. Guck mal, sie kann schon schwimmen!«

In einem der Videos gingen die Welpen mit ihrer Mutter in einem Fluss baden, und die kleine Hündin mit dem rosa Halsband paddelte am weitesten und kräftigsten von allen. Ich lächelte. Aber ich fragte vorsichtig: »Bist du sicher, dass das eine gute Idee ist?«

»Wieso, was meinst du?«

»Na ja, Mickey ist erst vor Kurzem gestorben – und der war ein Zwergschnauzer. Das da ist ein Riesenschnauzer und soweit ich weiß, sind die sehr dominant. Sie können dir auf den Tisch gucken. Denkst du, wir kriegen das hin?«

Meine Mutter nickte ohne Zögern: »Ich wollte sowieso mehr Bewegung, und wir haben einen großen Garten, wo sie raus kann. Ich habe fünf Kinder großgezogen, dann kann ich den Hund wie ein neues Kind aufnehmen. Solange wir sie einigermaßen erziehen, wird das schon.«

Ich runzelte die Stirn. Ob das wirklich so einfach sein würde? Aber ich wusste auch, dass Riesenschnauzer an sich ein tolles Temperament haben. Ein Schnauzer in groß könnte cool werden.

»Wie denkst du soll sie heißen?«

Wir warfen viele Namen hin und her, bis meine Mutter sagte:

»Wie wär's mit »Lucy«, nach der Figur in Narnia: voller Freude, starkem Glauben, loyal und mutig.«

»Cool, gefällt mir. Ich will übrigens mitkommen, wenn wir sie abholen. Wo leben die Züchter denn?«

»Etwas weiter weg … in der Tschechischen Republik, drei Stunden östlich von Prag.«

Es schien verrückt: Drei Tage im Auto unterwegs, Buchungen in einer Ferienwohnung und Fahrten über ruckelige Autobahnen in unbekannte ländliche Gegenden. Aber meine Mutter, meine kleine Schwester und ich fuhren trotzdem los. Wir machten uns auf den weiten Weg in ein kleines tschechisches Dorf, um unsere Lucy abzuholen.

Als wir endlich das Haus der Züchterin erreichten, stand sie schon mit Lucy vor der Tür. Wir konnten es kaum fassen: Lucy war erst einige Wochen alt, doch sie war schon jetzt größer als Mickey. Sie war so flauschig, hatte edles schwarzes Fell, dunkle Knopfaugen, Schlappohren und eine große Nase. Wir waren sofort verliebt! Die Züchterin gab uns einige erste Tipps mit auf den Weg wie auch ein Kauspielzeug, was nach Lucys Mutter roch. Das sollte den Übergang erleichtern. Es war aber gar nicht nötig: Lucy fand sich sehr schnell ein. Zu Hause erkundete sie den Garten, ihr Körbchen, die Küche … Sie hatte uns angenommen, wie wir das erhofft hatten. Als sie aber nach einigen Tagen das erste Mal bellte, bebte das ganze Haus. Wir merkten: Dieser Welpe ist in der Tat ein Kraftpaket, das wir nicht unterschätzen sollten.

Wie wir zu Weltgestaltern heranwachsen

Tja, wie lebt man nun mit einem großen, dominanten Hund unter einem Dach? Die Antwort darauf hat viel mit uns als Weltgestaltern zu tun, denn die Art, wie man einen Hund erzieht, hat Ähnlichkeiten zu dem, wie wir zu Gestaltern erzogen werden bzw. uns erziehen lassen. Die Frage ist also: Wie gestalten wir unser Leben mit Gott? Wie verändert unsere Beziehung zu ihm uns und diese Welt? Kurz: Wie wird geistliches Leben zum Teil unseres ganzen Lebens?

Ein abenteuerlicher Weg besteht aus alltäglichen Schritten

Das Leben mit Gott ist ein Abenteuer. Doch woran denkst du, wenn du das Wort »Abenteuer« hörst? Denkst du an die Erlebnisse von Luke Skywalker, Indiana Jones oder Wonder Woman? Schließlich wird bei ihnen Unmögliches möglich. Aber wenn wir das Abenteuer im Real life haben wollen, reicht dieses bloße Zuschauen nicht aus, und zwar aus zwei Gründen:

1. Der Film gibt dir ein abenteuerliches Gefühl, ohne dass du dafür etwas tun musst. Wenn wir erwarten, dass echte Abenteuer genauso spannend und doch sicher sind, werden wir die Couch (oder den PC) nie verlassen.
2. Der Film erweckt den Eindruck, dass Abenteuer immer spannend und glorreich sind. Sind sie aber nicht: Sie bestehen aus vielen, scheinbar banalen Schritten, wo ab und zu was Spannendes passiert. Wenn wir darauf warten, dass wir eine glorreiche Gelegenheit zum Abenteuer bekommen, warten wir vergeblich.

Wenn wir also wirklich mehr Abenteuer wollen, dann wird es erst mal ungemütlich: Schritt 1, die Couch verlassen und rausgehen. Und dann Schritt 2, nicht sofort umkehren, sobald es langweilige oder anstrengende Abschnitte gibt. Das gilt für Abenteuer auf hoher See, aber auch bei dem Gang zum Bewerbungsgespräch, dem Glauben oder dem Hundetraining: Lucy hat sich zwischendurch einige Patzer erlaubt. Die Pfützen im Haus waren da nur eine Kleinigkeit. Einmal hat sie gar eines unserer Hühner angegriffen: Sie dachte, es sei eines ihrer Spielzeuge. Das arme Tier war so verwundet, dass meine Mutter es schlachten musste! Aber wir sind mit Lucy weitergangen und haben trotz der schwierigen Phasen nicht aufgegeben.

Auf unseren Glauben übertragen kann das heißen, dass uns die eine Erkenntnis beim Bibellesen, der Tag der Taufe oder die besondere Freizeit allein nicht weiterbringen werden. Unser Abenteuer im Glauben wird durch solche Momente gestärkt, doch um wirklich zu wachsen, braucht es auch die langweiligen Dinge: kleine, regelmäßige Schritte, immer und immer wieder. Und zwischen den langweiligen und den spannenden Momenten wird es auch Tage geben, wo wir echte Zweifel und tiefe Krisen erleben. Doch nur im Gesamtpaket wird unser Leben als Weltgestalter wirklich vorangehen. Nur alles zusammengenommen ist wirklich das volle Abenteuer des Lebens mit Gott.

Für sich genommen sieht ein einzelner Schritt nicht nach viel aus. Aber nimm 10 davon, dann 400, 2371 … und zusammengenommen sind sie dann Bewegung. Wenn diese Bewegung dann auch noch eine konkrete Richtung hat, haben wir wirklich ein besonderes Abenteuer vor uns! Nur durch Bewegung wird ein Berg erklommen, bahnt sich der Fluss einen Weg durch Granit oder legt man tausend Kilometer zurück. Mit anderen Worten: Beim Gestalten des Lebens geht es zuerst um die kleinen Schritte, die scheinbar einfachen Gewohnheiten des Lebens. Es geht um Dinge, die uns selbst in unserer Beziehung zu Gott betreffen und zu heilen Beziehungen mit der Welt befähigen, um etwas in Bewegung zu bringen. Damit kann jeder ins Abenteuer einsteigen, auch jemand, der von seiner Situation sehr eingeschränkt ist. Es ist eine tägliche Herausforderung, die aber reichlich belohnt wird.

Schau mich an

Als Lucy zu uns kam, war sie noch nicht stubenrein, sie ging noch nicht an der Leine spazieren und auf Kommandos hörte sie schon gar nicht. Hätten wir nur den Zustand im Moment gesehen und ihn mit einem erzogenen Hund verglichen, wären wir schnell entmutigt gewesen. Aber wir erwarteten nicht, dass sie von heute auf morgen Sitz und Platz machen könnte. Wir trainierten mit ihr viele kleine Schritte.

Wie ging das konkret? Nicht durch Schreien oder Schlagen. Solch ein Verhalten bewirkt das genaue Gegenteil, denn Hunde sind wie dafür gemacht, auf vertrauensvolle Emotionen des Menschen zu reagieren. Es ist stattdessen viel besser, eine liebevolle Beziehung zum Hund aufzubauen. Wir lobten Lucy dafür, wenn sie was richtig machte, anstatt mit Strafe zu drohen. Und wenn dann doch ein Ausrutscher passierte, drohten wir nicht, sondern machten das Fehlverhalten selbst weniger angenehm: Wenn sie an der Leine zog, blieben wir einige Sekunden stehen, wenn sie zu aggressiv spielte, hörten wir einfach auf. So zeigten wir: Dieses Verhalten wird dir keinen Spaß machen und tut dir nicht gut. Erst, wenn sie bei diesen Maßnahmen nicht reagierte, folgte eine Strafe zum Beispiel in Form einer strengen Mahnung. Selbst als sie unser Huhn gerissen hatte, wurde sie nicht geschlagen, sondern ausgeschimpft, und wir ließen sie nicht mehr ohne Aufsicht draußen spielen. Nach und nach konnte man ihr mehr Freiraum geben, weil sie aus diesen Erfahrungen gelernt hatte.

So ist das auch mit Gott: Wenn Gott unser »Herr(chen)« ist, dann ist er das nicht im Sinne eines schreienden Machos oder einer stupiden Kommandozentrale. Er ist ein liebender Vater, der mit uns geht und uns nicht von oben herab anbellt. Er geht mit uns gemeinsam Schritt für Schritt. Mit Ermutigung und auch mal mit einem zurechtweisenden »Dieses Verhalten wird dir keinen Spaß machen und tut dir nicht gut«, aber immer als Gott, dem wir vertrauen können.

Dabei geht es immer wieder darum, unseren Blick auf ihn zu richten. Dazu wieder ein Beispiel aus dem Hundetraining: Das wichtigste Kommando, was man einem Hund beibringt, ist: »Schau mich an.« Es geht darum, eine Beziehung zum Hund zu suchen, bevor er überhaupt etwas leisten musste. Man nimmt dazu ein Leckerli und hält es sich vor die Augen. Wenn der Hund das Leckerli anschaut, kriegt er es als Belohnung. Nach und nach kommt das Kommando dazu: »Schau mich an.« Und irgendwann sucht der Hund auch ohne Leckerli den Blickkontakt, sobald er das Kommando hört. In der Praxis kann das sehr hilfreich sein: Wenn der Hund einem Reh hinterherrennen will, ist das Kommando wie ein Pausenknopf. Es lenkt den Blick des Hundes zurück auf den Besitzer und die Beziehung. Es sagt: »Lass dich nicht ablenken, sondern schau mich an. Ich bin da, wir gehen das gemeinsam an.« Und so sollten wir auch in unserer Beziehung zu Gott immer wieder den Blickkontakt zu ihm suchen. Am Anfang ist das noch vergleichsweise leicht: Wir lesen zu Beginn unseres Glaubens in der Bibel und lernen jedes Mal etwas Neues dazu. Gott ruft uns zu: »Schau mich an«, und wir erleben eine positive Rückmeldung. Nach und nach tauchen aber mehr Ablenkungen, Sorgen und Krisen auf. Hat uns Gott im Stich gelassen? Nein, er ist da. Immer. Er hat vielleicht nur den Freiraum unseres Weges mit ihm geweitet. Jetzt geht es darum, der Person hinter dem Leckerli zu vertrauen. Krisen und Herausforderungen werden kommen, doch Gott versetzt uns in die Lage, mit ihm durch diese Zeiten hindurchzugehen. Wenn wir uns regelmäßig Zeit nehmen, seiner Einladung zu folgen, werden wir als Weltgestalter wachsen: Schau mich an.

Ich schau dich wohlwollend an

Dieses »Schau mich an« bedeutet nicht nur ein besinnliches Nachdenken oder eine Theorie. Es bedeutet, dass wir uns mit unserem ganzen Leben darauf ausrichten, Gott zu dienen und ihm zu gehorchen. Aber diese Forderung kommt nicht aus dem Nichts. Sie ist nur möglich, weil Gott die Menschen zuerst anschaut. In der Bibel wird das in der Formulierung des »Angesicht Gottes« sichtbar:

> Der HERR segne dich und behüte dich; der HERR lasse
> sein Angesicht leuchten über dir und sei dir gnädig;
> der HERR hebe sein Angesicht über dich und gebe
> dir Frieden.
> *4. Mose 6,24-26; LUT 2017*

Dieser sogenannte »aaronitische Segen« wird bis heute in jüdischen und christlichen Gemeinden in aller Welt gesprochen. Wie andere Segenssprüche dient er dazu, die Beziehung der Menschen zu Gott zu bereichern. Er schaut sie an und wendet sich ihnen wohlwollend zu: »der HERR lasse sein Angesicht leuchten über dir«. Es geht also nicht darum, dass wir krampfhaft die Aufmerksamkeit Gottes suchen müssen, sondern dass er uns schon anschaut. Auf diese Zusage hofft auch König David, wenn er schreibt:

> Verstoße mich nicht aus deiner Gegenwart und nimm
> deinen Heiligen Geist nicht von mir. Lass mich durch
> deine Hilfe wieder Freude erfahren und mach mich
> bereit, dir zu gehorchen.
> *Psalm 51,13-14*

David dichtet diese Zeilen, nachdem er Ehebruch begangen hat und den Mann seiner Geliebten hat ermorden lassen. Wenn es um seine moralischen Leistungen geht, sollte Gott ihn also eigentlich nicht wohlwollend anschauen. Aber David beruft sich nicht auf seine moralische Exzellenz, sondern auf Gottes Güte und Geist: »Hilf mir, dich neu anzuschauen, indem du mich anschaust. Denn nur so werde ich mich anders verhalten können. Nur so kann ich in deinem Segen leben.«

David zeigt uns: Es geht beim Leben mit Gott nicht um die tadelfreie Biografie, sondern um den Glauben an die tadelfreie Liebe Gottes. David nutzt Gottes Gnade aber nicht als Ausrede, um einfach so weiterzumachen! Er bittet Gott darum, dass dieser ihn bereit mache, ihm zu gehorchen.

Dem Volk Israel war also klar: Wenn die Beziehung zu Gott gut ist, dann haben wir Leben. Die Opfergesetze und Riten waren keine trockenen religiösen Übungen, sondern Teil des ganzen Lebens mit Gott. Sie halfen, die Beziehung zu ihm zu gestalten, und damit auch, die Identität und das Miteinander der Menschen zu gestalten. Die geistlichen Übungen der Einzelnen und des ganzen Volkes Israel drückten aus: »Ich bin Teil von Gottes Volk. Wir als sein Volk sind von Gott wohlwollend angeschaut, was uns volles Leben gibt.«

> **Es geht beim Leben mit Gott nicht um die tadelfreie Biografie, sondern um den Glauben an die tadelfreie Liebe Gottes.**

Beziehungspflege

Und wie können wir nun Zeit im Angesicht Gottes verbringen? Es gibt viele Stile der Spiritualität. Wir können Lieder hören, die Gott preisen, in der Natur unterwegs sein oder fasten. Aber der direkteste Weg, Gott zu begegnen, ist in seinem Wort – der Bibel. Allen Gläubigen ist dieses Wort eine Grundlage, egal, welcher Konfession sie angehören: Wir messen unsere persönlichen, spirituellen Erfahrungen an der Bibel, und nicht umgekehrt. Und das nicht, weil die Bibel an sich »magisch« oder »heilig« ist, sondern, weil in den Schriften der Bibel bezeugt wird, wie der heilige Gott Geschichte mit Menschen gestaltet. Unser Glaube ist mit dem Lesen und Hören der Worte Gottes untrennbar verbunden. Gott weiß um die Wichtigkeit von Worten. Deswegen wies er bereits damals Mose und das Volk dazu an, die Worte aufzuschreiben, sie sich an Arm und Stirn zu binden, und den Kindern im Alltag weiterzugeben (vgl. 5. Mose 11,18-19). Dieses Symbol sollte zeigen: »Meine Worte prägen euren Verstand und eure Taten, jetzt und in Zukunft. Sie sind eure Lebensgrundlage.«

Zur Zeit Jesu stand die Lesung der Thora im Mittelpunkt des ganzen Gottesdienstes. Auch Jesus las die Schrift und legte sie für seine Hörerschaft aus (vgl. Lukas 4,16-21). Das eigentlich Verrückte ist jedoch: Jesus bezeichnet sich selbst als »Wort«. Anders gesagt: Wir glauben nicht nur irgendwelchen Worten, sondern wir glauben einer Person, die diese Worte lebendig macht! Gott ist das Wort.

Diese Tradition wurde von den ersten Christinnen und Christen übernommen: Man las zusammen die Schrift, und zwar nicht, um einen Fanklub um Jesus zu bilden, sondern weil Gott sich durch Jesus in dieser Schrift offenbart hatte. Paulus schrieb dazu:

> Gebt den Worten von Christus viel Raum in euren Herzen. Gebraucht seine Worte weise, um einander zu lehren und zu ermahnen. Singt, von Gnade erfüllt, aus ganzem Herzen Psalmen, Lobgesänge und geistliche Lieder für Gott.
> *Kolosser 3,16*

Wie aber kann das praktisch aussehen – mehr Zeit mit Gottes Wort verbringen? Die einen schauen gern Videos an, manche benutzen eine App, wieder andere hören Audiobücher oder Lieder, benutzen Lesepläne oder singen selbst Lobpreis-Songs. Und das ist gut so. Dennoch möchte ich dich dazu einladen, sowohl den rationalen Verstand einzuschalten als auch Gott auf einer persönlichen Ebene zuzuhören: Ohne Wissen laufen wir Gefahr, Gottes Offenbarung zu verdrehen. Ohne die Bereitschaft, Gott persönlich zu begegnen, bleibt aber alles Wissen sinnlos. Egal, ob Denkertyp oder Meditationsfan, wachse in dem, was dir liegt. Aber probiere auch das aus, was dir nicht so liegt, und bleibe nicht nur bei deinem Lieblingsbereich. Alles ist eine Frage der Übung, und jeder der Ansätze hilft uns, eine andere Ebene des Ganzen zu begreifen. Probiere es aus und erlebe, wie du wächst – so wie ein Baum, der am Wasser gepflanzt ist und dessen Früchte wachsen (vgl. Jeremia 17,8).

Der Weg geht weiter …

Der Weg als Weltgestalter fängt zwar bei kleinen, persönlichen Schritten an, hört dort aber nicht auf: Wer Weltgestalter ist, geht einen Weg gemeinsam mit anderen Weltgestaltern. So kann man sich austauschen über seine Schritte, einander unterstützen und miteinander den Weg feiern. Und dann, Schritt für Schritt, wird daraus etwas wachsen. Der Heilige Geist leitet uns immer zu etwas an, was über uns hinausgeht, denn Gott ist ein Gott, der Beziehungen über das Selbst hinaus sucht. Welche Auswirkungen haben also deine Gebetszeit und deine Zeit beim Bibellesen? Wo siehst du »Früchte« in deinem Leben oder dem Leben deiner Umwelt? Denn man kann auch sein ganzes Leben die Bibel lesen, ohne von ihr bewegt zu werden.

Ich hatte zum Beispiel mal mit einem Mann über die Kommentar-Funktion unter einem YouTube-Video eine Diskussion. Dieser Mann hatte offenbar keine gute Erfahrung mit dem christlichen Glauben gemacht. Er erzählte mir, dass er in der Gemeinde aufgewachsen und mit 22 Jahren zu dem Schluss gekommen sei, dass es Gott nicht gebe. Seitdem sei es sein Ziel, auch andere von dieser Erkenntnis zu überzeugen: Die Idee »Gott« stehe gegen die rationale Vernunft und sei gefährlich, denn sie fördere menschenfeindliches Verhalten. Mir fielen bei dieser Diskussion zwei Dinge auf: Erstens kannte der Mann sich sehr gut in der Bibel aus, und zweitens deutete er die Texte aus einer ablehnenden Grundhaltung heraus. Das machte mich traurig: Wie konnte man so viel von Gott wissen und doch so zynisch sein? Ich war aber auch beeindruckt von seinem missionarischen Eifer: Er steckte viel Zeit und Energie in sein Anliegen und das brachte »Früchte« der Ablehnung hervor.

Aber was, wenn der Mann recht hatte? Was, wenn wir in Wirklichkeit einer Lüge glauben? Wir behaupten, dass Gott gut ist, aber wir sind wohl kaum neutral mit dieser Behauptung. Und beweisen können wir eh nichts… Sind wir also unvernünftig? Auf diesen Einwand können wir gelassen reagieren: Niemand von uns, weder Atheist noch christlicher Weltgestalter, ist je in seinem Denken »neutral«. Jede Person geht von Grundüberzeugungen aus, von denen aus er oder sie seine Welt deutet (dazu mehr in Kapitel 14). Wir können also nicht beweisen, dass es Gott gibt, wohl aber Indizien beobachten und deuten: Wir können uns auf die Beziehung zum liebenden Gott einlassen und dann sehen, wie das uns als Weltgestalter bewegt. Unsere Fragen und Zweifel sind bei Gott willkommen. Doch Gottes größte Antwort ist kein beweisbarer Fakt in einer Statistik, sondern eine Person: er selbst. Sich auf Gott auszurichten und in seiner Gegenwart zu leben, ist eine Entscheidung, die wir jeden Tag treffen müssen.

Es bleibt eine Spannung: Da sind Fragen, die wir nicht beantworten können, und doch können wir uns denkend auf Gott einlassen. Welche »Früchte« sieht man also in unserem Leben als Weltgestalter? Wenn wir als Christinnen und Christen so viel Zeit und Energie in unsere Beziehung zu Gott stecken würden wie dieser Mann in seine Ablehnung, dann würden wir viel mehr in der Welt auffallen. Wir wären ein Funke Hoffnung, der sichtbar für andere sein würde! Und doch kommt unser Antrieb nicht aus Leistungsdruck, sondern aus dem Überfluss einer liebenden Beziehung. Egal, ob du dich also leer, erfüllt, in oder außerhalb einer Krise befindest, schau bei allen Fakten und Fragen auch über diese Dinge hinaus. Schau zu Jesus, »von dem unser Glaube vom Anfang bis zum Ende abhängt« (Hebräer 12,2b), und beobachte, was das in deinem Leben macht. Die Beziehung und Früchte werden nicht unbemerkt bleiben!

Kapitel 4:
WIE WIR WIRKLICH SATT WERDEN

Die älteste Geschichte der Welt

Es war einmal vor vielen Tausend Jahren, da regierte König Gilgamesch in der Stadt Uruk. Er war teils Gott, teils Mensch, und der mächtigste Mann auf Erden. Er hatte Gold, so weit das Auge reichte. Modernste Paläste, die bis zum Himmel ragten. Und alle Männer und Frauen der Stadt, die ihm jeden seiner Wünsche erfüllten.

Doch Gilgamesch nutzte seine Macht, um das Volk zu quälen. Er schändete die Frauen ohne Skrupel und schlug mit Brutalität all die, welche ihn zur Rechenschaft ziehen wollten. So schrien die Menschen bald bei den Göttern selbst um Hilfe. Und die Götter hörten die Gebete und schickten ihren mächtigen Krieger Enkidu gen Erde: Halb Mensch, halb Stier, eher Bestie als ein Mensch. Sicherlich könnte das Gilgamesch aufhalten! Doch als es zum Kampf kam, waren Enkidu und Gilgamesch gleich stark! Die Männer schlossen ein Bündnis der Freundschaft – und waren so noch mächtiger als zuvor. Sie zogen hinaus in die Welt und besiegten das Ungeheuer Humbaba, den Hüter des Waldes, und zerstörten seine Bäume. Keine Wüste, kein Berg und kein Fluss konnte sie aufhalten, und voller Siegesmut kehrten die Männer nach Uruk zurück.

Doch dann wurde Mut zu Übermut: Sie beleidigten die Göttin Ishtar und töteten ihren heiligen Stier. Da schlug Ishtar Enkidu mit einer Krankheit, und Enkidu starb.

In diesem Moment brach Gilgamesch zusammen: Er hatte alles gehabt und getan, was er wollte. Doch jetzt lag sein bester Freund am Boden. Tot. Der Übermut war gewichen und Angst kam in Gilgamesch auf: Würde er bald auch sterben? Aber er war doch noch lange nicht fertig, er war noch nicht erfüllt! Wenn es doch einen Weg gäbe, um ewig zu leben!

Gilgamesch ging wieder hinaus, über ferne Täler, Berge, Flüsse und Meere. Er reiste bis ans Ende der Welt und traf endlich einen Priester, der scheinbar hatte, was Gilgamesch suchte: eine Pflanze, mit der man ewig jung bleiben könnte. Um sie zu erreichen, müsste Gilgamesch bis an den tiefsten Grund des Meeres tauchen, ohne zu ertrinken, und anschließend achtgeben, dass er diese Pflanze nicht verlöre.

Gilgamesch schaffte es tatsächlich, die Pflanze zu finden. Er trug sie in Begleitung des Priesters Richtung Heimat. Auf dem Heimweg nahm er aber ein kurzes Bad und legte die Pflanze am Ufer des Gewässers ab. Da schnappte sich eine Schlange diese Pflanze und ließ ihre leere Schlangenhaut zurück … als ob sie Gilgamesch auslachen würde!

Gilgamesch war am Boden zerstört: Wenn er nicht mal mit all dieser Mühe zu einem erfüllten Leben finden konnte, wie sollte er dann überhaupt noch weitermachen? Doch der Priester gab ihm einen Rat: Indem man große Werke tut und als guter König regiert, erlangt man einen unsterblichen Namen. So kehrte Gilgamesch nach Uruk zurück und wurde fortan ein guter König. Er baute die Mauern der Stadt weiter aus, sodass alle Völker der Umgebung ihn bewunderten. Und auch wenn er nicht ewig lebte, hatte er so etwas wie einen Sinn im Leben gefunden.[12]

Was erfüllt unser Leben wirklich?

Das war meine Zusammenfassung des sogenannten Gilgamesch-epos. Diese Erzählung stammt aus der Stadt Uruk, in der Gegend des heutigen Iraks. Das Epos wurde auf insgesamt zwölf Lehmtafeln in sumerischer Keilschrift eingeritzt und verherrlicht auf mythische Weise einen Herrscher, der vor etwa 5000 Jahren Uruk regierte. Die ältesten erhaltenen Fragmente sind etwa 4500 Jahre alt. Damit gilt das Gilgameschepos als die älteste bekannte größere Erzählung der Menschheitsgeschichte. Man stelle sich das mal vor: Um Gilgamesch zu erreichen, müssten wir 2000 Jahre bis in die Zeit Jesu zurückgehen und dann noch mal 2500 Jahre draufsetzen! Zu dieser Zeit entstand gerade die Cheopspyramide von Gizeh. Abraham würde erst 400 Jahre später von Gott berufen werden, und Julius Caesar erst 2400 Jahre später das Licht der Welt erblicken!

Und doch finden wir in diesem alten Epos ein Thema, das bis heute durchdringt: Wie werde ich im Leben wirklich satt? Wie finde ich meinen Sinn? Das ist im Grunde das, was Gilgamesch die ganze Zeit beschäftigt: Er ist fast ein Gott, aber eben nur fast. Er hat ungeheure Kräfte, und doch sucht er ständig nach Herausforderungen. Dann, als sein Freund stirbt, meint er, dass Unsterblichkeit die Lösung wäre. Er sucht sie, findet sie und verliert sie wieder. Aber am Ende findet er doch so etwas wie einen Sinn des Lebens: Genieße das Leben, das dir gegeben ist, aber lebe es in Verantwortung vor den Göttern und Menschen. Dieser Rat hat eine erstaunliche Ähnlichkeit zum Rat des Predigers in der Bibel:

Deshalb: Iss, trink und sei fröhlich dabei. Denn Gott gefällt dein Tun seit Langem! Trag saubere Kleidung und pfleg dein Gesicht mit Salbe. Sei glücklich mit der Frau, die du liebst; genieß jeden flüchtigen Tag deines kurzen Lebens, das Gott dir auf dieser Erde gegeben hat. Denn das ist der Lohn, den du für deine irdischen Mühen bekommst. Tu alles, was du mit deiner Kraft bewirken kannst. Denn wenn du erst einmal im Totenreich bist, gibt es weder Tun noch Gedanken, weder Erkenntnis noch Weisheit.

Prediger 9,7-10

Aber liest sich das nicht wie eine Kapitulation? Nach dem Motto: »Es geht ja nicht anders, also vergiss die Sorgen und trink deinen Wein«? Wie passt das mit uns als Weltgestaltern Gottes zusammen?

Unsere Bedürfnisse

Gehen wir einen Schritt zurück: Was brauchen Menschen für ein erfülltes Leben? Aus sozialwissenschaftlicher Perspektive ist da sofort die Bedürfnispyramide von Abraham Maslow zu nennen: Maslow war ein Psychologe des 20. Jahrhunderts und erforschte, welche Bedürfnisse wir haben, und zwar unabhängig von persönlichen, religiösen oder sozialen Prägungen. Er kam zu dem Schluss, dass es mehrere Kategorien von Bedürfnissen gibt. Die Grundbedürfnisse (Essen, Trinken, Obdach, körperliche Gesundheit) bilden die Basis. Diese müssen erst gedeckt sein, bevor man die anderen Bedürfnisse anspricht. Doch sie sind nicht das Einzige, was der Mensch braucht. Er hat auch psychologische Bedürfnisse (Sicherheit, Freundschaft und Familie, Intimität) und ein Bedürfnis nach Selbstverwirklichung (Identität, Einbringen seiner eigenen Gaben und Kreativität). Erst, wenn diese alle beachtet werden, kann nach Maslow von einem gesunden Leben gesprochen werden.[13]

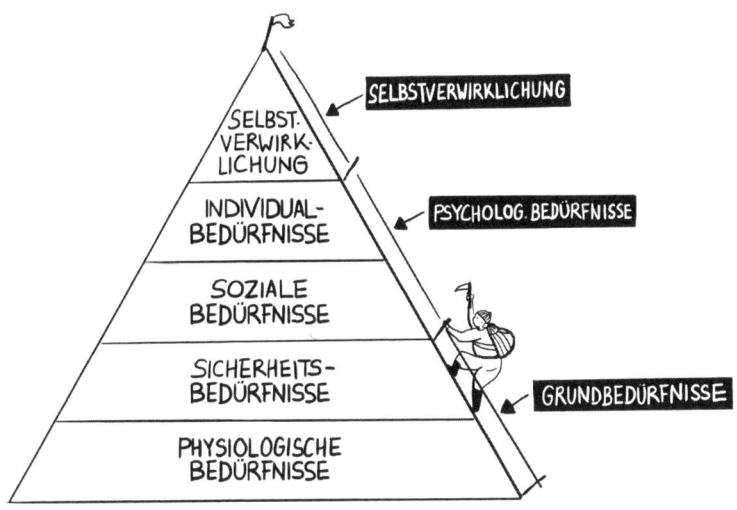

Das Modell von Maslow ist nicht perfekt: Es stellt das komplizierte Leben sehr vereinfacht dar. Gilt dieser Katalog an Bedürfnissen wirklich in genau dieser Rangfolge für alle Menschen? Individuelle Selbstverwirklichung ist zum Beispiel ein Bedürfnis für Menschen in westlichen Kulturen wie den USA oder Deutschland. Aber ist es auch in einem Stamm in Uganda oder einer Bauernfamilie in Nicaragua das höchste Ziel? Menschen aus solchen kollektiv orientierten Kulturen würden möglicherweise sagen, dass die Heimat in der Gruppe das höchste Gut ist, also psychologische Bedürfnisse an die Spitze setzen. Und auch in westlichen Kulturen merken wir, dass eine Überbetonung der Selbstverwirklichung zu Unzufriedenheit führen kann: Muss man wirklich jeden Traumjob haben und all seine Wünsche bis ins kleinste Detail ausleben, um zufrieden zu sein? Das scheint ein sehr hoher Anspruch, und für die Mehrheit der Menschen, die je gelebt haben, eine unerfüllbare Wunschvorstellung. Und doch findet man natürlich auch unter den Leuten, denen Selbstverwirklichung nur begrenzt möglich ist, sehr zufriedene Menschen. Selbstverwirklichung, zumindest im Sinne des Traumjobs, kann also nicht das höchste Ziel des Lebens sein.

Trotzdem hilft uns Maslows Pyramide weiter: Sie zeigt, dass wir eine gewisse Reihenfolge der Bedürfnisse haben. Wer sich ständig um seine nächste Mahlzeit sorgt, kann nicht daran denken, wie er seine Gaben in der Welt einsetzen will. Wer gemobbt wird, hat nicht einfach »dumme« Mitschülerinnen und Mitschüler, sondern fühlt sich zutiefst in seiner Sicherheit und in seinem sozialen Selbstwert angegriffen. Andererseits bedeutet die Sicherung der Grundbedürfnisse weit mehr als nur das nackte Überleben: Wer sich keine Sorgen mehr machen muss um Gewalt und dreckiges Wasser, kann mehr Zeit in seine Freundschaften und in eine stabile Arbeitsstelle investieren. Und wer gesund ist, kann kreative Energie nutzen, um Dinge zu erfinden oder seine Gaben einzusetzen. Alle Ebenen der Bedürfnisse hängen zusammen in einem ganzheitlichen Netz der Beziehungen. Und das ist etwas, was wir kulturübergreifend beobachten können.

Was Urvertrauen mit unseren Bedürfnissen zu tun hat

Aber wie stillen wir unsere Bedürfnisse? Als Säuglinge sind wir noch komplett auf die Fürsorge unserer Eltern oder anderer Bezugspersonen angewiesen. Wir werden gefüttert, gewickelt und in den Arm genommen. Wir machen nichts davon selbst und sind nicht einmal in der Lage, uns zu bedanken. Wir nehmen einfach. Purer Egoismus aus purem Angewiesensein. So anstrengend diese Phase für die Eltern ist, so wichtig ist sie für die gesunde Entwicklung des Kindes: Wenn ein Kind während der Schwangerschaft und der ersten zwei Lebensjahre eine erfüllte Fürsorge erhält, entwickelt es ein gesundes Urvertrauen: Es lernt, dass es in der Welt erwünscht ist und dass es mit seinen Bedürfnissen leben darf.[14] Dieses Urvertrauen wird später die Grundlage für ein gesundes Selbstbewusstsein sein, was wiederum gesunde Freundschaften und Partnerschaften ermöglicht. Dieser Mensch kann sich zur Umwelt gesund verhalten.

Wenn das Kind aber schlecht versorgt und kaum in den Arm genommen wird oder die Eltern von Gewalt oder Stress umgeben sind, kann sich kein gesundes Urvertrauen entwickeln. Es wird sich nicht bewusst an diese Zeit erinnern, sein Körper und seine Psyche aber schon: Ein solches Kind hat vielleicht das Gefühl, immer um Aufmerksamkeit kämpfen zu müssen, indem es den Kasper gibt. Oder es wird umgekehrt zum braven Mäuschen, was keinen Ärger macht, schüchtern ist oder nie aus eigenem Antrieb handelt. Als Erwachsene bleiben diese Prägungen in Form eines inneren Fahrplans erhalten, der uns unbewusst antreibt: Dann traut sich ein Mann vielleicht nie, Konflikte anzusprechen, selbst wenn andere ihm sagen, dass er das darf. Oder eine Frau gerät immer an die falschen Partner – zu Beginn charmant, dann aber unehrliche Nutznießer.

Wir tun das, was sich für unsere Prägung bekannt anfühlt, und vermeiden das Unbekannte – selbst, wenn das Unbekannte eigentlich besser für uns wäre.

Manche Verhaltensweisen sind, wenn sie ab und zu auftreten, ein Stückweit normal. Wenn ein Verhaltensmuster aber immer wieder und unabhängig von einer konkreten Situation auftritt, dann steckt dahinter meist eine unbewusste Prägung, die sich in Form von Glaubenssätzen ausdrückt: »Ich muss immer nett sein, damit andere mich akzeptieren.«, »Ich bin es nicht wert, eine bessere Partnerin/einen besseren Partner zu finden.«, »Gefühle sind nicht männlich – außer Aggression.« usw. Auch wenn wir gern glauben würden, dass wir immer das tun, was wir auch wollen, ist das nur bedingt so: Wir tun das, was sich für unsere Prägung bekannt anfühlt, und vermeiden das Unbekannte – selbst wenn das Unbekannte eigentlich besser für uns wäre. So lassen wir uns von unseren Prägungen lenken – es sei denn, wir lernen, diese aufzudecken und bewusst damit umzugehen.

Bei Menschen mit einer psychischen Krankheit ist diese Theorie relativ einleuchtend. Aber auch bei Leuten, die nicht unter einer psychischen Krankheit leiden, können sich ungesunde Muster einschleichen. Ich hatte zum Beispiel fürsorgliche Eltern, erlebte durch sie weder Missbrauch noch Vernachlässigung und habe sehr gute Erinnerungen an meine Kindheit. Doch meine ältere Schwester war körperlich und geistig behindert und brauchte viel Aufmerksamkeit. Sie lehrte mich, verantwortungsvoll, einfühlsam und dankbar für die kleinen Dinge zu sein. Aber gleichzeitig dachte ich unbewusst, ich müsse immer lieb sein und meine Bedürfnisse zurückstecken. Ich war ja schließlich schon groß. Erst nach und nach lernte ich, diese Grundprägung auszugleichen: Meine Eltern adoptierten drei weitere Kinder, und ich lernte, mit ihnen zu spielen – einfach so. In späterer Seelsorge und Therapie erkannte ich dann meine eigenen Verhaltensmuster und lernte (und lerne bis heute), anders mit ihnen umzugehen.

Der Punkt ist: Wir alle haben Bedürfnisse. Und doch erleben wir in irgendeiner Form bereits in frühen Jahren, dass sie nur unter bestimmten Bedingungen erfüllt werden: sei laut, sei still, sei schlau, sei lustig oder sprich nie einen Konflikt an – erst dann beachten wir dich. Und so entwickelten wir unsere Strategie, um uns selbst zu schützen und unsere Bedürfnisse zu stillen. Als Kind haben wir keine andere Wahl. Doch wenn wir als Erwachsene nicht aufpassen, bleiben wir unbewusst in einer Spirale der Bedürfnisse stecken: immer auf der Jagd nach der neuesten Quelle, die unseren Durst stillt. Das macht uns rastlos und unzufrieden. So, wie Gilgamesch. Wir werden zu egoistischen Nutznießern dieser Welt anstatt zu Gestaltern. Solange wir die Ursachen dafür in unserem Umfeld suchen, werden wir niemals wirklich »satt« sein.

Nie genug

Das Problem ist also nicht, dass wir Bedürfnisse haben. Die Frage ist vielmehr, wie wir diese stillen. Persönlich hatte ich einen Augenöffner während meines Theologiestudiums: Wir mussten einige Sprachprüfungen in Griechisch und Hebräisch ablegen, wobei die Prüfungen an unserer Hochschule etwas einfacher waren als die offizielle Graecum- oder Hebraicum-Prüfung. Also entschieden sich zwei meiner Kommilitonen, die »echte« Prüfung zusätzlich zu machen. Ich dachte, das sei eine gute Idee, also machte ich mit. Beim Hebraicum schaffte ich es, aber ich hatte die schlechteste Note von uns dreien. Ich ließ es mir nicht anmerken, aber das kratzte an meinem Ego: Ich war doch gut in Sprachen! Die Folge: Ich steckte umso mehr Arbeit ins Graecum. Ich besuchte das Tutorium, übersetzte die Übungstexte und konnte die meisten Sätze auch verstehen. Insofern ging ich mit einem ganz guten Gefühl in die Prüfung rein und gab mein Bestes. Doch einige Wochen später teilte mir der Lehrer das Ergebnis mit: durchgefallen.

Ich ging bedrückt zum Parkplatz, auf dem mein Auto stand. Aber als ich ins Auto einstieg, ging mir ein Licht auf: Warum hatte ich diese Prüfung geschrieben? Für mein Studium hatte ich sie doch gar nicht gebraucht. Letztlich hatte ich nur mit meinen Kommilitonen mithalten wollen. Ich wollte Eindruck machen, ich wollte Aufmerksamkeit. Im Grunde hatte ich gedacht, ich sei ohne diese Note nicht gut genug und meine Kommilitonen würden mich nicht ernst nehmen. Als mir das bewusst wurde, schüttelte ich erschrocken den Kopf: »Echt jetzt?! Das dachte ich nicht wirklich, oder?«

So fuhr ich am Ende erleichtert nach Hause. Zum Glück hatte ich die Prüfung nicht bestanden! Sonst würde ich noch heute denken, dass ich mich gegenüber anderen beweisen muss. Ich hatte komplett vergessen, dass es darum geht, meine Gaben einzusetzen und ohne Druck mit anderen unterwegs zu sein. Frei von der Jagd nach immer mehr, weil ich in Gott bereits alles habe.

Aufeinander angewiesen

Das klingt schön, aber stimmt es auch? Denn Glaube an einen Gott der Fülle hindert viele Menschen offenbar nicht daran, sich Gott als knauserigen Opa vorzustellen: Wer Jesus nachfolge müsse jeder Freude entsagen!

Im Laufe der Kirchengeschichte wurden immer wieder bestimmte Wünsche als »Sünde« verdammt, weil man sich um die Ordnung und die Reinheit vor Gott Gedanken machte: Wer an Jesus glaube, sollte nicht die »weltlichen« Dinge genießen, sondern sich ausschließlich der geistlichen Realität widmen. Entscheidend war das Jenseits. Hinter diesem Denken steckt ein wahres Bedürfnis, nämlich der Wunsch, Gott zu dienen. Immerhin machte bereits Jesus deutlich, dass Glaube an ihn alles kostet, als er zu einem reichen Mann sagte:

> »Eins fehlt dir noch«, sagte er zu ihm. »Geh und verkaufe alles, was du hast, und gib das Geld den Armen, dann wirst du einen Schatz im Himmel haben. Danach komm und folge mir nach.«
> *Markus 10,21b*

Vollkomme Abhängigkeit von Gott, also. Zudem hilft es, zu wissen, dass viele »Anti-Lust«-Gedanken in einer extrem leidvollen

Umwelt entstanden sind. Man konnte jederzeit von Wikingern oder Mongolen überfallen werden, sein Leben lang im Dienst eines Landherren schuften oder an der Pest sterben. In so einer Welt hatte Genuss nicht gerade die höchste Priorität. Da ist es nachvollziehbar, die Schrecken auszublenden, auf das Jenseits zu blicken und sich auf die »wichtigen« Dinge zu besinnen.

Wir können also von der Ernsthaftigkeit dieser Christinnen und Christen lernen – damals und heute –, dass Beziehung zu Gott in der Tat die höchste Priorität hat. Aber trotzdem ist ein »Anti-Lust«-Denken aus biblischer Sicht nicht angemessen: Wenn wir keine Bedürfnisse und Sehnsüchte haben dürften, hätte Gott uns als starre Steinwesen erschaffen, die weder genießen noch lachen noch lieben. Er hätte den Menschen nicht in einen üppigen Garten gesetzt, sondern in eine Einöde. Und wir hätten in der Bibel keine Psalmengesänge, das Hohelied oder Anweisungen zu religiösen Festtagen überliefert.

Nein, Gott selbst hat Bedürfnisse in uns hineingelegt: Er gab dem Menschen eine Seele. Das Wort für »Seele« ist im Hebräischen *nephesh*, was ursprünglich so etwas wie »Kehle« bedeutete.[15] Der Gedanke ist, dass der innere Kern des Menschen verletzlich ist. Er ist von Luft, Wasser und Nahrung abhängig. Die Dinge, die er zum Leben braucht, kommen durch seine Kehle zu ihm, genauso wie seine Kehle die Stimme und die Luft, die er ausatmet, hervorbringt.

Was für die natürlichen Dinge gilt, wurde im übertragenen Sinn auch für menschliche Zuwendung oder andere Bedürfnisse gedacht: Die Seele ist eben nicht unverwundbar, sondern Gott hat sie so gemacht, dass sie Bedürfnisse hat. Gilgamesch wollte seine Bedürftigkeit nicht wahrhaben, aber sowohl er als auch wir können bei unerfüllten Bedürfnissen eingehen: verhungern, verdursten oder sozial verkümmern. Aber die Bedürftigkeit des Menschen macht uns nicht nur verletzlich, sondern auch erst beziehungsfähig. Sicher: Die eigene Bedürftigkeit zu äußern, birgt das Risiko, verletzt zu werden.

Doch heißt das nun, dass es besser wäre, das Risiko nicht einzugehen? Oder am besten gar nicht erst so viele Bedürfnisse zu haben?

Ich glaube nicht. Denn ein Mensch, der auf andere angewiesen ist, kann bei einem angemessenen Umgang mit seinen Bedürfnissen mehr als nur reine Bedürfniserfüllung erleben. Sein Sich-Einlassen auf andere kann zu tiefer Gemeinschaft, Liebe und zu einem Genuss führen, der sonst nicht möglich wäre. Wenn es kein Bedürfnis nach Schönheit gäbe, hätte Michelangelo zum Beispiel nie die Sixtinische Kapelle bemalt, und wir könnten sie heute nicht bestaunen. Ohne Bedürfnis nach Wettkampf und Sieg gäbe es wohl keine Fußball-WM, bei der Teams zusammen um den Sieg ringen und die Fans vereint ihre Mannschaft anfeuern. Und ohne das Bedürfnis nach Intimität gäbe es keine sexuellen Beziehungen oder emotionale Verbundenheit mit einer anderen Person. Ohne Bedürfnisse gäbe es keine Fülle und Vielfalt im Leben.

Vom Waisenkind zum Königskind

Wie sieht es aber nun mit Gott aus? Ich glaube, der Kern der Sache liegt nicht im eigentlichen Bedürfnis, sondern in unserer Haltung dazu: Suchen wir die Erfüllung unserer Bedürfnisse wie bettelnde Waisen oder wie angenommene Königskinder? Dahinter stecken nämlich ganz gegensätzliche Einstellungen gegenüber Gott, uns selbst, unseren Mitmenschen und der Schöpfung.

Ohne Bedürfnisse gäbe es keine Fülle und Vielfalt im Leben.

Ein Waisenkind weiß nicht, wie es sich anfühlt, eine stabile Heimat bei Eltern zu haben. Es hat die Grundhaltung: »Keiner kümmert sich um mich, also kämpf ich um das Meine.« »Ich bin es nicht wert, dass man sich mit mir abgibt.« »Es gibt nie genug für alle.« »Gib mir die Sache, aber lass mich in Ruhe, denn du könntest mich verletzen.« Kinder, die in einem Heim oder einer instabilen Familie aufwachsen, verinnerlichen solche Sätze ganz tief. Wenn diese Kinder dann adoptiert werden oder in Pflegefamilien wohnen, ändert sich ihre Haltung nicht sofort. Sie haben äußerlich gesehen ein Haus und genug zu essen und Spielzeug, aber sie verhalten sich nach wie vor wie ein Waisenkind. Das habe ich hautnah bei der Adoption meiner drei jüngeren Geschwister miterlebt: Sie wiegten sich zum Beispiel selbst in den Schlaf, weil sie als Säuglinge nicht genug in den Arm genommen worden waren – und doch scheuten sie es, wenn man sie umarmen wollte. Sie freuten sich an Geburtstagen auf ihre Geschenke, schienen aber unsicher zu sein, ob sie die Geschenke wirklich bekommen würden. Und wenn es darum ging, Verantwortung zu übernehmen, wollten sie sich erst dieser Verantwortung entziehen – und doch waren sie eifersüchtig, wenn dann eines der anderen Kinder für getane Arbeit eine Belohnung bekam. Innerlich hatten sie noch den Fahrplan: Ich gehöre nicht in diese Familie, ich kann keine Verantwortung übernehmen und muss jede Konkurrenz ausstechen.

Vom Mangel zur Fülle

Was beim Sozialverhalten von Waisenkindern zu beobachten ist, trifft auch auf unseren Glauben zu: Unser erster Impuls ist es, ein Waisenkind zu sein. Entweder, weil wir uns vor Gott ducken und ihn für böse halten, oder weil wir nur unser Geschenk schnell haben und dann wieder verschwinden wollen. Durch den Beziehungsbruch der Sünde denken wir, es geht im Leben vor allem um uns selbst: Die Welt ist dann unser Wunschautomat, die Natur und andere Menschen können ausgenutzt werden – und Gott eben auch. Wir meinen, es gebe nie genug für uns, also kämpfen wir immer um Aufmerksamkeit. Und wehe, jemand anderes hat es besser! Dann machen wir womöglich die andere Person runter oder ziehen uns in Selbstmitleid zurück. Aber die Haltung »Ich bin das Zentrum, die anderen schulden mir was« ist von einem Gefühl des Mangels getrieben.

So will uns Gott nicht behandeln. Wir müssen nicht mehr aus einem Mangel heraus zu ihm kommen, denn wir sind keine bettelnden Waisen. Wenn wir Jesus als Erlöser kennen, dann sind wir Gottes Kinder (vgl. Römer 8,14-17). Kinder des Königs. Ob wir dabei als Kind ein gesundes Urvertrauen gebildet haben oder nicht, Gott will uns dieses neue, geistliche Urvertrauen schenken. Die Grundlage dafür ist bedingungslos gegeben und sofort wirksam: Jesus ist für uns gestorben und auferstanden, und das stellt eine neue Beziehung zu Gott und der Welt her.

Auch bei meinen Geschwistern gab es einen Moment, der die Realität grundsätzlich veränderte: Sobald meine Eltern die Papiere unterschrieben hatten, waren meine Geschwister offiziell die Kinder meiner Eltern. Aber damit war nicht alles getan. Damit meine Geschwister sich auch innerlich zugehörig fühlten, brauchte es einige Zeit. Meine Eltern gingen mit ihnen spazieren, auf den Spielplatz, ließen sie ihre eigenen Klamotten aussuchen und nahmen sie auch dann in den Arm, wenn sie gerade etwas angestellt hatten oder sich selbst nicht liebenswert fanden. Ganz langsam, Schritt für Schritt, veränderten sich meine Geschwister: Sie wurden zu »Kindern der Familie«. Sie fanden mehr Vertrauen, packten mit mehr Verantwortung an, und konnten den anderen auch mal was gönnen.

Genau wie meine Geschwister lädt Gott auch uns ein, seine Kinder zu werden. Was das mit der Erfüllung unserer Bedürfnisse zu tun hat? So einiges …

Wer loslassen kann, hat die Hände frei für Gottes Fülle

Jesus forderte einmal seine Jünger auf, wie die Kinder zu werden (vgl. Markus 10,15). Das klingt harmlos, ist aber radikal, denn es sagt aus: Traut Gott mehr als irgendwem sonst. Diese Sicht verlangt von uns, dass wir nicht mehr in erster Linie uns selbst trauen – weder unseren Fähigkeiten noch unserem Versagen, sondern Jesus. Hier und jetzt, in all unseren Lebensbereichen. In all unseren Hobbys, Gedanken, Ängsten, Sehnsüchten, Beziehungen, in Bezug auf unser Geld und unseren Besitz. Alles! Alles steht unter der Macht Gottes. Wir sind frei von Selbstzwang und gehören jetzt Gott.

Das ist ein krasser Perspektivwechsel, aber durch ihn können wir genau die Dinge angehen, die sonst ungelöst bleiben würden: Wie sähe denn ein Leben aus, in dem es nur um uns geht? Wer sich um sich selbst dreht, kann nie zufrieden sein, denn es gibt immer irgendjemanden, der mehr hat. Das ist nicht nur anstrengend, es macht uns auch unfähig, unsere Gaben und Autorität als Weltgestalter einzusetzen. Wenn es nur um mich geht, nutze ich letztlich meine Mitmenschen aus. Sobald es brenzlig wird, bin ich weg. Gleichzeitig habe ich ständig Angst, dass mich jemand verlassen könnte. Ich versuche festzuhalten, als ob mein Gegenüber, meine Karriere oder sonstige Sachen mein Verdienst wären oder mir gehören würden. So kann man aber kein Vertrauen aufbauen oder gut zusammenhalten. Es führt zu innerer Bitterkeit, hat aber auch Konsequenzen über uns selbst hinaus: Es spaltet die Gesellschaft in immer härtere Fronten. Rassismus und Extremismus gewinnen an Zulauf. Denn es geht ja nur um uns und unsere Gruppe. Und so wird auch unser Planet und unsere Tier- und Pflanzenwelt nur als etwas gesehen, was wir »nutzen«. Wir holzen Wälder ab, verpesten die Luft und schmeißen ein Drittel unserer Lebensmittel weg –

und das Ganze ist uns zum Teil auch noch gleichgültig.[16] Entweder tragen wir selbst zur Zerstörung bei oder erlauben sie, weil es uns kaltlässt. Nach dem Motto: »Ist ja nicht mein Problem.« Ist es aber doch, denn es lässt auch mich unzufrieden und unerfüllt zurück.

Aber sobald ich wirklich verstehe, dass ich Gottes Kind bin, verändert sich meine Perspektive: Dann muss ich nicht nur auf meine Interessen gucken. Ich weiß, ich bin so reich wie Gott, denn er hat mir sein Erbe versprochen. Alles, was mir gehört, ist eigentlich nicht meins, sondern Gottes Geschenk, also kann ich es frei einsetzen, so wie Gott das für richtig hält. Wenn wir konsequent sind, dann führt die regelmäßige Zeit mit Gott zu einem Perspektivwechsel: Wir denken dann nicht mehr: »Gott, mach, was ich will«, sondern: »Dein Wille geschehe«. Und so seltsam das im ersten Moment klingen mag, das ist der einzige Weg, um wirklich frei zu werden. Nur so werden wir wirklich »satt«:

> **Wer loslassen kann, ist reich, denn er kann sich Großzügigkeit leisten.**

Wer loslassen kann, ist reich, denn er kann sich Großzügigkeit leisten. Wer dienen kann, ist reich, denn er kann es sich leisten, seine Gaben im Dienst für den Nächsten einzusetzen – selbst wenn es unangenehm wird. Und wer weiß, dass die Erde und alles, was darauf ist, dem Herrn gehört (vgl. Psalm 24,1), dem ist es nicht mehr egal, wenn Gottes Schöpfung leidet. Dann erleben wir nicht einen Zwang, das Richtige zu tun, sondern sind innerlich angetrieben, bewegt von Gottes Liebe, seinem Geist, ganz persönlich und ganzheitlich.

Wie die Rechnung aufgeht: Der Schöpfer stirbt

Jesus lebte dieses Leben als Kind Gottes in seinem Reich vor und rief Leute auf, dahin umzukehren. Er heilte, tat Wunder und mahnte Menschen, ihre Sünden zu bekennen. Und sie erlebten, dass er das hundertprozentig ernst meinte: Wer irgendetwas wichtiger als Gott erachtet, ist nicht würdig, ins Reich Gottes einzutreten. Aber gleichzeitig erlebten sie, dass Gott sich um seine Kinder kümmert:

> Macht das Reich Gottes zu eurem wichtigsten Anliegen, lebt in Gottes Gerechtigkeit, und er wird euch all das geben, was ihr braucht.
> *Matthäus 6,33*

Diese Mahnung und dieses Versprechen äußerte Jesus nicht, weil er eine oberflächlich nette Moral verbreiten wollte. Das grundsätzliche Problem der Sünde wäre nie mit ein paar Worten und Wundern erledigt gewesen: Jesus ging bis in den Tod, um das tiefe Problem der Sünde ein für alle Mal zu besiegen. Er wurde hingerichtet, obwohl er keine Verbrechen begangen hatte – von den Leuten, die er mit Gott versöhnen wollte. Gott selbst hatte keine Sünde, er war ja nicht in kaputter Beziehung zu sich selbst. Doch er erlebte die Situation, die wir bei einer kompletten Trennung von Gott erleben würden. Gott selbst, der Schöpfer des Lebens, trat aus dem Leben aus. Er starb.

Und dann, nach drei Tagen, stand er von den Toten auf. Er ging den für uns Menschen unmöglichen, harten Weg der Vergebung und Versöhnung selbst. Und weil er diesen Weg schon gegangen ist, müssen wir ihn nicht mehr gehen. Wir sind durch Gnade von diesem Schicksal gerettet. Aber diese Gnade war nie billig. Sie dient gerade nicht dazu, dass wir einfach wie gehabt in alten Mustern leben, die aus Sünde hervorgehen. Dietrich Bonhoeffer nannte es eine »teure Gnade«.[17]

Die Christinnen und Christen, die Verzicht und eigene Hingabe betonen, haben also recht: Ohne Gehorsam gegenüber Gott finden wir nicht zu einem erfüllten Leben. Sie mögen in manchen Fällen zu gesetzlich oder lieblos sein, aber in dieser Wahrheit kann ich ihnen zustimmen: Die nüchternen Teile des Evangeliums sind nicht unnötige Gesetzlichkeit, sondern genau das, was uns zu Kindern Gottes macht. Deshalb sagt Jesus: »Ich bin der Weg, die Wahrheit und das Leben. Niemand kommt zum Vater außer durch mich« (Johannes 14,6b). Eine Aufforderung zu hundertprozentiger, radikaler Hingabe.

Gottes radikale Forderung gilt nur auf Grundlage von Gottes radikaler Hingabe zu uns.

Aber das ist der Punkt: Gottes radikale Forderung gilt nur auf Grundlage von Gottes radikaler Hingabe zu uns. Er bietet hundertprozentiges Vertrauen und Leben an. Wir müssen es uns nicht selbst erarbeiten. Und: Die Hingabe, die er fordert, »bringt« wirklich was: Ja, es kostet etwas, fortan nicht mehr die Hauptrolle im eigenen Leben zu spielen, sondern Gott als Hauptdarsteller anzuerkennen. Aber Gott nimmt nicht alles, ohne uns zuerst alles zu geben. Er nimmt uns voll an und macht uns wahrlich satt.

Gott kehrt unsere Mentalität des Mangels also um und verwandelt sie in ein Prinzip des Überflusses: Wir müssen nicht mehr krampfhaft nach allem haschen, um unsere Bedürfnisse zu stillen, sondern Gott schenkt so viel, dass mehr als genug für alle da ist. Er hinterlässt uns nicht nur eine Regel, ein Gefühl oder sonst irgendwas. Er schenkt sich selbst, seinen Geist (vgl. Johannes 20,21-22). Näher geht es gar nicht! Er macht es möglich, dass wir uns Gott hingeben und ihm folgen können. Durch ihn werden wir in ein

Leben mit Gott wiedergeboren. Damit beginnt das Abenteuer des Glaubens: Ohne Gottes Geist können wir Gott weder verstehen noch wirklich mit ihm aus ganzem Herzen leben. Ohne den Heiligen Geist versuchen wir, aus eigener Kraft unsere Beziehungen zu gestalten. Aber wenn der Heilige Geist uns erfüllt, dann ist es so, als ob wir ein neues Herz bekommen: Plötzlich können wir Menschen so lieben, wie Gott uns liebt. Wir haben Freude und Frieden, die uns keiner nehmen kann. Gott heilt uns innen und außen, schenkt uns seinen Blick für die Welt. Und das verändert Schritt für Schritt unser Verhalten gegenüber unseren Mitmenschen, unserer Gesellschaft und unserer Natur und Umwelt als Ganzes. Es setzt uns frei, kreativ und mit Vollmacht die guten Werke umzusetzen, die Gott schon vorbereitet hat. Wir setzen die Segel und brechen in seinem Fahrtwind auf in neue Gewässer – als Weltgestalter Gottes.

Kapitel 5:
DER PINSELSTRICH IM GROSSEN GEMÄLDE

Domrémy, Frankreich, 1428, zur Zeit des Hundertjährigen Krieges

»Wie kannst du es wagen! Und so eine Rede aus dem Mund meiner kleinen Johanna!«, schrie ihre Mutter sie an.

Johanna bekreuzigte sich und flüsterte: »Wenn meine Rede Gotteslästerung ist, so falle die Strafe auf mich! Ich habe gesehen, was ich gesehen habe.«

Die Mutter wischte sich die aufkommenden Tränen mit ihrer Schürze aus dem Gesicht: »Johanna, du weißt doch, wie die Burgunder unser Dorf überfallen haben. Der Krieg kennt keine Gnade. du bist eine einfache Bäuerin, so wie Gott dich geschaffen hat. Wag es nicht, seinem Ratschluss zu widersprechen …«

»Ich widerspreche Gottes Rat nicht, Mutter. Ich habe doch von himmlischer Stelle selbst die Anweisungen bekommen. Und diese kann ich nicht für mich behalten. Das wäre die wahre Gotteslästerung.«

Die Mutter setzte sich an die Feuerstelle im Bauernhaus. Sie rührte die Grütze um, die fürs Abendessen aufgesetzt war – so, wie es viele Frauen gerade in Domrémy taten.

Johanna setzte sich neben sie. Doch anstatt über das Wetter oder Dorfmänner zu tratschen, versuchte Johanna das Unerkärliche zu erklären: »Es waren Visionen, Mutter. Ich sah den Erzengel Michael sowie die heilige Katharina und Margret. Mehrmals. Und sie alle wiesen mich an, zum Hof des Dauphin zu gehen, um ihm diese Botschaft Gottes zu überbringen: »Deine Zeit als verstoßener König ist vorbei, und du wirst Frankreich wieder aus der Hand der Engländer befreien.«

»Aber warum du, Johanna? Was hast du am Hof zu suchen?«

Johanna seufzte und nahm den brodelnden Topf Grütze vom Feuer: »Ich soll mit Dauphin in die Schlacht ziehen. Bei Orléans.«

Die Mutter fasste Johanna beim Arm: »Du, eine junge Frau … in Rüstung eines Mannes kämpfen? Entgegen den Vorschriften! Soll man meine Tochter etwa Johanna von Orléans schimpfen? Man wird dich wegen Ketzerei hinrichten!«

»Ich weiß es nicht, Mutter … Ich weiß nur, dass ich gehen muss.«

Sie schwiegen eine Weile und warteten, dass die Grütze abkühlte. Schließlich nahm die Mutter ihre Tochter in den Arm: »Bitte, geh nicht. Der Krieg kennt keine Gnade.«

»Du hast recht, Mutter. So möge Gott mehr Gnade mit uns haben als der Krieg. Wenn es sein Wille ist, werde ich im Kampf bestehen und den Auftrag erfüllen.«

Die Mutter seufzte und sah Johanna mit einem Lächeln an: »Wohl dann, du wirst den Kommandeur der nächsten Stadt überzeugen müssen. Wir werden als Dorf dir die Rüstung und das Pferd stellen. Was danach kommt? Ich weiß es nicht. Aber möge Gott den Rest tun!«

Über die Grenzen hinaussehen

Ob diese Szene sich wirklich so abgespielt hat werden wir nie erfahren. Sicher ist aber, dass Johanna von Orléans eine der berühmtesten Figuren des europäischen Mittelalters ist.[18] Sie wurde gegen Ende des Hundertjährigen Krieges in Domrémy geboren, einem winzigen Dorf innerhalb einer damals neutralen Kriegszone zwischen den Franzosen und Engländern. Johanna war eine ungebildete Bäuerin. Sie hätte wahrscheinlich ihr ganzes Leben in diesem Dorf verbracht, wenn da nicht ihre Visionen gewesen wären: Sie behauptete, dass ihr mehrere heilige Figuren erschienen wären und befohlen hätten, als Feldherrin in den Krieg zu ziehen, um dem entmachteten König Dauphin wieder zum Thron zu verhelfen. Sie wagte es, als Bauernmädchen bei den Machthabern ihrer Zeit vorzusprechen. Waren ihre Eingebungen eine Folge von Wahnvorstellungen oder gar Lügen des Teufels? Die damaligen Herrscher ließen Johannas Aussagen von den gebildetsten Theologen überprüfen. Man war von der Glaubwürdigkeit offenbar so überzeugt, dass Johanna tatsächlich mit Rüstung und Soldaten nach Orléans gelangte und Schlachten für die Dauphins gewann. Aber gleichzeitig waren die Visionen auch das, was Johanna in größte Gefahr brachte: Die verfeindeten Engländer nahmen Johanna fest und klagten sie der Ketzerei an. Nach vielen aus heutiger Sicht fragwürdigen Verhörmethoden wurde Johanna schließlich auf dem Scheiterhaufen verbrannt. Doch sie wurde schon 25 Jahre später wieder freigesprochen und 1920 offiziell von der katholischen Kirche heiliggesprochen. Sie gilt heute als eine Schutzpatronin Frankreichs. Ihre Geschichte lebt also bis heute weiter.

Ich finde die Figur Johanna von Orléans sehr eindrücklich. Sie ist ein Beispiel für eine Person, die über ihre Grenzen hinaussieht und ein Risiko eingeht, um für ein großes Ganzes einzustehen. Selbst wenn es ihren Ruf oder gar ihr Leben kosten könnte. Solche Geschichten sind der Stoff, aus dem Romane und Filme geschaffen sind. Sie beflügeln unsere Fantasie, indem sie ein tiefes Bedürfnis ansprechen: Wir alle wollen Bedeutung für uns selbst gewinnen. Viele Menschen haben zudem das Bedürfnis, dem »großen Ganzen« zu dienen, gerade in Kriegs- und Krisenzeiten. Natürlich gibt es immer auch Menschen, die andere noch mehr ausnutzen als zuvor. Aber so oder so kann keiner sich seiner Rolle im Zusammenhang ganz entziehen: Das Leben des Einzelnen beeinflusst seine Umwelt, und umgekehrt. Es gibt also ein Zusammenspiel zwischen dem Ich und dem Wir, dem persönlichen Leben und der Gesamtheit der Welt.

Allerdings ist dieses Thema nicht so eindeutig zu greifen, wie man meinen könnte. Je nach Kultur haben wir nämlich eine komplett andere Vorstellung von dem, was ein Ich im Wir zu tun hat. Was macht mein Ich in dieser Gruppe zu was Herausragendem? Dazu machen wir einen kurzen Ausflug in die Kunstgeschichte, zum »Wanderer über dem Nebelmeer« (1818) vom Maler Caspar David Friedrich, und vergleichen diesen Wanderer mit Johanna von Orléans.

Auf diesem Gemälde sieht man ein Ideal, das bis heute in westlichen Kulturen wie den USA oder Deutschland verbreitet ist: Individualismus, was heißt, »die Freiheit des Ichs ist das höchste Gut«.[19] Das

Gemälde zeigt einen Mann im schwarzen Mantel, wie er am Rande einer Klippe steht und runter auf die Nebelschwaden im Tal blickt. Das Bild drückt Wanderlust aus, Sehnsucht nach Freiheit und Liebe zur mysteriösen Natur. Aber es ist auch ein entschieden einsamer Ausblick: Der Mann steht allein an der Klippe und geht seinen Weg. Ähnlich wie Johanna von Orléans sticht er aus der Umgebung hervor. Auch er folgt einem scheinbar untypischen Weg. Aber zwischen Johanna und diesem Wanderer liegen gedanklich Welten.

Johanna von Orléans war eine Heldin des Mittelalters. Sie lebte, wie die Mehrheit der Menschen, die je gelebt haben, in einer kollektiven Kultur[20]: Sie und ihre Mitmenschen achteten weniger auf persönliche Wünsche und mehr auf ihre Rolle im System. Johanna war zum Beispiel eine Bäuerin. Das war ihre Rolle. Demnach hatte sie bestimmte Aufgaben und Erwartungen zu erfüllen: heiraten, einen Hof führen, ihre Abgaben an den Lehnsherren geben und Gehorsam leisten. Der Kampf an der Front war sicher nicht Teil ihrer Aufgabenbeschreibung! Ging Johanna also gegen den Kollektivismus vor? Nicht ganz: Sie brach zwar Tabus, aber nicht um ihrer selbst willen. Sie war davon überzeugt, im Auftrag Gottes zu handeln, und sie kämpfte für die Befreiung ihrer bekannten Zivilisation. Sie war nicht von eigenen Wünschen motiviert, sondern dem Wohl der Gruppe.

Der Wanderer im Gemälde steht dagegen nicht für eine religiöse oder gesellschaftliche Gruppe, sondern für sich. Er ist individualistisch unterwegs: Er befreit nicht andere, er befreit sich selbst von den Regeln der anderen. Wenn er stolz auf die Nebelschwaden runterschaut, tut er das nicht im Namen Gottes. Er genießt seine Freiheit und die Natur einfach so, um seiner selbst willen.

Das Gemälde führt uns Individualismus als Zeichen wahrer Freiheit vor Augen. Dieses Denken kam erst vor etwa 200 Jahren auf, und man kann seine Entwicklung in der Literatur und den Kunstwerken des 18. und 19. Jahrhunderts beobachten: Die Industrialisierung war voll im Gange. Fabriken konnten gefühlt alles produzieren, und der Glaube an Technik verdrängte vorigen Aberglauben. Gleichzeitig waren aber die Städte mit Abgasen und sonstigem Müll verpestet. Arbeiterinnen und Arbeiter lebten in Slums zusammengepfercht unter unmenschlichen Bedingungen, ausgebeutet von einigen kapitalistisch erfolgreichen Geschäftsleuten. Es gab modernen Fortschritt, aber zu welchem Preis? In dieser Umgebung entstand eine Gegenbewegung, die später als Epoche der Romantik bekannt wurde: zurück zur Natur, weg von den vielen Menschenmassen! Das Motto war: »Such nach Freiheit, und zwar nicht in der Kirche, sondern in der ungebändigten Natur oder deiner persönlichen Selbstentfaltung, denn nur dort wirst du wirklich frei.«

Ich ohne Wir?

In westlichen Kulturen denken wir bis heute in erster Linie so wie der einsame Wanderer: Wir sehen die Freiheit des einzelnen Menschen als das höchste Gut. Es gibt Bonuspunkte, wenn die oder der Einzelne sich der Gemeinschaft und den starren Regeln widersetzt und ausbricht, um die persönliche »ungebändigte Natur« auszuleben: ein Roadtrip mit dem Bus, der Traumjob in der Künstlerbranche oder auch das Abenteuer einer romantischen Beziehung: Es geht darum, sich selbst möglichst ungebändigt zu verwirklichen.

Wir haben dem Individualismus einige positive Sachen zu verdanken: Er hat unter anderem dazu geführt, dass Menschen selbstbewusster ihre Ideen und Kreativität ausleben. Unterdrückung und Ungerechtigkeit werden offener angesprochen, weil tendenziell die Rede- und Pressefreiheit besser geschützt sind. Und die Suche nach Sinn und Entfaltung der eigenen Gaben gehört immerhin zu den

Bedürfnissen eines Menschen, so, wie Maslow das beschrieben hat (siehe Kapitel 4).

Doch die Überbetonung der einzelnen Person führt auch zu Schattenseiten: »Bin ich nur dann interessant, wenn ich auf der Suche nach mir selbst oder jemandem bei seiner Selbstsuche ›nützlich‹ bin?« »Was ist, wenn ich gesundheitlich nicht in der Lage bin, meine persönlichen Ziele umzusetzen?« »Was ist, wenn ich nicht weiß, was ich ›mit meinem Leben machen will‹ oder keine ›herausragenden‹ Begabungen habe?« »Und was ist, wenn ich auch noch die Probleme dieser Welt sehe und merke, wie wenig ich doch in der Hand habe?«

Die Betonung des einzelnen Glücks ist nur die halbe Wahrheit. Wir brauchen einander und schulden uns selbst eine neue Wertschätzung der Gemeinschaft.

Was macht man nun mit solch hohen Erwartungen – von einem selbst oder auch von anderen Leuten? Manche werden aggressiv oder in anderer Weise verhaltensauffällig. Andere schließen sich radikalen Gruppen an, weil das ihnen wenigstens irgendein Gefühl von Zugehörigkeit und einem klaren Ziel gibt. Wieder andere Leute vereinsamen in ihren Häusern oder greifen zu Suchtmitteln, weil sie keine tragenden Beziehungen zu Mitmenschen haben – vor lauter Betonung des Selbst kommt der eine nicht beim anderen an. Wir setzen in westlichen Ländern wie den USA oder Deutschland seit der Romantik auf die Entfaltung des Einzelnen, aber in dieser Überbetonung macht uns das krank, und zwar wörtlich: Im weltweiten Durchschnitt leiden etwa 11 bis 18 Prozent der Bevölkerung an einer psychischen Krankheit.[21] Aber in westlichen Ländern, wo die einzelne Person im Mittelpunkt steht, liegt der Durchschnitt bei etwa 20 bis 30 Prozent.[22] Möglicherweise sind diese Zahlen dadurch verzerrt, dass psychische Erkrankungen in vielen Ländern nicht angemessen erfasst werden, und natürlich können ein paar Statistiken so ein komplexes Thema niemals erfassen. Aber sie sind möglicherweise ein Indiz für ein tieferes Problem: Die Betonung des einzelnen Glücks ist nur die halbe Wahrheit. Wir brauchen einander und schulden uns selbst eine neue Wertschätzung der Gemeinschaft. Sonst verletzen wir uns selbst, können nicht mehr miteinander reden, und unser Netz der ganzheitlichen Gestaltung bekommt tiefe Risse.

Unser Vater im Himmel

Der Fokus auf Gemeinschaft ist auch ein grundlegendes Anliegen des christlichen Glaubens: Das Vaterunser (vgl. Matthäus 6,9-13; LUT 2017) vereint Christinnen und Christen in aller Welt über 2000 Jahre hinweg. Es beginnt mit folgenden Worten:

Unser Vater im Himmel!

Das Vaterunser ist der Leitfaden, wie wir, die Jesus nachfolgen, mit dem Herrn des Himmels und der Erde in Kontakt treten sollen. Egal, ob wir durch die katholische oder protestantische Kirche geprägt sind, durch eine Pfingstgemeinde oder sonst irgendeine christliche Gemeinde. Dieser Leitfaden beginnt dabei nicht mit den Worten »Mein Vater«, sondern »Unser Vater«. Das ist ein gewaltiger Unterschied. Jesus betont hier, dass wir gemeinsam mit Gott unterwegs sind und nicht jede Person individuell für sich.

Was heißt das konkret? Wir kommen im Gebet oft mit einer privaten Wunschliste zu Gott: »Bitte gib mir dies, das und jenes. Und zwar so, wie ich mir das vorstelle. Und wenn der andere Typ mir querkommt, achte auf ihn nicht so sehr wie auf mich. Gib mir meins.« Das private Gebet hat durchaus seinen Platz. Aber für alle Gebete gilt der Impuls, über uns als einzelnen Menschen hinauszusehen: Sind wir nur vom Leben anderer Leute bewegt, wenn es uns direkt betrifft, oder können wir auch für und mit »Fremden« vor Gott treten? Sind wir zum Beispiel für die Anliegen ukrainischer Flüchtender deshalb sensibel, weil sie Europäer sind, oder haben wir auch einen Blick für die Flüchtenden, die jede Woche im Mittelmeer oder an Grenzzäunen in Mexiko ihr Leben aufs Spiel setzen? Setzen wir uns nur für Umweltschutz ein, wenn unser eigener Garten durch trockene Sommer einzugehen droht, oder sehen wir auch rüber zu den pazifischen Inseln, die wegen dem steigenden Meeresspiegel zu versinken drohen? Als Christinnen und Christen sind wir ein »Volk« (1. Petrus 2,10), mit dem Gott Geschichte schreibt.

Wir sind eine Gemeinschaft, die so umfassend ist wie ein Staat und doch so persönlich wie eine Familie.

Man könnte auch sagen: Wir sind eine Gemeinschaft, die so umfassend ist wie ein Staat und doch so persönlich wie eine Familie. Wir gehen gemeinsam zum liebenden Vater im Himmel und reden ihn an. So erkennen wir, dass auch die Leute links und rechts von uns, und auch die Leute weit weg, von Gott geliebt sind, und das nimmt uns jeden Stolz und jede egoistische Haltung. Gegenüber anderen Christinnen und Christen, aber auch gegenüber allen anderen Mitgeschöpfen. Das sehen wir nicht nur zu Beginn des Vaterunsers, sondern auch im gesamten Rest des Gebets: An keiner Stelle steht da »mein« oder »ich«, sondern immer »unser« und »wir«.

Das Gebet geht nun mit folgenden Worten weiter:

Dein Name werde geheiligt. Dein Reich komme. Dein Wille geschehe wie im Himmel so auf Erden.

Das ist unser Hauptanliegen – und nicht unser privates Konto oder der Streit mit Oma Gertrude: Gott soll groß gemacht werden und der Himmel auf die Erde kommen. So, wie wir das wollen? Nein, so, wie er das will. So dient das Vaterunser als ernüchternde und doch befreiende Korrektur für unsere Einstellung: Was wollen wir wirklich, wenn wir mit Gott leben? Gott ist nicht unser Kundenservice, sondern unser liebender Vater. Ein Vater gibt uns das, was wir brauchen, doch das ist nicht immer der leichte oder angenehme Weg. Wenn wir aber das Vaterunser ernst nehmen, muss Leben mit Gott auch gar nicht immer der einfache Weg sein: Das erste und wichtigste Anliegen ist, dass Gottes Weg mit den Menschen zur vollen Entfaltung kommt. Nicht mein Wille, sondern dein Wille geschehe, und zwar auf unvorstellbar geniale Weise: »Wie im Himmel« soll es auf Erden aussehen! Noch dazu laden wir als Gemeinschaft Gott dazu ein, unsere Welt im Sinne des Himmels umzukrempeln: So führt uns die Gemeinschaft zu Gott auch zueinander! Erst danach kommen die eigenen Anliegen:

Wir sind aufeinander und auf Gott angewiesen. Ich im Wir. Wir in Gott.

Unser tägliches Brot gib uns heute.

In diesem großen Rahmen, in dem Gottes Wille auf Erden gerufen wird, finden dann auch unsere eigenen Anliegen Platz. Aber das Gebet betont wieder ein Leben in der Gemeinschaft: »Unser tägliches Brot gib uns heute!« Noch dazu sind wir als Gemeinschaft von Gottes Güte abhängig. Wir beten, dass er uns die wichtigen Bedürfnisse für den heutigen Tag stillt, und nicht, dass er uns für zehn Jahre Vorrat schenkt. Das bedeutet, dass wir aufeinander und auf Gott angewiesen sind. Ich im Wir. Wir in Gott.

Und vergib uns unsere Schuld, wie auch wir vergeben unsern Schuldigern.

Wieder ein Gemeinschaftsdenken: Wer vergibt und Vergebung empfängt, kann das nur mit einer anderen Person tun. Man kann zwar auch sich selbst vergeben, aber nur begrenzt. Manchmal muss der Zuspruch also von einer anderen Person kommen. Einer Person, die mit uns unterwegs ist im Abenteuer mit Gott. Und die Abhängigkeit geht in beide Richtungen: Gott vergibt uns so, wie wir anderen vergeben. Ich kann also nicht einen Zuspruch hören und mich dann weigern, meinem Gegenüber dieselbe Vergebung zuzusprechen.

Und führe uns nicht in Versuchung, sondern erlöse uns von dem Bösen.

Dieser Satz ist nicht so einfach: Führt Gott uns etwa bewusst in Versuchung? Es gibt verschiedene Interpretationen, ich persönlich würde es so erklären: Gott führt uns in der Tat in Situationen, in denen wir mit Versuchungen in Berührung kommen. Aber in solchen Fällen gibt er uns immer auch die Fähigkeit, dieser Versuchung zu widerstehen und im Glauben zu reifen. Was hier nicht gemeint ist, ist eine Versuchung, die im Bösen verwurzelt ist: Eine Situation, in der Gott uns das Böse nicht nur zumutet, sondern aktiv antut. Gott der Vater ist souverän und hat alle Macht in der Hand. Aber er ist nicht feindselig gegenüber seinen Kindern.

Die letzten Verse des Vaterunsers wurden erst später dem Gebet hinzugefügt, doch sie sind trotzdem passend: Sie führen die Gedanken des Gebets zurück an den Anfang und richten den Fokus erneut auf Gott und sein Reich. Sie bestärken alle Aussagen und runden sie ab:

Denn dein ist das Reich und die Kraft und die
Herrlichkeit in Ewigkeit. Amen.

Gemeinsam mit Gott unterwegs

Wenn Leben mit Gott also in die Gemeinschaft führt, dann muss diese Gemeinschaft irgendeine Form annehmen. Wir nennen diese gemeinschaftliche Form im Fall des Christentums »Kirche« bzw. »Gemeinde«. Diese beiden Begriffe werden je nach Tradition unterschiedlich verstanden, meinen aber im Kern dasselbe, nämlich Gottes Volk, das vor Ort und weltweit mit ihm gemeinsam unterwegs ist.

Abraham wurden Nachkommen versprochen, die als Volk mit Gott leben würden, und durch Mose bekam dieses Volk dann stabilere Strukturen. Aber erst Jesus erweiterte die Definition von »Gottes Volk« radikal: jetzt gehörten zum Volk Gottes nicht nur solche, die ins Judentum hineingeboren wurden oder sich kulturell dazu bekehrten, sondern alle, die an Jesus glaubten. Nach Pfingsten wurde klar: Jesus meinte wirklich alle! Menschen aus allen Völkern konnten jetzt Teil eines neuen Volkes werden, das nicht anhand der Abstammung oder Kultur, sondern anhand des Glaubens an Jesus und des Wirkens des Heiligen Geistes zu erkennen ist. Wie man sich denken kann, gab es bei einem so offenen Verständnis viel Streit darum, was diese Kirche denn nun ausmacht. Doch seit dem 4. Jahrhundert gibt es mindestens ein Bekenntnis, auf das sich alle Kirchen einigen konnten: Das Konzil von Nizäa wurde von Kaiser Konstantin einberufen, um die Bischöfe unterschiedlichster Kirchen zu einem einheitlichen Glaubensbekenntnis zu bringen. Im sogenannten Nizänischen Bekenntnis wurden auch die vier Grundeigenschaften der Kirche formuliert: »Wir glauben an … die eine,

heilige, christliche und apostolische Kirche.«[23] Schauen wir uns
diese vier Merkmale genauer an:

Die vier Eigenschaften der Kirche

1. Gemeinsam: verbunden mit demselben Gott

Als Jesus für das Volk Gottes betete, sagte er Folgendes:

> Ich habe ihnen die Herrlichkeit geschenkt, die du
> mir gegeben hast, damit sie eins sind, wie wir eins
> sind – ich in ihnen und du in mir, damit sie alle zur
> Einheit vollendet werden. Dann wird die Welt wissen,
> dass du mich gesandt hast, und wird begreifen, dass du
> sie liebst, wie du mich liebst.
> *Johannes 17,22-23*

Und Paulus, der erste internationale Missionar und Autor großer
Teile des Neuen Testaments, gibt der Gemeinde in Ephesus folgende Anweisungen mit:

> Einige von uns sind Juden, andere Nichtjuden; einige
> sind Sklaven, andere frei. Aber wir haben alle denselben
> Geist empfangen und gehören durch die Taufe zum Leib
> Christi.
> *1. Korinther 12,13*

Das sind nur zwei Beispiele aus der Bibel, in denen es ums Einssein
geht. Die Gemeinde soll eine Einheit bilden. Das bedeutet nicht,
dass wir alle einer Meinung sein oder einer einheitlichen Tradition
angehören müssen. Hier geht es um die Einheit im Glauben an und
das Vertrauen auf Jesus Christus. Ja, wir sind uns nach außen hin

in vielen Dingen nicht einig, aber doch darin, dass wir alle zusammengefügt sind zu einem Leib. Weil Gott uns erlöst hat, sind wir als einzelne Menschen zu einer Gemeinde zusammengestellt. Dieser Leib mag zwar verschiedene Organe haben, aber er hat einen Geist, der ihn mit Christus verbindet.

2. Heilig: für himmlische Zwecke bestimmt

Das Wort »heilig« bedeutet »im Unterschied zu allem Irdischen göttlich vollkommen und daher verehrungswürdig«.[24] Ein heiliger Gegenstand ist also kein alltäglicher Gegenstand. Er wird mit besonderer Würde und Ehrfurcht behandelt.

Offensichtlich ist Gott derjenige, der am heiligsten ist. Er ist der Maßstab, von ihm geht diese Qualität überhaupt erst aus. Im Alten Testament wird dies durch viele Geschichten und Riten deutlich: Gott ist so heilig, dass man ihn nicht direkt ansehen durfte. In den Zehn Geboten wurden die Israeliten ermahnt, dass sie von Gott kein Bildnis machen sollten – denn Gott war viel zu groß und heilig, um ihn in einer gegenständlichen Form darzustellen. Mehrere der Prophetinnen und Propheten drückten Furcht und Schrecken aus, wenn sie eine Erfahrung mit Gott gemacht hatten: Wer Gott direkt sehen würde, müsse sterben (vgl. zum Beispiel 2. Mose 33,20; 1. Könige 19,11-13), denn Gott sei zu herrlich, um seine volle Gegenwart auszuhalten.

Auf den ersten Blick ist es ein ganz anderes Bild als das, das uns im Neuen Testament durch den nahbaren, menschlichen Jesus begegnet. Aber die beiden Bilder hängen zusammen: Gott ist nahbar, aber nicht, weil er unser alltäglicher Kumpel ist. Er ist vergleichbar mit der Sonne: Wer ihn direkt anschaut, kommt

> **Wir haben den Auftrag, mit ihm seine Welt zu gestalten, so, wie es seinem Willen entspricht. Eben heilig zu sein.**

nicht ohne Schaden davon. Erst vor diesem Hintergrund wird das Wunder der Menschwerdung Gottes deutlich: Gott macht sich nahbar, ohne seine Macht einzubüßen. Er könnte ganz anders, aber er, der heilige Gott, kommt auf uns zu. Und dann geht er noch einen Schritt weiter: Dieser unglaublich große und heilige Gott spricht uns zu, auch heilig zu sein. Er beruft uns vollkommen unvollkommene Menschen zu etwas Größerem: Wir haben den Auftrag, mit ihm seine Welt zu gestalten, so, wie es seinem Willen entspricht. Eben heilig zu sein.

Petrus, einer der Jünger Jesu, spricht der christlichen Gemeinde zu:

> Aber ihr seid anders, denn ihr seid ein auserwähltes Volk. Ihr seid eine königliche Priesterschaft, Gottes heiliges Volk, sein persönliches Eigentum. So seid ihr ein lebendiges Beispiel für die Güte Gottes, denn er hat euch aus der Finsternis in sein wunderbares Licht gerufen. »Früher wart ihr kein Volk; jetzt seid ihr das Volk Gottes. Früher habt ihr Gottes Barmherzigkeit nicht empfangen; jetzt aber habt ihr seine Barmherzigkeit empfangen.«
> *1 Petrus 2,9-10*

Im Alten Testament war Gottes Volk identisch mit den Juden und ihren Geboten. Aber jetzt sagt Petrus: Auch ihr nichtjüdischen Gläubigen seid zu diesem Status erhoben. Und das gilt nicht nur für besonders geistliche Leute wie Priester, Pfarrerinnen oder Bischöfe. Jede Christin, jeder Christ, erhält den Status »heilig«. Wir gehören nicht mehr uns selbst oder unserem Alltag, sondern Gott. Von nun an sind wir für seine Zwecke bestimmt. Wir sind, mit Paulus gesprochen, ein »Tempel« des Heiligen Geistes (vgl. 1. Korinther

6,19): Begegnungsort für Gott und Welt, Pforte zum Himmel. Was für ein Privileg!

3. Katholisch: die Welt umfassende christliche Gemeinde

Dieses Wort irritiert vermutlich am meisten: Was genau bedeutet hier »katholisch«? Vielleicht würde jemand aus der römisch-katholischen Kirche sagen: »Es bedeutet, dass man Teil unserer Kirche sein muss.« Die offizielle Lehrmeinung des Vatikans lautet immerhin: Andere Kirchen seien im Glauben verbunden, doch die Fülle des Heils sei nur in der katholischen Kirche zu finden. Diese Lehrmeinung wird unter Katholiken unterschiedlich ausgelegt, bis dahin, dass man fast an eine Art Erlösung für alle Religionen glauben könnte.[25] Wie verstehen wir also das Wort »katholisch«? Hier kann ich lediglich meine Perspektive des Wortes weitergeben: Es bedeutet im Grunde so etwas wie »universal« oder »alle Welt betreffend«. Eine katholische Gemeinde im Sinne des Nizänischen Bekenntnisses ist also eine Gemeinde, die erkennt, dass ihre Botschaft und Praxis alle Welt etwas angeht. Sie ist nicht in sich zurückgezogen und nur um die Errettung einiger Frommen bemüht. Sie arbeitet nicht nur auf Ebene der Ortsgemeinde im Dorf oder der Stadt, sondern denkt weiter: Sie vernetzt sich mit anderen Gemeinden, damit sie gemeinsam die Welt mit dem Evangelium erreichen – der Botschaft, dass Gott mit seinem Reich versöhnte Beziehungen auf allen Ebenen bringt. Die christliche Gemeinde hat also einen universalen Anspruch. In dem Sinne ist sie eine »Welt-Kirche«.

4. Apostolisch: von Gott in die Welt gesandt

Schließlich bekennt sich das Konzil von Nizäa zur »apostolischen Kirche«. Das Wort »Apostel« bedeutet »Gesandter«.[26] Im Grunde genommen ist damit ein Bote gemeint. Wir sind im Sinne der *Missio Dei* von Gott ausgesandt, haben an seiner Sendung Anteil. Als Gemeinden erleben wir dies zum Beispiel in der Taufe und dem Abendmahl oder im gemeinsamen Lobpreis. Darin erleben wir nicht nur was für uns, sondern wir werden dadurch als Zeugnis von Gottes Wirken in die Welt gesandt: Jesus sendet uns zueinander, aber auch in die Welt, über unsere Gemeindemauern hinweg, um sein Licht, seinen Funken, weiterzutragen. Dabei sind wir aber nicht als Einzelne gesandt, sondern vor allem als Gruppe. Allein würde uns dieser Auftrag sonst maßlos überfordern – kein Mensch hat alle Gaben, die für den Dienst in der Welt gebraucht werden! Aber es muss auch niemand alles können, denn als Kirche sind wir eine bunte Gruppe mit vielfältigen Gaben. Sicher: Das Zusammenleben mit unterschiedlichen Persönlichkeiten erfordert Geduld und Kommunikationsbereitschaft, aber durch diese Vielfalt kommt auch die Stärke: Gemeinsam sind wir Apostellinnen und Apostel und bezeugen, dass man neue Beziehung zu Gott und miteinander leben kann. Gemeinsam tragen wir die gute Nachricht hinaus in die Welt.

Lebendige Gemeinde

Ich weiß nicht, welche Erfahrungen du mit Kirche und Gemeinde gemacht hast. Gerade, wenn du negative Erfahrungen gemacht hast, wird es dir möglicherweise schwerfallen, Teil einer verbindlichen Gemeinschaft von Christinnen und Christen zu sein. Eine Gruppe Menschen wird immer auch Fehler machen. Doch ich ermutige dich, trotzdem bewusst als Teil der ganzen Familie Gottes zu leben. Gott geht einen Weg mit kaputten Menschen, und genau diese Herausforderung ist auch eine Hoffnung: Sein Weg mit der Menschheit ist immer stärker als unser Versagen. Natürlich bedeutet das nicht,

Fehler zu verharmlosen, aber es ermöglicht uns, über sie hinaus zu leben. Was mir dabei am meisten hilft, sind diese zwei Gedanken.

1. Meine Beziehung zu Gott und meinen Mitmenschen liegt in meiner Verantwortung

Es ist leicht, wenn man in einer Gemeinde enttäuscht wurde, sich erst mal zurückzuziehen: »Die Predigten sind langweilig, die Musik gefällt mir nicht, da ist keiner in meinem Alter, und die Leute sind so anstrengend…« Aber solch ein Denken führt uns nicht weiter: Kritik ist legitim, aber die Gemeinde ist kein Wunschkonzert für meine persönliche Sinnsuche oder meinen »Stil der Spiritualität«. Sie ist eine Versammlung von Menschen, aber ihre Bedeutung geht über diese Menschen hinaus: Gott hat ein Ziel mit dieser Gemeinde. Sein Ziel ist nicht, dass Gemeinde dir immer gefällt, sondern dass wir als Gemeinde die gesunden Beziehungen zu Gott, einander und der Welt um uns herum stärken. Das führt zu notwendigen Kompromissen, aber auch zu eigener Verantwortung: Ich habe die Verantwortung, mein Leben mit Gott und den Mitmenschen zu gestalten. Die Gemeinde ist ein Wir, aber sie kann die reifen Beziehungen des Ichs nicht ersetzen. Wenn die Predigten dir also nicht alles geben, was du brauchst, musst du nicht gleich die Gemeinde wechseln. Auch nicht, wenn du ein oder zwei Leute nicht magst. Du kannst Teil der Gemeinde sein und ergänzend dazu andere Predigten oder Hauskreise in Anspruch nehmen. So bist du nicht verbittert, wenn deine Ortsgemeinde nicht alle Ideale erfüllt, und zugleich besser in der Lage, neue Ideen einzubringen.

> Die Gemeinde ist ein Wir, aber sie kann die reifen Beziehungen des Ichs nicht ersetzen.

2. Ich kann im Wir viel bewegen

Das Wir kann dir deine eigene Verantwortung für dein geistliches Leben nicht abnehmen, aber gleichzeitig sind wir nicht alle private Geistkonsolen. Wir bringen als Gemeinschaft nicht nur Ideen ein, sondern auch Tatkraft, Lebenserfahrung, Freundschaft und Versöhnung nach einem Streit. Mit anderen Worten: Ich kann im Wir viel bewegen. Auch eine YouTube-Community oder eine Bewegung wie *Fridays for Future* setzt auf diesen einfachen Grundsatz: Gemeinsam sind wir stärker, und das gibt jeder einzelnen Person Bedeutung. Was für solche Gruppen wahr ist, stimmt umso mehr für die christliche Kirche: Wir sind ein Leib und brauchen einander, sonst würde der gesamte Körper nicht funktionieren. Der Leib Christi wird im Abendmahl besonders ausgedrückt: Gemeinsam kommen wir zu Gott und lassen uns zusprechen, dass sein Tod und seine Auferstehung uns als Gruppe zusammenstellt und stärkt. Diese geistliche Einheit muss in der Praxis immer wieder durchbuchstabiert werden. Es wird sicher Zeiten geben, wo es nicht nach einem gesunden Wir aussieht. Aber wenn wir uns auf Christus als Mitte konzentrieren, kommen wir der Versöhnung Gottes näher und leben sie in der Welt vor.

Das kann in der Zusammenarbeit zwischen Kirchen erfolgen, oder auch eine Stadtaktion sein, bei der man sich sozial oder politisch einsetzt. In einer solch gemeinschaftlichen Ausrichtung auf Christus und durch die Aussendung durch ihn merken wir: Wir alle sind einzelne Pinselstriche in einem großen Gemälde. Es ist so viel möglich, wenn viele kleine Ichs in der Gemeinde zusammentreten, um gemeinsam etwas zu bewegen, oder sich die Menschen in einem Dorf, einer Stadt oder einem Land für Änderungen auf großer Ebene einsetzen. Ganze Wälder werden saniert, Müll wird eingespart, das soziale Klima des Ortes verbessert sich, Gesetze werden geändert und verfeindete Gruppen finden näher zueinander. Wenn wir gemeinsam handeln, wird das Himmelsfenster immer größer und weiter. Es öffnet sich über der christlichen Gemeinde, aber auch darüber hinaus in der ganzen Welt!

Anker werfen für eine kurze Pause

Du kennst nun viele Grundlagen, die einen Weltgestalter ausmachen. Es ging darum, wer wir sind, was unser Bezug zu Gott ist und wie das uns in eine neue Gemeinschaft zur Welt führt. Aber was machen diese Wahrheiten mit uns auf praktische Weise? Weltgestalten geht nur, wenn wir aktiv werden. Darum geht's jetzt im zweiten Teil: Wir werfen einen Blick in einzelne Bereiche unseres Lebens und der Gesellschaft, die wir bewusst gestalten können, zum Beispiel Familienleben, Umweltschutz oder Arbeit. Vielleicht findest du dich in dem einen oder anderen Bereich bereits wieder, vermutlich kannst du auch nicht alle Themen gleich stark angehen. Das ist in Ordnung und auch nicht der Punkt. Vielmehr geht es darum, dass wir unser Leben, egal, wie klein es uns erscheinen mag, mit einer »großen« Brille leben. Viel Spaß also beim Entdecken, Weiterdenken und Gestalten! Auf geht's. Lass uns den Anker wieder lichten.

Teil 2

WELTGESTALTER IM ALLTAG

Kapitel 6:
WIE HERRLICH LEUCHTET MIR DIE NATUR!

Uganda, nahe Murchison Falls Nationalpark, 2018

Wir stehen vor unserem Mietwagen, der vor dem Hotel geparkt ist. Eine Gruppe aus Deutschen, Ugandern und einer Albanerin, insgesamt elf Personen. Es ist noch früh am Morgen, und die Safari geht bald los.

Da es in letzter Zeit geregnet hatte, sind die roten Straßen an manchen Stellen sehr matschig, und das Wasser der Pfützen spritzt bei der Fahrt in alle Richtungen. Etwa zwei Stunden fahren wir an Dörfern, Ziegen, Wäldern und Feldern vorbei. Bananenstauden sind genauso Teil des Ausblicks wie Frauen in bunten Kleidern und der eine oder andere meterhohe Termitenhügel. Dann wird die Straße etwas ruckeliger, und die Wälder und Termitenbauten verdichten sich wie eine Kathedrale um uns herum: Wir kommen endlich beim Eingang des Murchison Falls Nationalparks an.

Ich kann meine Freude kaum verstecken: Als Kind habe ich Filme geliebt, die ganz oder teilweise im Urwald gespielt haben: Tarzan, Indiana Jones, König der Löwen oder Star Wars. Sie zeigten mir eine verwunschene, gefährliche und zugleich abenteuerlich-schöne Welt. So war es schon als Kind mein Traum gewesen, die Urwälder und Savannen Afrikas mit eigenen Augen zu sehen. Und jetzt bin ich hier, auf einer echten Safari!

Die ersten größeren Tiere, die wir sehen, sind Paviane. Einige Dutzend lungern am Straßenrand herum. Ausgewachsene Männchen, Weibchen und die Babys. Wir halten an und machen Unmengen an Fotos. Der Guide erinnert uns daran, dass wir noch eine ganze Menge anderer Tiere sehen werden, und so fahren wir weiter. Irgendwann öffnet sich der Wald wieder und wird zur Savanne. Wir erreichen den Fluss und unser Guide erklärt: »Das hier ist der Nil. Die Fähre kommt gleich. Bis dahin könnt ihr aussteigen und euch umsehen.«

Ich kann es kaum fassen: Beim Nil denkt man meist an Ägypten. Aber das ist über 6000 Kilometer flussaufwärts entfernt. Wie verrückt, dass wir hier am selben Fluss stehen wie in Kairo! Lange Zeit war es ein großes Rätsel, wo der Nil beginnt. Ganze Expeditionen machten sich auf, um seinen Ursprung zu finden. Bis man Ende des 19. Jahrhunderts herausfand: Der Nil beginnt in Uganda, bei Lake Victoria, und fließt durch verschiedene Wasserfälle und Sumpfgebiete weiter nach Norden.

Wir setzen mit der Fähre über und fahren weiter durch die Savanne bis zu Murchison Falls, unglaublichen Wasserfällen: Das Wasser fließt durch eine enge Schlucht und fällt etwa 45 Meter in die Tiefe, über mehrere Felsen hinweg und endet in einem weißen, tosenden Grollen. Ich habe schon viele schöne Orte auf dieser Welt gesehen, aber dieser hier ist was ganz Besonderes!

Diese Safari ist ein unglaubliches Erlebnis für mich – und nicht nur für mich: Auch für ugandische Mitglieder der Truppe ist sie ein Highlight. Insbesondere Emmanuel: Er hat bisher noch nie die Möglichkeit gehabt, sein eigenes Land von dieser Seite kennenzulernen. Er lebt nur wenige Kilometer entfernt, und doch sieht er meist nur die kaputten Seiten seines Landes in Form von Slums. Aber heute sehe ich ihn, wie er voller Freude Fotos mit seinem

Smartphone macht. Und das größte Zeugnis der Reise spricht er in einem einfachen, erstaunten Satz aus: »Mein Land ist schön.«

Ideal vs. Realität?

In Vorbereitung auf dieses Buch habe ich im Herbst 2021 einen internationalen Hauskreis geleitet. In der dritten Woche ging es um unsere Beziehung zur Schöpfung, und ich stieg mit einer einfachen Frage ein: »Was gefällt euch am meisten an der Natur?« Ich bekam eine Fülle an Antworten:

- »Die Natur ist ein Ort der Schönheit, des Friedens und der Perspektive.«
- »Ein Spaziergang im Wald kann der Seele Ruhe spenden.«
- »Ein Blick in den Sternenhimmel oder die Wellen des Meeres zeigt, wie klein unsere Sorgen doch sind, und dass die

Welt sich auch bei der schlimmsten Krise weiterdrehen wird.«

- »Die Natur zeigt, wie kreativ Gott ist: Er schuf Millionen Farben, Formen und Töne. Einfach, weil er es kann!«
- »Diese Vielfalt in der Natur ist ein Bild dafür, wie sehr sich Gott über Vielfalt freut – und auch wir können entsprechend Vielfalt unter Menschen schätzen.«

Die Teilnehmenden erzählten voller Begeisterung, fast zehn Minuten lang – und hätten noch lange weiterreden können. Doch ich schloss eine zweite Frage an: »Wenn die Natur uns doch so viel gibt, warum gehen wir mit ihr dann so schlecht um?« Es wurde eine spannende Diskussion …

Wir als Spezies Mensch verbrauchen momentan so viele Ressourcen, dass wir 1,7 Planeten Erde bräuchten, damit sie sich nachhaltig regenerieren könnte.[27] Selbst ein Kind aus der ersten Klasse würde wissen, dass das unsinnig ist: Wir haben 1 Euro Taschengeld und geben 1,70 Euro am Kiosk aus! Wenn sich unsere Verhaltensweisen nicht grundlegend ändern, wird es 2050 im Ozean mehr Plastikmüll geben als Fische[28], das Trinkwasser wird knapp werden und Millionen von Menschen werden vor Überschwemmungen, Dürre und Hunger fliehen müssen. Was für alle eine Katastrophe ist, trifft die Ärmsten aber noch härter: Länder mit größerem Reichtum (zum Beispiel Deutschland, USA, China) verbrauchen Ressourcen, die sie armen Ländern abkaufen, und exportieren große Teile ihres Mülls in diese Länder zurück. Wenn nun zusätzlich noch eine Dürre oder Flut eintritt, haben die Reichen mehr Mittel, um die Krise zu überleben. Und die Armen? Versinken einfach. So wird die soziale Ungerechtigkeit, die ohnehin schon unsere Welt plagt, weiter verschärft.

Die Situation ist ernüchternd, erschreckend und natürlich viel komplexer als gerade skizziert. Doch wir bemerken eine Spannung:

Zum einen schätzen wir die Natur, und doch beuten wir sie massiv aus. Als einzelner Mensch haben wir zwar nicht den Klimawandel allein zu verantworten, und doch sind wir alle zusammen schuld. Die Frage ist nur: Wie gehen wir als Weltgestalter mit diesem Problem um?

Gott der Schöpfer

Beim Lesen der Bibel stellen wir fest, dass Gott sich als Allererstes als Schöpfer vorstellt. Die Schöpfungsgeschichte ist kein wissenschaftlicher Bericht im modernen Sinne, sondern ein Zeugnis der Beziehung zwischen Gott und Menschen. Der Text zeigt uns, dass Gott die Lebensgrundlage unserer Welt ist, weil er ihr Schöpfer ist. Er will Gemeinschaft mit seiner Schöpfung, und zwar der ganzen. Einer meiner Freunde aus Uganda hatte mal einen spannenden Gedanken dazu: »Gott schuf die Natur vor den Menschen, also ist die Natur wie unsere Ahnin oder ältere Schwester. So, wie wir in afrikanischen Kulturen unsere Ahnen und Ältesten ehren, ist es unser Auftrag, die Natur zu ehren.«

Wie ist also unser Verhältnis zur Schöpfung? Je nach kultureller Prägung gibt es unterschiedliche Vorstellungen dazu.[29] In einigen nicht westlichen Kulturen finden wir einen sehr unmittelbaren Bezug zur Natur.[30] Teilweise praktizieren die Menschen dieser Kulturen animistische Religionen, Bäume und Steine haben also eine Art »Seele«. Manchmal wird die Natur angebetet, andere Male wird sie eher wie ein älterer Bruder um Gefallen gebeten. Man glaubt, dass die Geister der Natur einen Einfluss auf die Welt der Menschen haben: Wenn die Ernte gut läuft, wird das zum Beispiel der Güte bestimmter Geister zugeschrieben und nicht allein dem Wetter oder den Mühen der Bäuerinnen und Bauern.

In der westlichen Welt ist die Natur dagegen nicht beseelt.[31] Stattdessen ist sie Materie, die man empirisch messen kann. So macht man sich keine Gedanken um die »Seele« der Tiere und Pflanzen, sondern nutzt die Natur für seine Zwecke. Der Mensch ist Herr der Natur und kann sie für wirtschaftlichen Gewinn manipulieren. Im Zeitalter der europäischen und US-amerikanischen Kolonialisierung herrschte die Vorstellung: »Wir aufgeklärten, schlauen Leute brauchen keine Magie und keinen Hokuspokus, wir sind rational und bringen technischen Fortschritt.« Heute sind die Europäer offiziell keine Kolonialisten mehr, doch ihre Haltung zur Natur hat sich zum Beispiel bis nach China oder Brasilien ausgebreitet. Die Spannung der Weltbilder schwingt bis heute mit: Haben angeblich »primitive« Kulturen nur Aberglauben im Kopf, oder können wir von ihnen etwas lernen? Ist die Natur nur ein »Ding«, oder ist sie mehr als das? Diese Spannung konnte ich auch im Murchison Falls Nationalpark spüren: einige Monate nach unserer Safari bauten chinesische Investoren eine riesige Öl-Pipeline mitten durch den Park. Sie wollten auch noch einen hydroelektrischen Staudamm in den Wasserfällen anlegen, doch das wurde von der ugandischen Regierung bisher nicht genehmigt. Wie bewertet man das? War die Öl-Pipeline eine gute Idee, war es ein Glück, dass der Damm verboten wurde? Kommt darauf an, wen man fragt.

Wie sieht es nun in der Bibel aus?[32] Dort finden wir eine interessante Balance zwischen der Haltung des Westens und nicht westlicher Stammeskulturen: Für uns ist Gott als Schöpfer der Herr über alles. Er hat nicht nur Autorität über einen einzelnen Berg oder über die lokale Ernte, sondern über alle Tiere, Pflanzen, Menschen, Berge und Flüsse. Damit ist auch gesagt, dass die Schöpfung keine Sammlung an Göttern oder Geistern ist, sondern ein Geschöpf wie wir auch. Wir beten die Schöpfung also nicht an und sind nicht auf Naturgeister angewiesen. Andererseits ist die Schöpfung mehr als biologische und chemische Materie. Der Psalmist ruft der Gemeinde zu: »Der Himmel verkündet die Herrlichkeit Gottes und das Firmament bezeugt seine wunderbaren Werke« (Psalm 19,2). Die Welt ist kein Gott, aber sie erzählt von Gott, weist wie ein Zeuge auf ihn hin. Zudem wurde der Mensch, in biblischen Bildern gesprochen, aus Erde geformt (vgl. 1. Mose 2,7), er ist also im Kern aus derselben Substanz gemacht wie die restliche Schöpfung. Er ist über sie gestellt, um sie bewusst und liebevoll zu kultivieren, darf aber nie vergessen, dass er mit der natürlichen Welt von Grund auf verwandt ist.

Sehen wir uns also als »verwandt« mit den Wäldern Skandinaviens oder dem Sand der Sahara? Mit den Algen oder den Tieren, die irgendwann als Algensalat oder Schnitzel auf unserem Teller landen? Ohne in Geisterglauben oder Esoterik abzudriften, können wir mit der Bibel antworten: Alles Leben ist miteinander verwandt. So ist es nicht nur die Angelegenheit einer Forschergruppe, wenn Plastik im Meer schwimmt. Es geht uns alle etwas an.

Gottes Schöpfung erleben

Ich glaube, einer der Gründe, warum Menschen sich nicht um die Natur kümmern, ist, dass sie ihre Schönheit schlicht nicht kennen. Das ging nicht nur Emmanuel auf der Safari so, sondern betrifft auch viele Menschen in der westlichen Welt. Dabei gibt es so viel Grund zum Staunen: Wusstest du zum Beispiel, dass die Rückkehr des Wolfes in der Schweiz zu gesünderen Rehbeständen, zum Wachstum der Bäume und zum Schutz vor Erdrutschen beiträgt? Indem der Wolf seine Beute jagt, werden Rehe wachsamer und kräftiger, weil sie vor dem Wolf auf der Hut sind. Dadurch fressen die Rehe weniger Triebe von jungen Bäumen, und mehr Bäume erreichen ein reifes Alter. Das wiederum führt zu stärkeren Wurzeln im Boden, was anderen Tieren, Pflanzen und Pilzen Lebensraum bietet und die Wasseraufnahmefähigkeit stärkt und Erdrutsche verhindert.[33] Jede Tier- und Pflanzenart hat also eine bestimmte Rolle in ihrem natürlichen Umfeld. Diesen Zusammenhang und die Beziehungen all dieser Lebensformen in einem Lebensraum bezeichnet man als Ökosystem. Innerhalb dieser Ökosysteme findet man eine bestimmte Vielfalt an Tieren und Pflanzen, die Biodiversität. Je größer die Biodiversität, desto stabiler ist das Ökosystem und desto gesünder und weniger anfällig ist es für Krisen. Und diese Ökosysteme sind wiederum alle miteinander verknüpft, teilweise über Kontinente hinweg: Der Staub der Sahara wird mit dem Wind nach Südamerika getragen, wo er den Amazonas mit Nährstoffen düngt. Und die warmen Gewässer des Golfstroms machen das Klima in Westeuropa milder, als es eigentlich wäre: Ohne den Golfstrom wäre es in Deutschland so kalt wie in Nordkanada.[34] In jedem dieser Bereiche – Meere, Flüsse, Wüste, Urwald – findet man komplexe Ökosysteme mit mehr oder weniger Biodiversität.

Aber du musst nicht weit reisen, um die Natur als Ökosystem zu bewundern: Jeder Quadratzentimeter Erde unter deinen Füßen ist in sich schon ein komplexes System. In einem gesunden Boden leben unzählige Insekten, Flechten, Pilze und Mikroorganismen. Das sieht vielleicht nicht nach viel aus, ist aber für uns alle überlebenswichtig: Ohne diese Organismen würden tote Blätter und Tiere nicht zersetzt werden. So hätte der Boden nicht genug Nährstoffe, und die Pflanzen würden sterben. Die Folge davon sieht man in kargen Böden: Wurzeln der Pflanzen dringen nicht mehr in die Tiefe und der Boden verliert seine Fähigkeit, Wasser aufzunehmen. Ein solcher Boden hat weniger Nährstoffe und wird anfällig für Erdrutsche. Solche »toten Böden« werden unter anderem durch konventionelle Landwirtschaft verursacht, denn das regelmäßige

Pflügen, die Dünger und Pestizide sowie der Anbau nur weniger Pflanzensorten verdrängen eine ausgewogene Biodiversität. Ein gesunder Boden (zum Beispiel in einem Mischwald) führt dagegen zu gesunden Pflanzen, die wiederum zu gesunden Tieren führen und einer höheren Resilienz gegenüber Krankheiten und Umweltkatastrophen.

Warum dieser Ausflug in die Welt der Ökosysteme? Weil noch mal deutlich wird, dass die Natur, egal, wie groß oder klein, ein Netz an komplexen Beziehungen ist. Und wir sind, aller modernen Technik zum Trotz, Teil dieses Systems im ewigen Kreis.

Vielleicht denkst du jetzt, dass du gar keine Möglichkeit hast, die Natur hautnah zu erleben. Schließlich wohnt nicht jeder direkt neben einem Wald. Aber selbst in einer Wohnung könntest du dir Kräutertöpfe auf die Fensterbank stellen, vielleicht in einem Park spazieren gehen oder eine Naturdokumentation anschauen. Das, womit wir unsere Gedanken füttern, wird auch unsere Taten lenken.

Es betrifft uns alle

Aktuell wird die Achtung vor der Natur viel diskutiert. Aber es gab auch schon vor der Diskussion zum Klimawandel Menschen, die sich um die Schöpfung Gedanken gemacht haben. Der katholische Mönch Franz von Assisi (ca. 1181–1226) war einer von ihnen. Er schrieb schon im Mittelalter der Schöpfung einen sehr hohen Stellenwert zu. In seinem berühmten Sonnengesang »Laudato Si« waren die Sonne und der Mond »Bruder« und »Schwester«. Sie alle seien gleichrangig vor Gott, sie alle loben Gott gemeinsam.[35] Er hatte nicht den heutigen Klimawandel vor Augen, und doch war die Natur für ihn mehr als eine gefährliche Welt, die man kontrollieren muss. Damit war er seiner Zeit um einiges voraus. Seit den 1980er-Jahren gilt Franz von Assisi als der Schutzheilige des Umweltschutzes. Papst Franziskus erließ 2015 ein Dekret, das er nach dem Sonnengesang »Laudato Si« nannte: Er beschreibt, aus römisch-katholischer Perspektive, die Rolle der Menschen in der Schöpfung. Seine Gedanken sind aber nicht nur für die katholische Christenheit relevant, denn er argumentiert auf einer grundlegenden Ebene, von der Bibel, Philosophie und Sozialwissenschaft her, wie alles in Beziehung zueinander steht.

Ähnlich wie Franz von Assisi beschreibt Franziskus uns Menschen als »Geschwister« der Erde. So sei es unsere Verantwortung, für sie zu sorgen, anstatt sie zu missbrauchen.[36] Da wir aus derselben Erde geschaffen sind wie die restliche Schöpfung, führe ihr Schmerz auch zu kaputten Beziehungen im restlichen Leben.[37] Er weist auf biblische Prinzipien hin, die unser Verhältnis zur Schöpfung beschreiben: Gebt den Tieren und dem Land ihren Lohn (vgl. 5. Mose 22,4.6; 2. Mose 23,12). Denn alle Geschöpfe haben einen Eigenwert über die Frage hinaus, ob sie für den menschlichen Konsum »nützlich« zu sein scheinen (vgl. Psalm 104,31; Sprüche 3,19).

Es wird deutlich: Es geht nicht nur um die Natur. Wer in kaputten Beziehungen zueinander lebt, der wird umgekehrt auch kaputte Beziehungen zur Schöpfung ausleben. Ein Umdenken muss auf allen Ebenen passieren: im Umweltschutz, aber auch im Bau von Häusern, in der Bildung und bei unseren Sozialleistungen. Zu diesen geheilten Beziehungen gehört auch eine Balance zwischen Arbeit und Ruhe (vgl. 3. Mose 25,4-6): Gott hat der Natur einen Rhythmus gegeben, und wenn wir damit im Einklang leben, werden wir der Natur und uns selbst angemessen Zeit geben, damit wir uns von Arbeit und Konsum erholen können.[38]

Franziskus macht in seinem Text noch etwas deutlich: Die Schöpfung ist nicht nur ein »Zeuge« Gottes, sondern ein Ort, an dem Gott selbst anwesend ist.[39] Wenn wir uns das bewusst machen, dann kann es dem christlichen Glauben nicht entsprechen, wenn wir die Natur zerstören oder Ressourcen ungleich verteilen. Franziskus geht sogar noch einen Schritt weiter: Umweltschutz und soziale Gerechtigkeit sind für ihn ein zentraler Teil der Einhaltung der Zehn Gebote: Das Gebot »Du sollst nicht töten« (vgl. 2. Mose 20,13) könne nämlich nicht erfüllt werden, wenn 20 Prozent der Weltbevölkerung die Mehrheit der natürlichen Ressourcen verbrauchen – und so den übrigen 80 Prozent der Menschen und künftigen Generationen die Grundlage zum Leben stehlen.[40]

Naturschutz, Schonung der Ressourcen und soziale Gerechtigkeit stehen unmittelbar im Zusammenhang mit unserem Leben mit Gott.

Naturschutz, Schonung der Ressourcen und soziale Gerechtigkeit stehen also unmittelbar im Zusammenhang mit unserem Leben mit Gott. Wir nehmen nicht nur die Ressourcen, sondern sind Teil des Systems Erde. Wenn wir uns entsprechend verhalten, tun wir nicht nur der Erde einen Gefallen, sondern wir dienen auch der Menschheit und uns selbst. Tun wir aber so, als ob wir außerhalb der Natur stünden, »töten« wir nicht nur irgendwelche Regenwälder. Wir »töten« einander und auch uns selbst.

Diese Perspektive gerät in den Medien und unserer Gesellschaft immer stärker in den Blick. Bewegungen wie *Fridays for Future* weisen zu Recht darauf hin, dass guter Wille und einige symbolische Plastiktüten weniger das Problem nicht lösen. Regierungen und lokale Städte müssen grundlegend in ihrer Bauweise und ihrer Wirtschaft etwas verändern. Ganzheitliche Nachhaltigkeit muss ökologisch, ökonomisch und sozial in Angriff genommen werden. Sonst klebt man lediglich ein Pflaster auf eine entzündete, tiefe Wunde.

Aber: Das bedeutet natürlich nicht, dass kleine Taten nichts bewirken können. Immerhin bestehen Bewegungen wie *Fridays for Future* aus einzelnen Leuten. Als Gemeinschaft sind wir Menschen gar nicht mehr ganz so klein. Und so, wie wir alle irgendwie zum Problem beitragen, können wir auch gemeinsam das Netz bewegen und erhalten. Insofern ist natürlich das, was jede einzelne Person beiträgt, doch von Bedeutung. Was also können wir tun, um als Weltgestalter unserer Schöpfung die »gute Nachricht« zu bringen?

Kleine Schritte mit großer Wirkung

Der Slogan *reduce, reuse, recycle* (verringern, wiederverwenden, wiederverwerten) wird heute schon Kindern in der Schule beigebracht oder bei Klimatreffen mit Greta Thunberg aufgesagt. Das hat einen guten Grund. Denn so simpel es klingt, können diese drei Schritte schon enorm viel bewirken.

Reduce (verringern)

Wenn wir weniger verbrauchen, kommt weniger Müll zusammen, wird weniger Wald abgeholzt und weniger Wasser verschmutzt. Je nach Land und Region gibt es zwar die Infrastruktur, um Abfall zu recyceln, aber das bedeutet keine Entwarnung: Auch Recycling kostet Energie. Und im Schnitt werden nur 9 Prozent des weltweiten Plastikmülls wirklich recycelt.[41] Viele Wasserwerke können die Chemikalien aus Farben oder Medikamenten nicht angemessen filtern, und der Müll häuft sich weiter an. So sind die Warnhinweise auf chemischen Produkten (Farben, Lacken, Batterien) und Mülltrennung ernst zu nehmen: Sondermüll gehört nicht in den normalen Müll. Biomüll ist kein Plastikmüll. Aber noch besser ist es, wenn erst gar nicht so viel Müll entsteht. Über ein Drittel (36 Prozent) allen Plastikmülls entsteht in Form von Verpackungen.[42] Wenn wir also Verpackungen vermeiden, können wir schon einiges bewirken. Wer sich zum Beispiel jeden Tag einen Kaffee zum Mitnehmen kauft, kann sich einen wiederverwendbaren Coffee-to-go-Becher zulegen. Auch beim Shampoo und Waschmittel gibt es Alternativen wie festes Shampoo, denn Plastikflaschen sorgen nicht nur durch die Verpackung, sondern auch durch Mikroplastik für unnötige Verschmutzung. Und wenn wir unsere Kleidungsstücke so wählen, dass sie vielseitig kombinierbar sind, benötigen wir nicht so viele verschiedene. Was auch immer es ist: Es ist immer gut zu schauen, wo wir Müll vermeiden können.

Reuse (wiederverwenden)

Früher war es ganz normal, seine Kleidung zu reparieren oder die alten Schuhe zum Schuster zu bringen. Heute scheint es dagegen normal, sie wegzuwerfen: Der durchschnittliche Verbraucher kaufte im Jahr 2014 im Vergleich zum Jahr 2000 60 Prozent mehr Kleidungsstücke – und trug diese Kleidung dafür nur halb so lang.[43] Durch die digitalen Medien und den Onlinehandel steigt der Anspruch, auf Trends sofort zugreifen zu können. Der schnelle Wechsel von Kollektion zu Kollektion wird *Fast Fashion* (schnelle Mode) genannt. Das Ergebnis? Die Textilindustrie hat bis zu 8 Prozent aller CO_2-Emissionen[44] und fast 35 Prozent aller Mikroplastik-Verschmutzung zu verantworten.[45] Allein an diesem Beispiel merken wir: Konsumtrends haben eine Auswirkung auf unsere Umwelt. All die weggeworfenen Klamotten landen auf Müllkippen, wo sie Tieren, Pflanzen und Wasser schaden. Man braucht nicht unbedingt alle zwei Monate ein neues Shirt, sondern kann seine Kleidung reparieren. Und wenn etwas aussortiert wird, dann bitte nur die wirklich guten Stücke in die Kleiderspende geben: Diese Kleidung wird an Länder wie Ghana oder Uganda exportiert, und wenn die Verkäuferinnen und Verkäufer dort nur Schrott kriegen, verlieren sie ihre Existenz und kriegen effektiv unseren Müll auf ihre Müllkippe geschickt. Dasselbe gilt natürlich auch für andere Dinge: Lieber wiederverwenden und reparieren anstatt sofort wegschmeißen oder neu kaufen.

Recycle (wiederverwerten)

Erst, wenn es nicht mehr anders geht, sollte der Artikel dem Recycling oder Restmüll zugeführt werden. Tue deiner lokalen Müllabfuhr einen Gefallen und schmeiß den Biomüll nicht in einer Plastiktüte oder einer kompostierbaren Tüte in die Tonne: Plastiktüten sind offensichtlich nichts, was natürlich abgebaut wird, aber auch das meiste Bioplastik zersetzt sich nicht so schnell, als dass es in Kompostieranlagen sinnvoll aufgehoben ist. Am besten ist der Biomüll in einer einfachen Papiertüte oder auf dem eigenen Komposthaufen aufgehoben. Was andere Müllsorten angeht, ist es leider so, dass unsere Recyclinganlagen überlastet sind, sodass nur wenige Produkte wirklich recycelt werden: Die zugehörigen Prozesse sind in vielen Fällen sehr aufwendig und finanziell (noch) nicht rentabel. Aber schau mal in deiner Region nach kleineren Recyclinginitiativen und -vereinen (zum Beispiel einem Repaircafé[46] oder einem der weltweiten Ableger der Precious-Plastic-Werkstätten[47]): Da sie nicht dieselben Mengen verarbeiten wie die Industrie, können sie aufwendigere Verfahren zum Recycling anwenden. Zudem sind die Mitarbeitenden solcher Gruppen darin geschult, nützliche Produkte aus dem Müll herzustellen, zum Beispiel Schmuck, Parkbänke, Tische, Taschen.

Die Schöpfung atmet auf

Zum Schluss dieses Kapitels möchte ich noch mal auf die Perspektive des Himmels zurückkommen: Wenn wir als Kinder Gottes Teil von Gottes Familie sind, ändert das unser ganzes Leben. Was das für die Schöpfung heißen kann, erklärt Paulus im Römerbrief:

> Denn die ganze Schöpfung wartet sehnsüchtig auf jenen Tag, an dem Gott offenbar machen wird, wer wirklich zu seinen Kindern gehört. [...] Aber die ganze Schöpfung hofft auf den Tag, an dem sie von Tod und Vergänglichkeit befreit wird zur herrlichen Freiheit der Kinder Gottes. Denn wir wissen, dass die ganze Schöpfung bis zu diesem Augenblick mit uns seufzt, wie unter den Schmerzen einer Geburt.
>
> *Römer 8,19-22*

Im Zusammenhang der Verse vor und nach diesem Abschnitt könnte man diese Sätze schnell überlesen. Aber sie sind bemerkenswert. Sie sagen im Grunde: Wenn der Mensch sich nicht als Kind Gottes sieht, macht er die Schöpfung kaputt. So »wartet« die Schöpfung »sehnsüchtig«, weil sie unterdrückt wird. Und sie kann sich nicht befreien, weil der Mensch sie beherrscht.

Aber Paulus gibt uns einen Ausblick der Hoffnung: Noch hat die Schöpfung Schmerzen wie bei einer Geburt, aber diese werden vorbei sein, wenn der Mensch zur »herrlichen Freiheit der Kinder Gottes« wiederfindet. Ein praktisches Beispiel dafür habe ich Anfang 2022 in einem YouTube-Video gesehen: Dort hatte eine byzantinisch-katholische Kirche ein vermülltes Flutbecken in ein Mini-Naturreservat verwandelt. Die umliegende Anwohnerschaft war erst mal dagegen, weil sie Angst vor Überschwemmungen hatte. Aber als die natürlich heimischen Pflanzen wieder angepflanzt wurden, hörten die Überschwemmungen auf. Der Müll war weg, und Leben war zurückgekehrt. Die Menschen erkannten auf einer sichtbaren Ebene: Die Kirche bringt nicht Zerstörung, sondern Versöhnung und Wiederherstellung kaputter Beziehung. Leute, die der Kirche vorher ablehnend gegenüberstanden, waren plötzlich froh, die Kirche als Nachbarn zu haben. Diese Umweltaktion verbesserte also nicht nur die Natur, sondern auch das Verhältnis der Leute zueinander und zu Gott.[48]

Ja, wir sehen die Freiheit der Schöpfung noch nicht vollständig, aber sie ist angebrochen. Und wir alle, egal, ob in Deutschland, Uganda oder sonst wo auf der Welt, können zu dieser Freiheit beitragen. Wir dürfen uns von Gott zusprechen lassen, dass wir nicht mehr länger in einer Sklaverei kaputter Beziehungen und Verhältnisse gefangen sind. Wir sind Menschen mit einer neuen Identität und Bestimmung, wir sind Kinder Gottes. Und wenn wir unsere eigene Freiheit erleben, können und dürfen wir die Freiheit auch für andere erlebbar machen, indem wir die Welt gestalten. Dann können wir dafür sorgen, dass unsere Welt in Gottes Freiheit einzieht, und mit Staunen sagen: »Unser Land ist schön«.

Kapitel 7:
JEDES TIERLEIN HAT SEIN ESSEN ...

Der mayanische Mühlstein meiner Oma

Im Herbst 2021 flog ich für drei Monate in die USA, um am Manuskript dieses Buches zu schreiben. Ich wohnte während dieser Zeit bei meiner Oma Nancy in ihrem schönen alten Haus in Corvallis, Oregon. Ihr Haus wurde 1924 erbaut, es hat weiße Holzdielen und Tür- und Fensterrahmen, die türkis gestrichen sind. Nancy wohnt dort seit etwa fünfzig Jahren. Der Innenraum fühlt sich entsprechend alt, aber heimisch an: Die Holzböden knarzen, viele der Wände sind schief, die Küche zum Bersten voll mit Essen und Geschirr und die Regale voller Bücher, Nähutensilien und so manch ungewöhnlichem Erbstück. Insgesamt hat meine Oma aber nicht nur Gegenstände gesammelt, sondern auch viele zugehörige Geschichten, inklusive der Familiengeschichten, die sie mithilfe von vielen Stunden an Ahnenforschung zusammengetragen hat. Sie ist mit ihren über achtzig Jahren und ihren nach wie vor hellroten Haaren eine wandelnde Bibliothek.

Eines Nachmittags saß ich mit ihr im Wohnzimmer. Der Kamin war an und sie löste Sudoku-Rätsel in ihrem Sessel. Ich schaute mich um und bemerkte, dass unter dem Tisch neben dem Fernseher eine Art Mini-Tisch aus Stein stand.

»Was ist das?«, fragte ich.

Oma schaute kurz von ihrem Sudoku-Heft auf und erklärte: »Das ist ein Erbstück vonseiten deines Opas. Ein Mühlstein aus Mexiko.«

Ich wusste, dass die Familie meines Opas Anfang des 20. Jahrhunderts aus Mexiko in die USA eingewandert war. Darum essen wir bis heute in der Familie zu Weihnachten mexikanisch. Aber dieser Mühlstein warf trotzdem noch Fragen auf: Er war aus einem schweren Stein gemeißelt, aber nicht rund, sondern rechteckig. Er hatte drei kleine Beine, und die »Tischfläche« war leicht nach vorn gesenkt.

»So einen Mühlstein habe ich bisher noch nie gesehen. Wo hat Opa den her?«

»Von seiner Mutter und deren Familie. Solche Steine wurden in Mexiko über Jahrhunderte hinweg verwendet, um Mais zu mahlen. Dieses Stück stammt von den Mayas, soweit ich weiß …«

Ich horchte auf: »Ich wusste gar nicht, dass wir Mayas im Stammbaum haben.«

Oma Nancy nickte: »Die Mehrheit der Familie deines Opas waren Nachfahren weißer Spanier aus Kastilien. Manche waren auch Österreicher oder Franzosen. Doch dein Opa hatte auch mexikanische Ureinwohnerinnen und Ureinwohner im Stammbaum – aus den Stämmen der Yaquí, Maya und Azteken.«

Meine Neugier war geweckt und ich recherchierte im Internet nach »Mühlstein Mexiko Maya«. Sie heißen anscheinend *Metate* und spielten im Alltag der Maya und anderer mittelamerikanischer Völker eine große Rolle. Der Stein meiner Oma wurde von Hand gemeißelt, vor der industriellen Revolution. Er ist also mindestens 150 Jahre alt, doch wer weiß, wie viele Generationen ihn verwendet haben: Die ersten Exemplare werden auf etwa 10 000 Jahre geschätzt.

Ich las aus Wikipedia laut vor: »Hier steht, dass die Steine vermutlich auch kultische Bedeutung hatten, denn man findet kunstvoll verzierte *Metate* als Beigabe in prominenten Gräbern.«[49]

Oma nickte: »Das würde mich nicht überraschen. Früher war es viel mehr Arbeit, die tägliche Mahlzeit zu erarbeiten. Deine Uroma stand jeden Morgen um halb fünf auf, um die Tortillas vorzubereiten. Selbst als ich klein war, hatte jeder mit anzupacken, um das Essen auf den Tisch zu bringen.«

»Da hast du recht. Und heute schmeißt man sein Essen sorglos fort …«

Oma Nancy widmete sich wieder ihren Sudokus. Das Rätsel der Enkelin war gelöst – und damit hatte es sich. Aber ich dachte weiter über diesen Mühlstein nach und musste staunen: Meine Oma mit ihren roten Haaren und dem Sudoku-Heftchen sah überhaupt nicht so aus, als ob sie Bezüge zu den Maya hätte. Und doch hatte sie diese in Form eines alten Erbstücks – und somit auch ich. Mehr noch: Eigentlich haben wir alle einen Bezug zu den Maya und zu allen Völkern der Erde: Dieser alte Stein mag zwar aus einer ganz anderen Kultur und Zeit stammen. Aber damals wie heute, hier wie dort, mussten Menschen etwas essen. Ich dachte an die Frauen, die den Stein über Generationen hinweg genutzt hatten. Ich dachte an den Steinmetz, der den Stein geformt hatte, und an die Leute, die von den Mais- und Weizentortillas gegessen hatten. Ich weiß nicht, für wie wichtig oder unwichtig diese Leute ihre Aktivitäten hielten, doch sie hatten ihnen ihre Existenz gesichert – Tag für Tag. Was ein Stein doch so alles ins Rollen bringen kann … Mit diesen Gedanken ging ich später umso bewusster in die Küche, um mir mein Abendessen zu machen.

So grundlegend und doch so angreifbar

Auch wenn du wahrscheinlich keinen Mühlstein aus Mexiko in deinem Haus stehen hast, wirst du bestimmt in irgendeiner Form schon mal einen Mühlstein gesehen haben. Mühlsteine gehören archäologisch gesehen zu den Gegenständen, die über die Zeiten hinweg am besten erhalten geblieben sind. Manchmal ist es sogar möglich, kleine Getreidereste von der Oberfläche zu untersuchen, um ein Bild davon zu bekommen, was diese Volksgruppe gegessen hat. Der Mühlstein zeigt uns auf jeden Fall eine Seite des Menschen, die nicht zu vernachlässigen ist: Wir alle haben Grundbedürfnisse wie Essen und Trinken. Die Werkzeuge und Wege, um diese Bedürfnisse zu stillen, sagen viel über die Gesundheit der entsprechenden Gruppe Menschen aus.

Im vierten Kapitel ging es bereits um unsere Bedürfnisse. Hier wird es nun um drei konkrete Grundbedürfnisse gehen, die wir in der maslowschen Pyramide auf der untersten Stufe finden: Essen, Trinken und Obdach. Wir schauen uns an, wie unsere aktuelle

Welt mit diesen Themen umgeht und wie wir aus Sicht eines Welt-gestalters uns dazu verhalten können.

Essen – Reis und Brot für den Tag

Erst mal eine gute Nachricht: Wir produzieren als Menschheit mehr als genug Essen, um alle Menschen zu ernähren. Die Züchtung neuer Pflanzensorten hat Dürre- und Schädlingsresistenz erhöht, Erträge pro Hektar sind höher, und die Agrarwirtschaft ist durch neue Technik stabiler geworden. Doch leider ist damit noch nicht alles gesagt: Weltweit leiden fast 10 Prozent der Weltbevölkerung unter Mangelernährung – das sind etwa 811 Millionen Men-schen.[50] Viele weitere Menschen haben zwar genug zu essen, aber ihre Ernährung ist nicht ausgewogen: Sie erhalten Kalorien, aber nicht genug Nährstoffe. Wenn man diesen »versteckten Hunger« mitberücksichtigt, dann haben etwa 3 Milliarden Menschen keine angemessene Ernährung, also etwa 40 Prozent.[51]

Was geht uns das als Gott-bewegte Weltgestalter an? Eine gan-ze Menge: Einer der frühesten Segenssprüche Gottes dreht sich um Essen in Form von Ernteertrag (vgl. 1. Mose 27,27-28). Eine der Anweisungen Moses war, den Witwen und Waisen genug zu essen auf dem Feld stehen zu lassen (vgl. 3. Mose 19,9). Im Neuen Testament speist Jesus Tausende hungriger Menschen (vgl. zum Beispiel Markus 6,30-44; Markus 8,1-13) und im Vaterunser lehrt er uns zu beten: »Unser tägliches Brot gib uns heute« (Matthäus 6,11; LUT 2017). Jakobus, der Bruder Jesu, mahnt zudem aus-drücklich:

> Was nützt es, wenn jemand von seinem Glauben spricht, aber nicht entsprechend handelt? Ein solcher Glaube kann niemanden retten. Angenommen, jemand

sieht einen Bruder oder eine Schwester um Nahrung oder Kleidung bitten und sagt: »Lass es dir gut gehen, Gott segne dich, halte dich warm und iss dich satt«, ohne ihnen zu essen oder etwas anzuziehen zu geben. Was nützt ihnen das? Es reicht nicht, nur Glauben zu haben. Ein Glaube, der nicht zu guten Taten führt, ist kein Glaube – er ist tot und wertlos.
Jakobus 2,14-17

Sowohl im Alten als auch im Neuen Testament ist also der Umgang mit den Grundbedürfnissen – und konkret mit Essen – ein wichtiges Thema. Als Menschen, die mit Gott die Welt gestalten, sollten wir also nicht nur theoretisch sagen: »Es ist gut, Leute mit Essen zu versorgen.« Wir sollten uns als Gemeinschaft auch konkret darum kümmern, dass Menschen satt werden. Das führt uns zu der Frage: »Wie kommt es, dass wir als Menschheit mehr als genug produzieren und doch den Welthunger nicht gelöst haben?« Wenn wir das wissen, können wir nämlich besser nach Lösungen suchen.

Die Lieferkette

Unser Essen gelangt vom Bauernhof über mehrere Schritte zu uns. Das Problem ist nur: In jedem Schritt der Lieferkette verlieren wir etwas von dem Essen, da es verdirbt oder weggeschmissen wird. So werden insgesamt ein Drittel aller produzierten Lebensmittel verschwendet.[52] Wir haben also nicht einen Mangel an Essen, sondern ein Problem mit der Verteilung. Und das ist nicht nur ein soziales Problem, sondern auch ein ökonomisches und ökologisches Thema: Es wird nicht nur ein Drittel mehr Essen verschwendet, sondern auch ein Drittel mehr Land, Wasser, Strom, Platz und Aufwand verwendet, als nötig wäre. So werden viele Wälder abgeholzt, um für Felder und Kühe Platz zu schaffen, und Seen und Flüsse trocknen aus, weil man das Wasser in Felder umleitet, und auch die Bäuerin und der Bauer verdienen weniger, als sie eigentlich könnten.

Das scheint kaum veränderbar, doch wir sind nicht zu Machtlosigkeit verdammt: Laut der UN müssten wir nur ein Viertel der verschwendeten Lebensmittel einsparen, um alle Menschen satt zu bekommen. Große Maßnahmen wie Gesetze oder Handelsabkommen finden auf der Ebene internationaler Politik statt. Aber ein Großteil der Veränderung kann auch auf privater und zivilgesellschaftlicher Ebene stattfinden (siehe Exkurs: Zivilgesellschaft): Einzelne Handlungen und Gewohnheiten können bereits etwas bewirken, und wenn eine Gruppe entscheidet, etwas zu tun, dann hat das konkrete, weitreichende Auswirkungen: Für ein Dorffest werden fortan regional angebaute Lebensmittel genutzt, eine Schule veranstaltet eine Infoveranstaltung zu nachhaltiger Tierhaltung oder eine christliche Gemeinde legt auf ihrem Grundstück einen offenen Gemüsegarten an und ermutigt ihre Mitglieder dazu, Lebensmittel für die Tafel zu spenden. Überleg mal, in welchen Gruppen du unterwegs bist. Wenn ihr gemeinsam kleine Schritte geht, ist das schon eine ganze Menge! Ganzheitlichkeit fängt klein an, aber es zieht Kreise. Jedes Teilchen beeinflusst das Beziehungsnetz.

EXKURS: ZIVILGESELLSCHAFT

Die Zivilgesellschaft meint alle Gruppen, die im öffentlichen Raum zum Wohl der lokalen Gemeinschaft arbeiten, aber nicht zu den Bereichen der Wirtschaft, Staatsmacht oder zum Privatsektor gehören (zum Beispiel Vereine, spontane Initiativen, Kindergärten, Schulen, Kirchen). Auch wenn eine zivilgesellschaftliche Gruppe keine Gesetze erlassen oder Verträge mit der Großindustrie abschließen kann, hat sie trotzdem viel Einfluss: Menschen werden zwar durch staatliche und wirtschaftliche Systeme grob organisiert, gestalten ihre Welt jedoch meist auf lokaler Ebene (zum Beispiel Feste, Sport, Kulturveranstaltungen). So ist eine zivilgesellschaftliche Gruppe wie ein Schnittpunkt zwischen abstraktem Staat/Wirtschaft und dem durchschnittlichen Menschen auf der Straße.[53]

Was heißt das für uns als Weltgestalter? Auch unsere lokale Gemeinde gehört zur Zivilgesellschaft – und hat die Macht, ihren lokalen, öffentlichen Raum im Sinne der *Missio Dei* zu gestalten. Was könnte deine Gemeinde vor Ort also alles bewirken? Fangt doch mal an, Ideen zu sammeln und eure Beziehung zum Ort in den Blick zu nehmen, und schaut, was daraus wächst.

Die Bauernhöfe

Das idyllische Bild vom kleinen Hof mit Kuh auf der Weide trifft nur in den seltensten Fällen zu. Die Mehrheit der heutigen Lebensmittel stammt von großen Produzenten mit Hunderten Hektar Land und aus Monokulturen, also von Flächen, auf denen nur eine Pflanzensorte angebaut oder eine Tierrasse gehalten wird. Das führt dazu, dass der Boden durch einseitige Belastung ausgelaugt wird und man mit viel künstlichem Dünger und Pestiziden anrücken muss.

Auf den Schaden für die Umwelt und die sozialen Systeme gehe ich an anderen Stellen im Buch ein. An dieser Stelle möchte ich aber Folgendes festhalten: Anbautechniken aus konventioneller Agrarwirtschaft setzen meist auf Quantität (Menge), nicht primär auf Nährstoffqualität. So kann es sein, dass zwar viel Fleisch oder Paprika produziert wird, diese aber relativ wenig Nährstoffe enthalten und dafür mit Antibiotika und Pestiziden belastet sind. Die gesundheitlichen Auswirkungen auf uns sind schleichend, aber nicht zu unterschätzen: Eine dauerhafte Überbelastung von Lebensmitteln und Wasser mit künstlichem Dünger/Pestiziden[54], Mikroplastik[55] und Antibiotika[56] kann die Anfälligkeit für Krebs, Depression und Darmkrankheiten erhöhen[57]: Entweder reagieren die Stoffe selbst mit dem Körper oder die kleinsten Teilchen bieten anderen schädlichen Erregern eine Andockfläche, was zu Entzündungen führen kann. Wie unsere Lebensmittel hergestellt werden, hat also große Auswirkung darauf, ob die Lebensmittel wirklich lebensdienlich sind.

Es wäre aber zu einfach, allein der Agrarindustrie die Verantwortung zuzuschieben: Die Kosten und Hürden, um auf nachhaltige Landwirtschaft umzusteigen, sind für viele Höfe (zumindest kurzfristig) nicht zu leisten. Selbst Bäuerinnen und Bauern, die im Amazonas den Regenwald abholzen, versuchen meist nur, ihre Familien zu ernähren. Entweder sie kennen die nachhaltigeren

Lösungen nicht, können sie sich nicht leisten, oder es gibt kulturelle, politische oder soziale Gründe, die den Umschwung blockieren. Für uns als Konsumentinnen und Konsumenten heißt es trotzdem: Wir müssen nachschauen, wo unser Essen herkommt. Denn das hat eine Auswirkung darauf, wie ganzheitlich die eigene Ernährung ist und welche Art Landwirtschaft wir damit unterstützen. Sicher: Nicht alles, was Öko ist, ist auch gleich perfekt (dazu mehr unter Kapitel 11), doch eine Faustregel ist: Je näher der Bauernhof an deinem Wohnort liegt und je kleiner der Hof ist, desto wahrscheinlicher erhältst du eine höhere Qualität. Und wenn du deine eigene Tomatenpflanze auf dem Balkon oder im Garten hegst und pflegst, weißt du auf jeden Fall, wo deine Tomaten herkommen. Und meistens schmeckt es auch gleich viel besser!

Verarbeitung und Verpackung

Ein großer Teil der verschwendeten Lebensmittel landet auf dem Müll, noch bevor oder sobald diese den Verarbeitungsbetrieb erreichen. Denn die Standards der Läden und der Kundschaft sind hoch. Allerdings wird meist nach Aussehen, Größe und Lagerfähigkeit ausgewählt – und nicht nach Nährstoffgehalt. So werden tonnenweise Obst und Gemüse weggeworfen, weil sie zu klein oder etwas schief geraten sind oder eine leichte Farbvariation aufweisen. Nichts davon schadet der Gesundheit. Aber es sieht nun mal im Regal schlechter aus. Bei verarbeiteten Produkten wie Instantnudeln oder Salami kommen je nach Qualitätssiegel auch noch viele Zusatzstoffe ins Essen, die den Körper belasten können. Natürlich schadet eine gelegentliche Schüssel Instantnudeln den meisten Leuten nicht. Aber zu viele solcher Produkte belasten den Körper auf Dauer doch: eine Vielzahl körperlicher und psychischer Krankheiten hängt direkt mit der Gesundheit unserer Darmbakterien zusammen, und Zusatzstoffe können das gesunde Gleichgewicht stören (siehe Exkurs: Mikrobiom). Auch hier eine Faustregel für den Einkauf: Wenn etwas weniger verpackt ist, ist es tendenziell frischer. Das wiederum bedeutet im Normalfall weniger Zusatz- und Konservierungsstoffe, sodass das Essen insgesamt gesünder ist.

EXKURS: MIKROBIOM

Keine Frage: Manchmal ist ein starkes Medikament einfach notwendig. Doch »gesund sein« beginnt vor den ersten Symptomen: Viele Krankheiten entstehen nicht aus dem Nichts, sondern sind das Ergebnis jahrelanger Einflüsse aus unserer Umwelt (zum Beispiel Luft, Wasser oder Essen). Viele gesundheitliche Probleme werden nämlich durch Entzündungen ausgelöst, die wiederum durch ein Ungleichgewicht des Darms verursacht/ verstärkt werden können, denn unser Darm ist wie ein Wald: voller verschiedener Mikroorganismen, auch bekannt als »Mikrobiom« oder »Darmflora«. Je gesünder das Mikrobiom, desto gesünder der Mensch. Viele verpackte Lebensmittel tragen aber ihr Übriges dazu bei, um diese Vielfalt zu zerstören: Sie enthalten Zusatzstoffe, Geschmacksverstärker, extra Zucker – und nicht genug Nährstoffe. Eine einseitige Ernährung mit viel zusätzlichem Zucker und verarbeiteten Kohlenhydraten (zum Beispiel Instantnudeln, Tiefkühlpizza, Salami) kann sich also nicht nur mit einer allergischen Reaktion bemerkbar machen, sondern auch auf Dauer das Risiko für Diabetes und Übergewicht erhöhen, Hautausschläge, Pilzinfektionen, Schlafstörungen verursachen und sogar zu ADHS, Depression oder Angstzuständen beitragen. Wenn wir also Lebensmittelressourcen schonen und uns zugleich gesünder ernähren wollen, dann sollten wir weniger Zucker essen und stattdessen mehr frische Zutaten ohne Zusatzstoffe. Mit Probiotika (zum Beispiel Naturjoghurt, Sauerkraut) und Präbiotika (zum Beispiel Knoblauch, Apfel, Hafer) können wir zusätzlich die Darmflora aufbauen. Das trägt zu einem gesunden Körper und Geist bei und macht uns gegen Krankheiten resistenter.[58]

Inzwischen gibt es Initiativen, die »unperfekte« Lebensmittel verwerten, manche machen daraus sogar ein ganzes Geschäftskonzept. Für die Kundschaft heißt das, wie bereits erwähnt: je lokaler und je weniger verarbeitet, desto besser. Auch hier gilt: Fang klein an. Such nach leckeren Rezepten oder nimm dein Lieblingsrezept und koch los – allein oder mit anderen. Und falls du nicht jede Zutat parat hast, werde kreativ. Ersetze einfach eine der Zutaten mit einer anderen. Selbst gekocht schmeckt nicht nur besser und ist gesünder, sondern es trägt auch dazu bei, dass wir als Weltgestalter das Netz der weltweiten Beziehungen schützen.

Transport

Je nachdem, wie empfindlich die Produkte sind und wie lange der Transport dauert, verderben 20 bis 40 Prozent der Güter, bevor sie die Verkaufsstelle überhaupt erreichen. Um diesem Verlust entgegenzuwirken, wird das international verkaufte Obst und Gemüse frühreif geerntet. Dies wiederum beeinflusst den Nährstoffgehalt und Geschmack. Hinzu kommt, dass man Obst und Gemüse je nach Saison nur mit viel Wasser, Energie und Dünger produzieren kann, was die Umwelt belastet: Eine Erdbeere im Juni ist frischer und gesünder, weil sie zu dieser Saison in Deutschland geerntet wird. Eine Erdbeere mitten im Januar muss dagegen zum Beispiel aus Spanien importiert werden – das schmeckt man nicht nur, sondern durch den Transport wird auch unnötig CO_2 produziert. Saisonales Einkaufen hilft, diesem Trend entgegenzuwirken (Stichwort: Saisonkalender). Und wenn du die Möglichkeit hast, Tomaten oder Erdbeeren auf deinem eigenen Balkon oder in deinem Garten anzubauen, solltest du das unbedingt einmal ausprobieren! Auch hier könntest du klein anfangen und zum Beispiel zwei oder drei Erdbeerpflanzen im Blumentopf ziehen oder dir ein paar frische Kräuter auf die Fensterbank stellen.

Laden und Markt

Die Lebensmittel, die den Laden oder Markt erreichen, werden entsprechend der Vorlieben der Kundschaft präsentiert und verkauft. Wir alle kennen es: Die billigeren Artikel stehen im Regal eher unten oder hinten, die Süßigkeiten dafür nah bei der Kasse, weil sie eher impulsiv mitgenommen werden … Für uns ist an dieser Stelle das Mindesthaltbarkeitsdatum interessant: Wenn Lebensmittel dieses Datum überschritten haben, ist der Laden dazu verpflichtet, sie wegzuschmeißen. Dabei sind diese Produkte meist noch genießbar – je nach Produkt sogar einige Wochen lang! Wenn man also weiß, dass man das Produkt sowieso demnächst verbrauchen wird, ist ein Blick aufs Mindesthaltbarkeitsdatum sinnvoll: So können wir Lebensmittel vor dem Müll retten und oftmals sogar einen Rabatt erhalten. Für größere Veranstaltungen oder Einrichtungen kann man manchmal ganze Kisten voller Essen erhalten. Einfach nachfragen.

Und ja, leider wird auch in den Haushalten selbst Essen verschwendet. Aber auch hier können schon kleine Schritte Großes bewegen. So können wir zum Beispiel eine Einkaufsliste schreiben, vorplanen und einen Essensplan erstellen oder mal eine leckere »Restepfanne« zubereiten. Wenn wir einen kreativen Umgang mit Essen etablieren und es eher als Gestaltungsfeld ansehen, wird aus dem Problem ein Potenzial. Und wenn wir uns dann noch mit anderen zusammentun, können wir als Gruppe umso mehr bewegen!

Wasser – blauer Planet, leerer Hahn?

Unser blauer Planet hat auf den ersten Blick keinen Mangel an Wasser: Immerhin sind etwa 75 Prozent der Erdoberfläche von kilometertiefen Ozeanen bedeckt. Aber dieses Wasser ist wegen des Salzgehalts weder trinkbar noch für die Wässerung unserer Landwirtschaft geeignet. Man kann Salzwasser zwar theoretisch trinkbar machen, aber das Verfahren kostet enorm viel Energie. Nur 3 Prozent des Wassers weltweit gehören also zur Kategorie »Süßwasser«. Aber selbst davon ist das meiste unzugänglich (zum Beispiel das Eis der Antarktis). So bleibt nur 1 Prozent des weltweiten Wassers für uns Menschen nutzbar – in Form von Regen, Flüssen, Gletschern, unterirdischen Speichern und Seen.[59] Nicht gerade viel!

Dazu kommt noch, dass nicht alles Wasser, das zugänglich ist, auch nachhaltig verwendet wird. Erdöl, Chemikalien oder der Abfluss der Kanalisation erreichen nach wie vor viele Flüsse und Seen ohne angemessene Aufbereitung. Und in Städten wie Las Vegas verwendet man Millionen an Litern Wasser, um Springbrunnen und Rasen in einer Wüste zur Schau zu stellen. Wenn wir bedenken, dass zeitgleich 2 Milliarden Menschen (26 Prozent der Weltbevölkerung) immer noch keinen Zugang zu sauberem Trinkwasser haben, scheint das mehr als fraglich. Zudem können sich etwa 2,3 Milliarden Menschen (29 Prozent der Weltbevölkerung) nicht angemessen die Hände waschen. Und ganze 3,6 Milliarden Menschen (46 Prozent der Weltbevölkerung) haben keinen Zugang zu sicheren Toiletten.[60] Man muss nicht Mathematik studiert haben, um zu sehen, dass dieser Umgang nicht lange gut gehen wird!

Was bereits beim Essen deutlich wurde, sehen wir auch hier: Es sind nicht zwingend die Privatkundinnen und Privatkunden, die das meiste Wasser verbrauchen, sondern der Löwenanteil wird von der Landwirtschaft (70 Prozent) und der Industrie (19 Prozent) verbraucht.[61] Dabei variiert je nach Produkt das Ausmaß deutlich. So benötigt man für den konventionellen Anbau von 1 Kilo Baumwolle etwa 11 000 Liter Wasser – wovon über die Hälfte versickert oder verdunstet:[62] Bewässerungssysteme sind oft veraltet, undicht oder nicht ans lokale Klima angepasst. Zudem wollen Bäuerinnen und Bauern natürlich das anbauen, was am meisten Geld bringt, selbst wenn es viel Wasser verschwendet. Produkte wie Reis, Weizen, Baumwolle und Erdbeeren sind nun mal hoch im Kurs. Und auch hier tragen wieder nicht die einzelnen Betriebe die alleinige Verantwortung: Wir in Deutschland und der übrige Westen sind diejenigen, die diese Produkte kaufen. Wir machen das Geschäft also erst finanziell rentabel.

Was aber können wir daran ändern? Zum einen können wir aktiv, zum anderen passiv Wasser sparen. Die aktiven Wege kennst du sicher bereits: Den Wasserhahn nicht unnötig laufen lassen, beim Spülen, Waschen oder Duschen Wasser sparen, eher Duschen als Baden … Die gute Nachricht ist: Diese Maßnahmen wirken tatsächlich. Im Jahr 2000 betrug der durchschnittliche Wasserverbrauch pro Kopf in Deutschland 175 Liter pro Tag, 2015 waren es nur noch 110 Liter. Allerdings raten Fachkundige inzwischen dazu, an trockenen Tagen nicht zu sehr Wasser zu sparen: Durch die trockenen Sommer ist kein Regenwasser in der Kanalisation, sodass sie schneller verstopft. Wenn dann auch noch jemand Fett in den Abfluss gießt, brauchen die Kläranlagen mehr Wasser, um dieses wieder aus den Rohren zu spülen. Fazit: Wasser sparen bringt was, aber wir sollten unsere Strategie ans aktuelle Wetter anpassen.[63]

Aber die passiven Wege sind mindestens genauso effektiv, vielleicht sogar noch wichtiger: Da beim Anbau bestimmter Pflanzen viel Wasser verbraucht wird, bedeutet das, dass die Herstellung bestimmter Produkte auch viel Wasser in Anspruch nimmt. Ein Kilogramm Rindfleisch verbraucht zum Beispiel (je nach Statistik) etwa 2000 bis 3000 Liter Wasser: Die Tiere müssen nicht nur trinken, sondern sie essen das Korn, was vorher viel Wasser verbraucht hat.[64] Ähnlich ist es bei einem T-Shirt aus Baumwolle: Da kommen etwa 2500 Liter Wasser zusammen.[65]

Das bedeutet nicht, dass Fleischkonsum und Baumwollkleidung fortan tabu sein sollten. Aber es muss selten mehr als zweimal die Woche Fleisch auf unserem Teller liegen und wir müssen auch nicht jede Saison neue Shirts kaufen. Zudem lohnt ein Blick aufs Etikett: Wurde dieses Produkt vielleicht lokal gefertigt oder trägt es ein Fairtrade®-Label (mehr zu Fair Trade in Kapitel 11)? Das gibt uns eine grobe Orientierung, ob und wie bei der Herstellung auf Wasserverbrauch geachtet wurde. Das Maß und der ganzheitliche Blick machen einen Unterschied.

Obdach – Schutz und Wärme für Leib und Seele

Jeder hat das Recht auf einen Lebensstandard, der seine und seiner Familie Gesundheit und Wohl gewährleistet, einschließlich Nahrung, Kleidung, Wohnung, ärztliche Versorgung und notwendige soziale Leistungen, sowie das Recht auf Sicherheit im Falle von Arbeitslosigkeit, Krankheit, Invalidität oder Verwitwung, im Alter sowie bei anderweitigem Verlust seiner Unterhaltsmittel durch unverschuldete Umstände.

Allgemeine Erklärung der Menschenrechte, Artikel 25 (1)[66]

Jeder Mensch hat ein Recht darauf, einen Ort zum Wohnen zu haben. Dieses Recht wird vielen Menschen aber nicht gewährt: Ende 2020 waren etwa 82 Millionen Menschen auf der Flucht – das sind über 1 Prozent der weltweiten Bevölkerung, einer von hundert Menschen.[67] Auch wenn ich keine verlässlichen weltweiten Daten für genaue Zahlen gefunden habe, so kommen zu den geflüchteten Menschen weitere Personen hinzu, Menschen, die zum Beispiel aufgrund eines Jobverlusts oder anderer Faktoren ihre Wohnung verloren haben. Darüber hinaus haben viele zwar einen Wohnort, aber keine sichere Wohnung: Sie leben in prekären Wohnverhältnissen. Keiner weiß, wie viele Menschen wirklich zu der Gruppe derjenigen gehören, die kein sicheres Zuhause haben. Aber eins ist sicher: Hier geht es nicht nur um den alkoholkranken Mann auf der Straße, sondern auch um Leute, an die man so nicht denken würde und denen man die Not nicht gleich auf den ersten Blick ansieht. Es ist eine sehr durchmischte Gruppe Menschen, die aus allen möglichen Gründen in Wohnungsnot geraten, also kann man sie nicht alle über einen Kamm scheren.

Aber was heißt es, wohnungslos zu sein? Dazu muss man sich bewusst machen, was alles an einer Wohnung dranhängt: Ein Wohnort bedeutet zunächst Schutz vor Wind und Wetter und ein Ort, an dem man schlafen kann. Aber es bedeutet viel mehr als das: Mit einer Wohnung hat man eine offizielle Anschrift, was oft die Voraussetzung für eine Arbeitsstelle ist. Eine Wohnung schützt uns vor körperlichen Angriffen und ist ein Ort, an dem wir uns emotional fallen lassen können. Sie ist auch ein Ort, an dem wir unseren persönlichen Besitz sammeln und unserer Identität Raum geben: Selbst ein Minimalist wird sich meist ein oder zwei Gegenstände hinstellen oder aufhängen, um seine Wohnung einzurichten. In individualistischen Kulturen wie Deutschland oder Schweden hat der persönliche Geschmack eine große Bedeutung. In kollektiven Kulturen wie Japan oder den pazifischen Inseln steht dagegen eher das gemeinsame Leben und Arbeiten im Vordergrund. Was in jedem Fall deutlich wird: Wir Menschen schaffen uns einen Raum, an dem wir wohnen können. Der Raum drückt aus, was uns als Person oder Gruppe wichtig ist, und wir werden von unserem Wohnraum unbewusst geprägt.

Wer diesen Ort nicht hat, dem fehlen also viele Voraussetzungen zu einem guten Leben. Man fühlt sich unsicher, kann nirgendwo entspannen und ist immer in der Öffentlichkeit oder auf der Hut vor einem Überfall. Wer obdachlos ist, kann oft nicht arbeiten, und ohne Arbeit hat man nicht genug Gehalt, um sich eine Wohnung zu leisten. Zudem wird man ohne Wohnung sozial ausgegrenzt. Da ist es kein Wunder, dass psychische Belastungen dieses Problem noch zusätzlich verschärfen.

Das Thema Armut spielt in diesen Zusammenhängen eine große Rolle, führt aber für dieses Kapitel zu weit: Das werden wir unter Kapitel 12 genauer anschauen. An dieser Stelle soll es noch um den Begriff der »Heimat« gehen und was die Bibel dazu sagt.

Raum zur Entfaltung

Dazu kehren wir noch mal zum Schöpfungsbericht zurück (vgl. 1. Mose 1,1–2,3). Möglicherweise ist dir aufgefallen, dass Gott gleich am ersten Tag das Licht erschaffen hat, aber erst am vierten Tag Sonne, Mond und Sterne. Als Kind fand ich das unlogisch: Warum gab es vorher Licht und Dunkel, aber erst später die Lichter? Mein Professor für Altes Testament hat es mir später so erklärt: Der Schöpfungsbericht erklärt uns in der literarischen Struktur etwas über die Dinge, die Gott wichtig sind, die Reihenfolge der Tage macht dies deutlich: An den ersten drei Tagen erschafft Gott den Raum, an den darauffolgenden drei Tagen die zugehörige »Bewohner«.

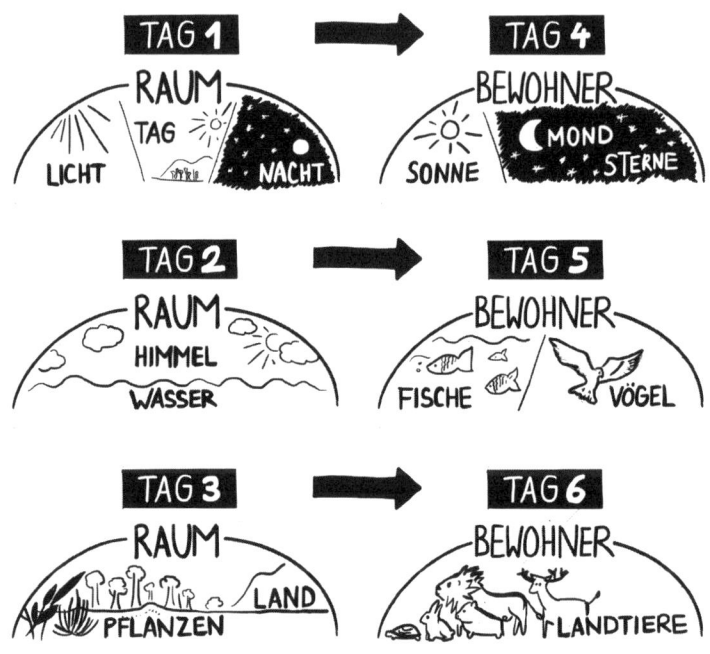

Im Grunde heißt das: Wer keinen (Wohn-)Raum hat, kann sich auch nicht als Bewohnerin bzw. Bewohner entfalten. Es ist wie mit Kreativität: Ohne Rahmen keine Möglichkeit, den Rahmen zu füllen. So ist Wohnungsnot ein tiefes, zu füllendes Bedürfnis, auch aus Sicht eines Weltgestalters.

Ein Leitmotiv der ganzen Bibel ist, dass Gottes Volk eine Heimat sucht. Noch dazu ist Gott selbst daran interessiert, dass sein

Volk eine Heimat findet: So sucht sein Volk das gelobte Land auf oder kehrt nach dem Exil ins Land zurück, das aber von fremden Mächten besetzt ist. Immer und immer wieder sind sie in der Spannung: Wir wollen ein Zuhause haben, haben aber auf Erden keine richtige Heimat.

Das Bild der Heimat begegnet uns sogar bei Gott selbst: Beim Zug durch die Wüste ist sein »Zuhause« die Stiftshütte, später dann der Tempel. Im Neuen Testament wohnt Jesus, der Sohn Gottes, bei den Menschen, und spätestens seit Pfingsten wohnt der Heilige Geist, Gott selbst, sogar in uns Menschen, die mit ihm in Beziehung leben. Das Thema der Heimat ist also nicht nur den Menschen wichtig, sondern auch Gott.

In der Welt, aber nicht von der Welt

Wenn wir das auf uns wirken lassen, kommen wir als Weltgestalter, genau wie die Israeliten, in eine Spannung: Natürlich wollen wir auf der materiellen Ebene dafür sorgen, dass wir und unsere Mitmenschen sicher wohnen können, und arbeiten darauf hin, dass Gottes Schöpfung, inklusive jedes Menschen, sich Gott entsprechend entfalten und in geheilten Beziehungen leben kann.

Auf geistlicher Ebene aber ist die Lage anders. Obdachlosigkeit und Heimatlosigkeit werden hier sogar zum Vorbild: Jesus sagt:

> Füchse haben ihren Bau und Vögel haben Nester,
> doch der Menschensohn hat keinen Ort, an dem er sich
> ausruhen kann.
> *Lukas 9,58*

Damit sagt Jesus nicht wörtlich, dass wir keinen festen Wohnsitz haben sollen. Aber er spricht von Prioritäten: Wer ihm nachfolgt, hat letztlich bei Gott seine Heimat – und Gott »wohnt« in ihm. Als

Weltgestalter sind wir zwar in der Welt, aber nicht in erster Linie an die irdischen Dinge, sondern an Gottes Weisung gebunden. Später lesen wir:

> Denn diese Welt ist nicht unsere Heimat; wir erwarten unsere zukünftige Stadt erst im Himmel.
> *Hebräer 13,14*

So sehr wir uns also für humanitäre Hilfe einsetzen, so sollten wir uns gleichzeitig nicht von irdischen Dingen abhängig machen: Der Obdachlose ist nicht erst dann ein »richtiger Mensch«, wenn er in einer Wohnung lebt, sondern jetzt schon Gottes Geschöpf. Und selbst wenn man in einer Luxusvilla lebt, sollte man sich fragen: »Könnte ich diesen Ort loslassen, wenn Gott mich darum bittet?« Wer auf Erden keine Heimat hat, findet sie im Himmel und kann entsprechend aus Gottes Hand anstatt aus seiner eigenen begrenzten Hand leben.

Könnte ich diesen Ort loslassen, wenn Gott mich darum bittet?

Sein ist bei dir

Je mehr ich über die Bedürfnisse von uns Menschen lerne, desto mehr wird mir persönlich bewusst: Ich gehöre zu den reichsten 1 Prozent der Weltbevölkerung. Ich hatte immer genug zu essen, trinken und einen festen Wohnsitz. Aber trotz dieser äußeren Sicherheit spürte ich eine ganze Weile lang eine innere »Obdachlosigkeit«: Ich fühlte mich zwischen vielen Welten gefangen, zum Beispiel zwischen den USA und Deutschland, dem Künstlermilieu und »normalen« Gemeindeleuten oder zwischen verschiedenen Alters- und Interessengruppen.

Im Theologiestudium nahm ich dann an einer Seelsorgeausbildung teil. Zu Beginn stellte der Leiter sich mit uns in einen großen Raum und sagte: »Stellt euch vor, auf dieser Seite des Raums ist Norddeutschland und hier ist Süden. Stellt euch dorthin, wo eure Heimat ist.« Tja, ich konnte diese scheinbar einfache Frage nicht beantworten – und die Gedanken ratterten: »Ich bin in San Diego geboren – das ist in den USA, nicht in Deutschland … aber dort habe ich kaum gewohnt … Ich könnte mich in die Gegend von Heidelberg stellen, da bin ich immerhin aufgewachsen. Aber das war für mich nie wirklich Heimat … Oder soll ich mich nach Ewersbach stellen, wo ich gerade studiere? Nichts davon stimmt!« Ich dachte einige Tage weiter darüber nach: »Wo bin ich wirklich zu Hause? Wo kann ich einfach ankommen? Wo kann ich einfach sein?« Ich rang und kämpfte, bis ich eine deprimierende Antwort für mich fand: »Nirgendwo. Denn egal, wo du bist, ein Teil von dir ist immer woanders.« Ich saß zu diesem Zeitpunkt auf einer Bank neben einem Feldweg in Ewersbach. Ich wusste, ich war hier irgendwie willkommen. Und doch gehörte ich nicht hierher. Mir kamen die Tränen. War das wirklich alles? Sollte ich für immer ein Fremdling sein?

In diese Situation sprach Gott hinein: »Nicole, du hast recht, du bist auf Erden nirgendwo zu Hause. Doch das ist okay, denn ich bin dein Zuhause.« Ich atmete auf: »Stimmt! Und wenn Gott überall ist, dann bin überall zu Hause!« Ich verließ die Bank mit einer selbstbewussteren Körperhaltung, als ich gekommen war, denn ich war nicht mehr »geistlich obdachlos«. Ich wusste, dass ich jetzt entspannter leben könnte – mit verschiedenen Leuten an unterschiedlichen Orten. Ganz ohne Druck und ohne überzogene Ansprüche: Ich kann Zeit mit ihnen genießen, doch sie müssen nicht meine Heimat werden. Denn das ist schon Gott für mich.

Mir ist bewusst, dass innere Unsicherheit etwas anderes ist als existenzielle Not. Aber ich erzähle dieses Beispiel trotzdem bewusst am Ende dieses Kapitels, weil wir als Weltgestalter immer wieder in dieser Spannung stehen: Wir sind, genau wie Jesus, in der Welt, und doch gehören wir genauso wenig wie er zu dieser Welt (vgl. Johannes 17,16). Vielleicht ist uns gerade das Bewusstsein um unser inneres Zuhause eine Hilfe, anderen dabei zu helfen, ihre irdischen Bedürfnisse zu stillen: Wir können erst dann wirklich bedingungslos lieben, wenn unsere Kapazität und Motivation nicht an äußere Bedingungen geknüpft sind wie an einen Ort oder eine bestimmte Person. Wir müssen keine Heimat in unserem Engagement oder den Umständen suchen, sondern haben einen Anker, der über alle Not hinausreicht. Das gibt uns umso mehr Kapazität, aus der Perspektive des Himmels die konkreten, irdischen Bedürfnisse vor Ort anzugehen. Lass uns also die Augen aufmachen und schauen, wo konkrete Grundbedürfnisse in unserer Umwelt sind. Lass uns mit aller Aufrichtigkeit diese Bedürfnisse angehen und auch unser Umfeld dazu anregen. Aber lass uns das Ganze mit einem Anker im Himmel tun. So werden wir nicht hin- und hergeworfen wie ein Boot in den Wellen, sondern können die Perspektive des Himmels in die Welt tragen.

Kapitel 8:
WIR LEBEN IN BEZIEHUNGEN

»Weißt du, Nicole, da gibt's was, was ich dir unbedingt sagen muss ...«

Ich schaue meine Freundin erstaunt an. »Ach ja, was denn?«

Wir sind zu dem Zeitpunkt seit fast zehn Jahren befreundet, und können miteinander immer offen reden. Sie erzählt mir oft ausgefallene Dinge: vom Gleitschirmfliegen, Urlaub auf Bali oder neuen kreativen Ideen. Aber ich habe sie nie so dringlich erlebt wie jetzt.

Sie holt tief Luft und sagt mit einem halb peinlich-berührten, halb selbstbewussten Lächeln: »Ich ... bin in einer Nichtbeziehung-Beziehung.«

Ich verstehe erst nicht. »Eine ... Nichtbeziehung-Beziehung?«

Sie erzählt mir von einem Typen. Er sei ihr Tanzpartner, sie wären super Freunde. Sie erzählt sogar intime Details. Direkt auf den Punkt gebracht. So wie ich sie kenne und liebe. Sie scheint ihn wirklich zu mögen.

»Aber wir sind nicht zusammen.« Fügt sie dann bestimmt hinzu. »Mir war es wichtig, dass du davon weißt.«

In meinem Kopf rattert es. »Was du erzählst, klingt aber sehr nach einer Beziehung. Was ist denn das Problem?«

»Da ist kein Problem.«

»Aber warum dann eine Nichtbeziehung?«

»Ich will nicht eingeengt werden. Ich will auch andere Erfahrungen sammeln können.«

Das scheint schon fast klinisch distanziert formuliert. Ich zucke innerlich, aber frage vorsichtig: »Ist das denn auch für ihn okay?«

»Ja, sicher.«

»Wirklich?«

»Ich habe ihm klargemacht, dass wir das offen gestalten müssen. Er war einverstanden.«

Ich muss zugeben, dass ich in dem Moment überfordert bin. Ich habe den Eindruck, als ob sie diesen Mann ausnutzen würde. Treue ist für mich die Grundlage jeder gelungenen Beziehung, wie kann sie nur so mit ihm umgehen! Offensichtlich ist sie anderer Meinung: Eine offene Beziehung habe nichts mit Untreue zu tun. Sie würde die Freiheit brauchen, um die Beziehung voll leben zu können. Das sei nicht egoistisch, denn er habe ja zugestimmt.

Meine Freundin ist, wie sie selbst sagt, keine Christin. Sie gestaltet ihr Leben nach anderen Werten als ich. Ich äußere offen meine Bedenken, aber verurteile sie nicht. Sie ist genauso offen und verurteilt mich auch nicht. Wir lassen nicht zu, dass unsere Meinungsverschiedenheit zu dieser »Nichtbeziehung-Beziehung« unsere Freundschaftsbeziehung trübt. Wir sind uns einig: Paarbeziehungen sind nicht das Einzige, was uns wichtig ist!

Was sind Beziehungen?

Wir alle leben in Beziehungen: Freundschaften, Familien, Beziehungen zu Partnerinnen und Partnern und anderen. Dazu kommen die weltweiten Beziehungen, die wir indirekt leben, indem wir zum Beispiel Dinge kaufen. Das Thema »Beziehungen« betrifft also jeden Menschen. Allerdings gibt es wenig Einigkeit darüber, was eine Beziehung überhaupt ist, geschweige denn, wie man sie gut gestaltet.

Laut dem Duden kann das Wort »Beziehungen« zwei Bedeutungen haben: »Verbindung, Kontakt zwischen Einzelnen oder

Gruppen« und »innerer Zusammenhang, wechselseitiges Verhältnis«.[68]

In diesem Buch liegt der Fokus generell eher auf der zweiten Bedeutung: Es geht in erster Linie um die Zusammenhänge und Verhältnisse zwischen Gott und der Welt. Dennoch soll es in diesem Kapitel um die erste Bedeutung gehen: um die Kontakte zwischen Einzelnen oder Gruppen. Dieser Kontakt kann zwischen Partnerin und Partner bestehen, aber auch zwischen der Ärztin und ihrem Patienten, oder einem Lkw-Fahrer und dem Supermarktverkäufer.

Warum sind (zwischenmenschliche) Beziehungen aber gerade für uns als Weltgestalter wichtig? Weil wir als Menschen immer in irgendeiner Form »mit-einander« Leben gestalten, in Beziehungen. Das gehört zum Menschsein dazu. Setzen wir noch eins drauf: Ohne Beziehungen ist der Mensch nicht richtig Mensch! Klar, es gibt auch einen Teil von uns, der ganz individuell ist. Aber du und ich wurden von anderen Menschen erzogen. Wir haben erst durch andere Menschen gelernt, Freude und Wut auszudrücken oder als Team zu arbeiten. Selbst, wenn du dich heute in deinem Keller verschanzen würdest – deine Konservendosen hast du wohl kaum selbst produziert. Martin Buber, ein jüdischer Philosoph im 20. Jahrhundert, drückte es in einem kurzen, tiefsinnigen Satz so aus: »Der Mensch wird am Du zum ich.«[69] Soll heißen: Das, was mich zu einem einzigartigen Ich macht, entsteht erst, wenn ich immer wieder anderen Menschen begegne. Und ein afrikanisches Sprichwort ist da erstaunlich ähnlich: »Ich bin, weil wir sind.« Die verschiedenen Kulturen und Zeiten sind sich also ziemlich einig.

Wie Gott sich Beziehungen denkt

Wie kann man nun aber als Weltgestalter Beziehungen nach Gottes Willen leben? Die Bibel gibt uns nicht einfach ein Set an ethischen Anleitungen.[70] Aber sie gibt uns Leitbilder, an denen wir uns orientieren können. Eines der wichtigsten Bilder finden wir dabei in der Schöpfungsgeschichte. Wir haben bereits den sogenannten »ersten Schöpfungsbericht« kennengelernt, jetzt gehen wir in den zweiten (vgl. 1. Mose 2,18-25).

Führen wir uns mal die Lage vor Augen: Gott schafft Adam, den ersten Menschen, und stellt ihn in den Garten Eden. Dann sagt er: »Es ist nicht gut für den Menschen, allein zu sein. Ich will ihm ein Wesen schaffen, das zu ihm passt« (1. Mose 2,18). Dieser Satz wird manchmal wie ein Pulverfass behandelt, was auch mit der Übersetzung Martin Luthers zu tun hat. Denn diese übersetzt: »Und Gott der HERR sprach: Es ist nicht gut, dass der Mensch allein sei; ich will ihm eine Hilfe machen, die ihm entspricht.« Für die einen ist das der Beweis dafür, dass eine Ehe besser ist als alles andere, für andere wiederum ein Beweis für die Frauenfeindlichkeit der Bibel. Aber stimmt das? Setzen wir kurz unsere Theologenbrillen auf, um es rauszufinden.

Schauen wir uns Luthers Übersetzung genauer an. Dieser schreibt:

> Und Gott der HERR sprach: Es ist nicht gut, dass der Mensch allein sei; ich will ihm eine Hilfe machen, die ihm entspricht. Und Gott der HERR machte aus Erde alle die Tiere, [...] brachte sie zu dem Menschen, [...] denn wie der Mensch jedes Tier nennen würde, so sollte es heißen. [...] aber für den Menschen wurde keine Hilfe gefunden, die ihm entsprach. Da ließ Gott der HERR

einen tiefen Schlaf fallen auf den Menschen, und er schlief ein. Und er nahm eine seiner Rippen und schloss die Stelle mit Fleisch. Und Gott der HERR baute eine Frau aus der Rippe, [...] Da sprach der Mensch: Die ist nun Bein von meinem Bein und Fleisch von meinem Fleisch; man wird sie Männin nennen, weil sie vom Manne genommen ist.

1. Mose 2,18-23; LUT 2017

Die einfach gehaltenen Bilder erinnern fast an ein Märchen. Aber lassen wir uns davon nicht täuschen: In diesem Schöpfungsbericht werden in kunstvoller Sprache gleich mehrere wichtige Basics für gelungene Beziehungen gezeigt.

Es ist nicht gut, dass der Mensch allein sei

Der erste Punkt, der auffällt: Gott sagt »Es ist nicht gut«. Im Textabschnitt davor hat Gott siebenmal gesagt, dass seine Schöpfung »gut« war. Was also findet Gott plötzlich, ausgerechnet im Paradies, »nicht gut«? Er findet es nicht gut, »dass der Mensch allein sei«. Dabei geht es nicht nur um Paarbeziehungen: Hier steht nicht, dass der Mann allein ist.[71] Gottes Problem an der Sache ist, dass der Mensch allein ist.[72] Mit anderen Worten: In diesem Text geht es generell um Menschen in Beziehungen. Die Beziehung zwischen Mann und Frau wird zwar hervorgehoben, aber es ist nicht das einzige Thema. So, wie bei dem Satz von Martin Buber oder dem afrikanischen Sprichwort: Ohne Beziehungen fehlt uns im Leben etwas ganz gewaltig!

Aber der Bericht geht weiter. Es wird erzählt, wie Adam die Tiere benennt. Das ist kein unnötiger Einschub, sondern betont das Thema »Beziehungen« und »allein sein«: Adam gibt den Tieren Namen. Wenn jemand damals einen Namen vergab, war das mehr als nur eine Bezeichnung. Es sagte etwas darüber aus, was dieser Mensch oder dieses Tier der Person bedeutete. Es war ein wenig so, wie wir es heute von Kosenamen her kennen: Wer von jemandem »Schatz« genannt wird, ist dieser Person wertvoll, und wer »kleine Maus« als Kosenamen erhält, ist wahrscheinlich süß und schützenswert. Ein Name sagt etwas über die Beziehung aus. Es geht um die Frage: »Wer bist du für mich?«.

Adam hat schon vor der Erschaffung der Frau eine Beziehung mit Gott und baut nun noch zusätzlich Beziehungen zu den Tieren auf. Aber trotzdem stellt er für sich fest: »Ich bin in einer Gruppe und doch allein. Da ist keiner, dem ich auf Augenhöhe begegnen kann.« Bis heute merken wir: Beziehung ist mehr, als einfach mit Leuten im selben Raum zu sitzen. Wenn da niemand ist, der einem »entspricht«, dann ist die Beziehung nicht wirklich erfüllend. Dann kann man sogar trotz Beziehungen allein sein.

Eine mächtige Hilfe auf Augenhöhe

Das Unglaubliche ist: Gott sieht Adams Situation. Er hätte bestimmt wichtigere Dinge zu tun gehabt, aber er sieht Adam in seinem Bedürfnis. Und was ist Gottes Lösung? Er »will ihm eine Hilfe machen, wie sie ihm entspricht« (1. Mose 2,18; LUT 2017), »ein Wesen schaffen, das zu ihm passt«. Hier geht es nicht um eine »Haussklavin«, im Gegenteil: Das Wort für »Hilfe« (hebräisch *ezer*[73]) wird im Hebräischen fast immer auf Gott bezogen. Gott der *ezer* Israels im Kampf gegen die Feinde – derjenige, durch den Rettung geschieht.[74] Wenn die Frau also eine Hilfe ist, dann als ebenbürtige Person, die Macht zum Helfen hat. Sie ist *ezer*, ein kompetentes Gegenüber. Sie wird aus Adams Rippe geformt und steht somit bildlich »an seiner Seite« und nicht unter oder über ihm. Als sie Adam vorgestellt wird, jubelt dieser voller Freude: »Die ist nun Bein von meinem Bein und Fleisch von meinem Fleisch; man wird sie Männin nennen, weil sie vom Manne genommen ist« (1. Mose 2,23; LUT 2017). Wenn Luther hier »Männin« übersetzte, versuchte er das Wortspiel im Hebräischen nachzuahmen: Mann und Frau heißen *ish*[75] und *isha*.[76] »Mann« und »Männin«. Das drückt aus: Sie sind aus demselben Holz geschnitzt. Jeder ist einander die Hilfe, die ihm »entspricht«.

In diesem scheinbar einfachen Text klingt also das biblische Ideal für Beziehungen an: Gleichrangigkeit, Respekt, gegenseitige Würde, Annahme auf allen Ebenen (und nicht nur körperlich oder geistig). Ja, der Text legt ein Augenmerk auf die Beziehung zwischen Mann und Frau, aber die Kernaussage ist für alle relevant: Ein entscheidender Punkt für Beziehungen ist, dass wir nicht allein sind – weder räumlich noch seelisch. Darüber hinaus ist die gegenseitige Hilfe bedeutend. In der Ehe oder Freundschaft geschieht das gleichrangig, zwischen Vater und Tochter gibt es hingegen ein Gefälle. Aber alle Beziehungen sind dann »gut«, wenn sie so sind, wie es dem Menschen »entspricht«.

Die Realität sieht anders aus

Nun ist die Realität offensichtlich nicht so rosig. Heile Beziehungen sind gewollt, aber nicht überall gegeben. Warum?

Darauf haben Leute ganz unterschiedliche Antworten. Heute wie damals. Das Volk Israel war umgeben von anderen Völkern, wie zum Beispiel den Ägyptern, Babyloniern oder den Griechen. Ihre Mythen und Erzählungen geben Einblick in die Werte, die die Menschen dieser Volksgruppen hatten. Ein Vergleich dieser Erzählungen mit der Bibel zeigt, wem Menschen die Schuld an kaputten Beziehungen gaben – und bis heute hat sich daran nicht viel geändert. Lass uns kurz zwei Ideen vergleichen: die griechische Sicht (stellvertretend für die menschliche Haltung) und biblische Sicht (stellvertretend für Gottes Perspektive für uns als Weltgestalter).

Bei den Griechen ist der Beginn der Erschaffung des Menschen ähnlich wie in der Bibel: Prometheus schafft den Menschen aus Lehm, im Bilde der Götter, und erweckt ihn durch göttlichen Atem zum Leben. Erinnert an 1. Mose 2,7, oder? Doch der Göttervater Zeus wird sauer, weil Prometheus seine Menschen dazu bringt, weniger Opfergaben zu bringen. Und Prometheus? Der wagt es auch noch, den Menschen Feuer zu geben – den Weg zum Fortschritt! Das geht Zeus so gegen den Strich, dass er sich rächen will. Deswegen schafft er mit den anderen Göttern die erste Frau und nennt sie Pandora (griechisch: *pan-dora* für »Geschenk für alle«). Es stellt sich als verhängnisvolles Geschenk heraus: Zeus gibt Pandora eine Kiste, ohne ihr zu sagen, was darin verborgen ist. Als sie die Kiste öffnet, entspringen ihr alle Arten des Leidens und füllen die Welt der Menschen. Schließlich rechnet Zeus noch mit Prometheus persönlich ab: Er lässt ihn an einen Felsen ketten, und jeden Tag kommt ein Adler, um ihm die Leber aus dem Leib zu fressen. Und da Prometheus unsterblich ist, wächst die Leber täglich nach, sodass er ewig leiden muss.[77]

Diese Geschichte sagt aus: Die Menschen sind unschuldige Spielbälle. An allem Leid sind die Götter schuld. Frauen sind ein Fluch, den Zeus der Welt in den Weg schmiss, und selbst die Götter sind voreinander nicht sicher. Natürlich kann man das Denken der Griechen nicht einfach so auf uns oder andere Kulturen übertragen. Aber ein Grundgedanke ist bis heute in den meisten Kulturen wiederzufinden: Kaputte Beziehungen haben im Kern mit den anderen zu tun: den anderen Göttern, den anderen Menschen, den anderen Konzernen. Man hört oder sagt so Sätze wie »Immer sind die anderen gegen mich«, »Wenn ich doch besser aussehen würde, würden die Frauen mich nicht sofort abservieren« oder »Männer sind Schweine«. Solche Sätze sagen im Grunde: »Ich wäre ja gut, aber die da draußen haben mich kaputt gemacht.«

In der Bibel ist es dagegen andersrum: Gott schafft die Menschen direkt für volle, verantwortliche Gemeinschaft. Die Frau ist kein Stolperstein der Götter, sondern ein Geschenk ohne hinterlistige Maschen: sie ist die mächtige »Hilfe«, über die sich der Mann freut. Aber dann lassen sich der Mann und die Frau von der Schlange dazu verführen, die Frucht vom verbotenen Baum zu essen (vgl. 1. Mose 3). Sie hatten alles zur Verfügung, aber gehen genau den Weg, den sie nicht gehen sollen. Daraufhin rennen sie vor Gott weg, weil sie sich schämen. Und als Gott nach ihnen ruft, beschuldigen sie sich gegenseitig, anstatt ehrlich zu sein. Mit anderen Worten: Der Ärger kommt daher, dass die Menschen sich bewusst von Gott abwenden, und das wiederum führt zu kaputten Beziehungen.

Fortan leben Mann und Frau nicht mehr in der heilen Gemeinschaft, die sie vorher hatten: Die Frau wird an den Schmerzen der Geburt leiden, aber auch an der Unterdrückung ihres Mannes. Das ist umso tragischer, weil sie sich eigentlich nach ihm sehnt. Und der Mann wird nur mit harter Mühe das Überleben der Familie sichern können. Tragisch? Ja. Aber ganz wichtig: Diese Aussagen Gottes sind nicht das, was sein soll, sondern das, was ist. Scham, gegenseitige Schuldzuweisung und Unterdrückung entsprechen nicht Gottes Ordnung, aber sie sind auch mehr als individuelle böse Taten. Sie sind ein Netz aus kaputten Beziehungen, und erst das führt zu bösen Taten – oder Sünde, wie es die Bibel nennt.

Sünde ... echt jetzt?

In unserer heutigen Welt von »Sünde« zu sprechen, scheint aus der Zeit gefallen. Hat die Kirche nicht genug Schaden mit ihren Moralpredigten angerichtet? Aber aus einer christlichen Weltgestalter-Perspektive betrachtet, ist Sünde ein Teil des Kreises, den wir nicht einfach weglassen können. Sonst wäre es so, als ob man ein Problem unter den Teppich kehrt, anstatt es wirklich zu lösen.

Warum ist Sünde unser Problem, wenn wir doch nicht als einzelne Leute an allem schuld sind? Ein bisschen ist es mit dem Klimawandel vergleichbar: Wir haben als einzelne Leute zwar nicht den Klimawandel verursacht, dennoch ist jede einzelne Person darin verstrickt. Niemand von uns kann das Problem allein lösen, und doch sind wir alle verantwortlich. So sind wir schuldig, auch wenn wir nur bedingt etwas für die großen Probleme können.

Das reale Problem der Sünde ist also nicht die einzelne böse Tat, die wir tun, sondern die Tatsache, dass wir alle in Sünde verstrickt sind. Wir leben in kaputter Beziehung, so ist es doch unser Problem. Und wie lösen wir das? Gar nicht – Gott löst es: Er hat unsere

Sünden vergeben. Das bedeutet aber eben nicht, dass er einfach alles unter den Teppich gekehrt hat. Es heißt, dass Gott es sich alles kosten ließ, um diese tiefen Wunden zu heilen. Es war schmerzhaft, und Unrecht ist dadurch nicht ungeschehen gemacht. Aber es ist ein Weg geschaffen, um sich fortan auf Gottes Versöhnung zu stellen. Das gilt für unser Leben nach dem Tod, aber auch ganz konkret für unser Leben im Hier und Jetzt in unseren zwischenmenschlichen Beziehungen.

Wie wird das Ganze aber praktisch? Es gibt unzählige Beziehungsratgeber, TED-Talks und Coaches, die sich damit beschäftigen. Ich werde hier nur einige Tipps weitergeben, die ich selbst als heilsam und nützlich erlebt habe, und zeigen, wie ich es in meinem Leben konkret erfahren habe.

Alles beginnt bei 1, 2 und 3

Wenn wir Impulse aus der Bibel und aus verschiedenen Bereichen der Psychologie zusammennehmen, kristallisieren sich für mich drei »Grundregeln« für reifende Beziehungen heraus. Dabei wird man nie alle Regeln perfekt umsetzen, aber sie sind eine Orientierung, auf die man sich zubewegen kann.

1. Die einzige Person, die wir verändern können, sind wir selbst

Die erste Regel sagt im Grunde: Hör auf, dein (Un-)Glück auf andere zu schieben. Du kannst Leute beeinflussen, ermutigen und dich sogar für sie einsetzen. Aber du kannst ihre Meinung nie ändern, geschweige denn ihr Verhalten oder ihre Einstellung zu einer Beziehung. Fang als Weltgestalter also bei deiner inneren Welt an, fang bei dir selbst an.

Eigentlich ist das logisch. Aber oft folgen wir dieser Regel nicht. Stattdessen nutzen wir das Verhalten anderer Leute als Ausrede, um uns aus der Nummer rauszuziehen: »Ich wäre glücklich, wenn da nicht diese Person wäre …« Es stimmt, dass die Welt ungerecht ist. Aber wenn wir nicht aufpassen, stürzt uns dieser Gedanke in ewiges Selbstmitleid. Dann werden wir bitter oder schotten uns von guten Beziehungen ab. Um es drastisch auszudrücken: Ob man zur rachsüchtigen Bedrohung wird oder zum Opfer, das sich alles gefallen lässt – beide haben etwas gemeinsam: Sie lassen ihr Glück von anderen bestimmen.

> **Nur, wer an seinem Teil der Beziehung arbeitet, kann Beziehungen wirklich frei gestalten.**

Die Wahrheit ist aber: Wir können nur unseren Teil der Beziehung ändern. Punkt. Es bedeutet nicht, dass der andere keine Verantwortung hat oder dass ich mich nie verletzt fühle. Aber ich kann trotzdem zur Heldin bzw. zum Helden meiner eigenen Lebensgeschichte werden, indem ich sage: »Das, was andere mir antun, ist nicht der Fahrplan meines Lebens.« Mit anderen Worten, es ist nicht meine Identität. Das bedeutet konkret: Ich trage die Verantwortung für meine Rolle in Beziehungen. Nicht mehr, aber auch nicht weniger. Ich schau mich selbst an. Ich erkenne dabei, dass ich neben den guten Seiten auch an manchen Schwächen arbeiten muss. Das ist nicht immer lustig! Aber nur, wer sich selbst kennt, kann an sich selbst arbeiten. Und nur, wer an seinem Teil der Beziehung arbeitet, kann Beziehungen wirklich frei gestalten.

2. Beziehung ist Bewegung und braucht Zeit

Wir leben Beziehungen zu Gott, uns selbst, einander und der Schöpfung – und zwar in vielen kleinen Schritten. Die Schritte im Einzelnen sehen nicht nach viel aus, aber ergeben gemeinsam eine Bewegung. Das gilt für zwischenmenschliche Beziehungen genauso wie für alle anderen Lebensbereiche. Gerade, wenn eine Beziehung in einer herausfordernden Phase steckt, kann uns diese Perspektive abhandenkommen. Daher ein Zuspruch an dich und jede Person deines Umfeldes: Eure Beziehung bewegt sich! Selbst, wenn nur du eine Gestaltungsbereitschaft mitbringst, so kannst du doch an deinem Anteil etwas machen. Und wenn ihr sogar beide die Bereitschaft zur Gestaltung mitbringt, dürft ihr umso zuversichtlicher sein, denn in guten Phasen könnt ihr euch an der Bewegung freuen, und in schweren wisst ihr, dass diese Krise nicht ewig andauern wird. Gemeinsam habt ihr einen Einfluss darauf, euch in Slow Motion miteinander zu bewegen!

3. Reife Liebe dient dem anderen, anstatt nur uns selbst

So sehr man auch an sich selbst arbeitet, man ist nicht nur für sich selbst da. Wir alle brauchen Liebe und Zuwendung. Das würde kaum jemand bestreiten. Aber was bedeutet Liebe eigentlich? Man kann ein Sandwich lieben, einen Fußballverein, seine Partnerin bzw. seinen Partner oder sein Geld. Das ist wohl kaum dasselbe! Unreife Liebe will nur etwas bekommen, reife Liebe will dagegen der anderen Person dienen. In der Bibel gibt es mehrere Worte für »Liebe«, und die zeigen diesen Unterschied sehr deutlich: *Eros*, *Philia* und *Agape*. Alle drei Formen können »reif« oder »unreif« gelebt werden. Aber nach christlichem Denken kann nur Agape die Grundlage von vollen, reifen Beziehungen werden. Es ist das Fundament, auf dem die anderen Formen der Liebe dann zu ihrem reifen Platz finden. Warum das so ist, sehen wir gleich. Zunächst soll es um die drei Formen der Liebe gehen:

Eros

Eros ist die leidenschaftliche Liebe: Schmetterlinge im Bauch, das Verlangen, vom anderen geküsst zu werden, sexuelle Lust … Es ist eine Liebe, die vor Leidenschaft brennt und den anderen »haben« will. Im Gegensatz zu so mancher christlichen Moraltheologie will ich betonen: *Eros* ist an sich nicht falsch. Leidenschaft gibt uns das Gefühl, wirklich emotional ergriffen zu sein, anstatt einfach aus Pflicht etwas zu tun. *Eros* ist, genau wie die anderen Formen der Liebe, von Gott gegeben. Aber wenn man sich nur auf *Eros* verlässt, haben wir eine sehr unreife, egoistische Liebe: »Ich will dich, weil du mir ein tolles Gefühl gibst. Und wenn ich keine Lust mehr habe, dann liebe ich dich nicht mehr und such mir jemand Neues.« So ist *Eros* für sich genommen unbeständig. Wer nur dann »liebt« und »geliebt« wird, wenn diese Leidenschaft da ist, wird im Leben enttäuschen und enttäuscht werden.[78]

Philia

Das Wort *Philia* bedeutet »freundschaftliche Liebe«. *Philia* kannst du empfinden, wenn du einer Kollegin hilfst oder mit deiner Familie eine Grillparty feierst. Du fühlst eine Verbindung zu den anderen und wünschst dir, gemeinsam mit ihnen etwas Gutes zu erleben. Dieser Wunsch ist aber nicht so stark wie das intensive Verlangen bei *Eros*. Und: Es muss eine Gegenseitigkeit darin liegen. Beim One-Night-Stand kann man zum Beispiel *Eros* fühlen, ohne verbindlich zu sein. Und auch ein Schwarm, den man von der Ferne anhimmelt, kann *Eros* auslösen. Bei *Philia* ist das anders: Man vertraut einander und will, dass der andere das auch tut. Aber eine Sache hat *Philia* mit *Eros* doch gemeinsam: Im Grunde will man etwas für sich bekommen. Das ist gar nicht verwerflich, denn jeder Mensch hat Bedürfnisse, die durch Beziehungen gestillt werden dürfen. Doch wir Menschen haben damit auch ein Problem, das man nicht verschweigen sollte: Wer nie gesunde Vorbilder für solche Beziehungen hatte, wird auch nur sehr schwer so eine gerecht aufgeteilte Liebe leben können. Und wer zu oft enttäuscht wurde, erlebt irgendwann die Grenze dieser Liebe. Zudem können schwere traumatische Erlebnisse Menschen so sehr schädigen, dass sie nicht mehr beziehungsfähig sind. Sei es in der Beziehung von Ehepartnern, Kindern und Eltern oder auch den Beziehungen zwischen Religions- und Volksgruppen: Es gibt Gräben, die durch *Philia* nicht überbrückt werden können.[79]

Agape

Aber es gibt noch die dritte Form der Liebe: *Agape*: Diese ist nach christlichem Denken die reifste Form der Liebe. Sie verlangt keine Gegenleistung, sondern liebt, weil sie dem anderen dienen will. Diese Liebe wird vom Apostel Paulus in seinem berühmten »Hohelied der Liebe« beschrieben (vgl. 1. Korinther 13,4-8): Sie ist geduldig und freundlich, sie muss sich nicht selbst wichtigmachen, ist nicht egoistisch und zählt nicht penibel alle Fehler von anderen. *Agape* achtet dabei auch die Bedürfnisse, Grenzen und Wünsche des anderen. Diese Liebe ist da, wenn andere liebenswert sind, aber auch, wenn sie das gerade nicht sind. Sie ist dauerhaft: »Die Liebe wird niemals aufhören […]« (1. Korinther 13,8).

So eine Liebe ist, im Gegensatz zu *Eros* und *Philia*, eigentlich unmöglich. Sie ist das Ideal, das wir alle spüren wollen, aber was niemand von sich aus geben kann. Doch das ist Teil der guten Nachricht, die Gott uns gibt: Gott ist Liebe, *Agape*-Liebe! Mit anderen Worten: Gott kommt als Liebe in Person zu uns und sagt »Ich nehme euch in *Agape* an. Wenn ihr mich kennt, habt ihr alle *Agape*-Liebe und könnt sie an andere weitergeben.« Für unsere Beziehungen, sei es nun eine Ehe, eine Freundschaft oder eine andere Form von Beziehung, gilt: Wenn wir uns von Gottes Liebe verändern lassen, dann ist das unsere *Agape*-Grundlage. Dann sind nicht nur wir selbst auf ewig versorgt, sondern können sogar (wenn auch nicht in Vollkommenheit) andere Menschen lieben, wie Jesus das getan hat (vgl. Markus 12,29-31). Wir werden zu einer lebendigen Quelle, die überall Leben fördert, wo sie hinkommt. Nicht aus Zwang oder weil wir etwas dafür bekommen, sondern weil *Agape* uns satt macht und zur Grundlage der anderen Formen von Liebe wird. In diesem Rahmen finden *Eros* und *Philia* wiederum ihren angemessenen Platz: Wir können partnerschaftliche und freundschaftliche Liebe geben und nehmen, ohne davon abhängig zu werden, und so plötzlich anderen dienen, ohne dass es uns zerstört.[80]

In der Praxis ganz schön herausfordernd

Diese drei »Grundregeln« sind ein guter Anfang in Sachen zwischenmenschlicher Beziehung. Doch wenn es darum geht, diese Haltungen konkret umzusetzen, können Ratgeber eine sinnvolle Ergänzung sein: Sie helfen uns, Gottes Liebe so zu zeigen, dass unsere Mitmenschen sie authentisch spüren können. Darum kommen hier nun meine persönlichen Lieblingsimpulse, um Beziehungen gut zu gestalten – praktisch dargestellt an einer herausfordernden Beziehung, die ich zu einem Kommilitonen an der Kunstakademie hatte. Die drei »Grundregeln« haben mich dabei von Anfang an begleitet, wurden aber durch diese Tipps immer konkreter.

Die fünf Sprachen der Liebe

Vermutlich hast du von diesem Konzept schon gehört. Gary Chapman hat in seinem Buch »Die 5 Sprachen der Liebe« beschrieben, dass Menschen im Grunde fünf verschiedene Ausdrucksformen (Sprachen) für Liebe/Zuneigung haben:

- Geschenke (Plätzchen, Blumen, eine Kinokarte),
- Zärtlichkeit (Umarmungen, Küsse, aber auch generell Berührung),
- Zweisamkeit (Zeit mit der Person),
- Worte der Ermutigung (ein Geburtstagsgruß, Komplimente),
- praktische Taten (den Müll rausbringen, etwas reparieren).[81]

Jeder und jede von uns kann diese fünf Sprachen einsetzen, doch meist liegt die eine oder andere Sprache uns mehr als der Rest. Warum ist das wichtig? Weil ganze Freundschaften, Partnerschaften, Familien und Arbeitsverhältnisse an Übersetzungsfehlern scheitern können: Wir wollen Liebe in der einen Sprache bekommen oder geben, und sind dann enttäuscht, wenn andere das nicht so erfüllen oder verstehen. Da hat dir der Kollege oder die Pastorin nicht zum Geburtstag gratuliert, obwohl dir das wichtig ist. Oder ein Kind fühlt sich einsam, weil die Eltern ihm viele Geschenke kaufen, aber es kaum in den Arm nehmen. In solchen Situationen fühlen Menschen sich ungeliebt, weil sie die Liebe in einer ihnen fremden Sprache bekommen, und nicht zwingend deshalb, weil die andere Person sie nicht liebt.

Ich habe im Fall meines Kommilitonen viele Konflikte gehabt, weil er entweder gar nichts sagte oder meine Arbeitsweise laufend kritisch kommentierte. Dies fasste ich als Nörgeln und als feindselige Haltung auf. Aber dann kam der Tag, an dem ich in der Uni anfing zu weinen, weil mein Opa gerade gestorben war. Und ausgerechnet dieser Kommilitone sah mich in diesem Zustand! Ich dachte: »Na toll, das hat mir gerade noch gefehlt!« Aber diesmal nörgelte er nicht, sondern ging, ohne zu zögern, mit mir spazieren und hörte mir zu. Er war also nicht per se so kalt und kritisch, sondern einfach jemand, der seine Fürsorge in Form von praktischen Taten oder Ratschlägen zeigte. Natürlich war manches trotzdem unangebracht gewesen, aber eben nicht alles. Denk also nicht sofort das Schlimmste von der anderen Person. Schau, welche Sprache sie braucht, nicht, was du gern gibst, und zwar nicht nur in Konflikten, sondern auch in angenehmen Momenten. Nach und nach kannst du dann zeigen oder erklären, wie du gern Zuwendung erfahren würdest. Wenn wir anderen mit ihrer Sprache entgegenkommen, sind sie offener, auch auf uns einzugehen, und das kann das Miteinander sehr unterstützen!

Die vier Bindungsstile

Jeder Mensch hat ein natürliches Bedürfnis, Beziehungen zu emotional nahestehenden Personen aufzubauen. Es gibt aber unterschiedliche Arten, wie ein Mensch diese Bindung ausleben kann: Man unterscheidet vier sogenannte Bindungsstile voneinander, also grundlegende Arten, wie eine Person sich zu ihrer Umwelt verhält.[82]

Ein sicherer Bindungsstil tritt ein, wenn das Kind in den ersten zwei Lebensjahren angemessen versorgt und geliebt wurde. Die anderen Stile treten meist bei ungesunden Entwicklungsumfeldern auf.[83]

- **Autonom (sichere Bindung):** Man fühlt, dass die Welt und die Menschen einem gut gesonnen sind. So kann man selbstbewusst Entscheidungen treffen und gleichzeitig auf angemessene Weise Beziehungen zu anderen Menschen aufbauen.
- **Verstrickt (ängstliche Bindung):** Man meint, als Person nicht genug zu sein, also sucht man ständig Bestätigung in der anderen Person. Man klammert, kontrolliert und mani-

puliert zum Beispiel seine Mitmenschen, weil man ständig Verlustängste hat.

- **Distanziert (vermeidende Bindung):** Das Gegenteil der ängstlichen Bindung. Man hat Angst davor, von Menschen zu sehr eingeengt zu werden. Dauerhafte Bindung und Ausdruck von ehrlicher Liebe wird oft durch überspielten Sarkasmus und eine harte Schale weggeschoben bzw. verhindert, aber gleichzeitig fühlt man sich wichtig, wenn eine Person auf einen angewiesen ist.
- **Diffus (desorganisierte Bindung):** Diese Bindung kann bei einer besonders traumatischen und instabilen Kindheit auftreten. Hier könnte man in einem Moment den anderen verbannen, im nächsten Moment sich an ihn klammern und im nächsten Moment wieder distanziert sein. Diese Bindungsform ist zum Glück am seltensten, denn sie ist unberechenbar und am schwersten zu navigieren. Eine Therapie kann bei allen »nicht sicheren« Bindungsstilen helfen, aber angeraten ist sie insbesondere bei einem diffusen Verhaltensmuster.

Natürlich sind wir alle mal ängstlich oder distanziert. Das ist auch nicht weiter schlimm. Hier aber geht es um grundlegende Muster: Was ist tendenziell unsere natürliche Reaktion? Wenn ein Verhalten über längere Zeit hinweg und unabhängig von konkreten Situationen auftritt, hat man es meist mit einem tieferen Muster zu tun. Wer sich sein Muster bewusst macht, kann den eigenen negativen Tendenzen entgegenwirken. Therapie kann hierbei eine große Hilfe sein, um unbewusste Muster aufzudecken, genauso wie Seelsorge und das Gespräch in einer ehrlichen Freundschaft sehr aufschlussreich sein können. Es ist schmerzhaft, aber es ist im besten Sinne »ent-täuschend«: Die Täuschung wird aufgedeckt und macht Platz für neues Wachstum.

Im Fall meines Kommilitonen hätten mir die Bindungsstile viele Missverständnisse erspart. Dieser Mann stellte mir auffällig viele Fragen zu meiner Kunst und meinem persönlichen Leben, aber gab von sich selbst fast gar nichts Persönliches preis. Er war, wie schon erwähnt, äußerst kritisch in seiner Ausdruckweise – und doch fragte er mich einmal, ob wir ins Kino gehen wollten. Damals konnte ich sein Verhalten überhaupt nicht verstehen. Ich dachte, der Kerl könne mich nicht leiden und die Einladung solle einfach ein weiterer sarkastischer Schlag ins Gesicht sein. Im Rückblick stellte ich fest, dass er mich möglicherweise sehr wohl leiden konnte, aber gleichzeitig nicht in der Lage war, dies auf vertrauensvolle Art auszudrücken. Ich heiße deswegen nicht alles gut, was er tat, doch ich kann es besser einordnen: Er hatte höchstwahrscheinlich eher einen distanzierten Bindungsstil. Ich würde seine Kommentare heute also nicht mehr persönlich nehmen – und könnte gleichzeitig meine Grenzen besser kommunizieren, denn ich würde wissen, dass er vermutlich aus innerer Unsicherheit heraus gehandelt hat und nicht aus Ablehnung oder Missmut.

Die Perspektive des Himmels ins Leben holen

Zum Schluss möchte ich uns an unsere Perspektive als Weltgestalter Gottes erinnern: Wir haben einen offenen Himmel über uns, und wir können jederzeit Gott bitten, dass sein Reich komme und sein Wille geschehe. Als ich für mein Praktikum auf Zypern war, lehrte uns der Redner Roy Godwin eine einfache Weisheit: Gebet hilft uns, Gottes Perspektive ins Leben zu holen. Bete also für deine Situationen! Denn jedes Mal, wenn wir für jemanden beten, sagen wir im Grunde, dass Gottes Wille in diese Situation kommen soll. Wir nehmen die Perspektive des Himmels ein: Wie sieht Gott diese Situ-

Gebet hilft uns, Gottes Perspektive ins Leben zu holen.

ation und diesen Menschen? Wir können als Ebenbilder Gottes mit Vollmacht sagen: »Gott, segne diese Person! Tu ihr Gutes, sodass ihre Beziehungen zu dir, zu ihren Mitmenschen, ihr selbst und dem Rest der Schöpfung zu einem heileren Verhältnis kommen.« Auch und gerade dann, wenn wir diese Person anstrengend finden.

Genau das tat ich auch im Fall meines Kommilitonen: Jeden Tag nahm ich mir ein paar Minuten Zeit, um ihn zu segnen – seine Gesundheit, seine Familie, seine Wohnung, seine Ideen, sein Studium, wenn er unterwegs war und wenn er sich schlafen legte … Und das machte den entscheidenden Unterschied. Vorher hatte ich vor allem reagiert: Der Kommilitone macht dies, also mache ich das. Aber jetzt nahm ich die Perspektive des Himmels ein: Ich konnte den Himmel in das Leben dieses Mannes rufen – und damit auch in mein Leben. Ich bekam ein Gefühl dafür, dass Gott auch ihn so unglaublich liebt, und merkte, dass er aus Schmerz heraus handelte und nicht unbedingt, weil ich etwas gemacht hatte. Aber nach und nach erkannte ich auch die Stellen, an denen ich wirklich etwas falsch gemacht hatte. Anstatt in einer Spirale von Schuld und Gegenschuld zu stecken, konnte ich das alles loslassen und den Menschen immer mehr so sehen, wie Gott ihn sah. Und dann, als der Kommilitone mir besonders negativ entgegenkam, konnte ich ohne Wut mit ihm reden. Von da an besserte sich unser Umgang miteinander. Ohne diese Segensgebete hätte ich wahrscheinlich nicht erkannt, dass ausgerechnet dieser Mann mich in meiner Trauer unterstützen könnte. Am Ende waren wir sogar fast so was wie Freunde. Auch wenn ich inzwischen den Kontakt zu ihm verloren habe, werde ich diesen deutlichen Wandel der Situation nie vergessen.

Gott hat Menschen in Beziehung zueinander geschaffen, und wenn wir seine Perspektive ins Leben rufen und dann Schritt für Schritt leben, ist es erstaunlich, was er daraus macht! Ich habe es selbst erlebt und möchte auch dir für dein Umfeld Mut machen: Da, wo du bist, ist der Himmel offen. Da, wo du mit Gott unterwegs bist, geht sein Geist mit in die Situation. Ob das beim Gespräch mit deinem Opa oder deiner Chefin ist, in deiner Partnerschaft oder auch in deinem Verhältnis zu anderen Kulturen und Gesellschaftsschichten. Die Art, wie wir Beziehungen gestalten, prägt die ganze Welt. Und wenn du auf seinem Fundament der *Agape*-Liebe stehst, rücken selbst die anstrengendsten Beziehungen in ein neues Licht. Du wirst nach wie vor Herausforderungen erleben, aber die Pinsel zum Malen sind dir in die Hand gegeben. Bitte Gott um seine Perspektive, und schau, was in deinen Beziehungen passiert!

Kapitel 9:
MEHR ALS NUR EIN BROTERWERB?

Ein Bauernhof in der Wüste Arizonas, 1960er-Jahre

Amelia Eva Moreno, von allen nur Eva genannt, hört den Hahn krähen und reibt sich die Augen. Es ist vier Uhr morgens, draußen ist es noch dunkel.

Sie stubst ihren Mann Benito an: »Guten Morgen, Schatz.«

»Morgen …«, brummt Benito verschlafen.

Hierzulande muss man die frühen und späten Stunden nutzen – bevor die Hitze unerträglich wird. Eva und Benito ziehen sich schnell an: Die Erntehelfer werden bald da sein und Benitos Anweisungen erwarten. Die Farm erstreckt sich über 300 Hektar, und die Wassermelonen ernten sich nicht von selbst. Genauso wenig wie der Knoblauch. Und dann müssen die Produkte auch noch zum Markt gebracht werden.

Eva wirkt in ihrem Karohemd und der Hornbrille auf der Nase zierlich. Aber ein Blick auf ihre Militärstiefel sagt alles: Keiner sollte ihr querkommen! Benito sieht mit seinem einfachen Hemd und der Jeans ebenfalls umgänglich, aber imposant aus. Nicht umsonst wird er »Hidalgo« gerufen – eine Person, die trotz ihres unadeligen Blutes wie ein Herrscher geachtet wird. Er spannt seine Hosenträger und greift beim Rausgehen seinen Strohhut.

»Bis gleich.«

Benito macht sich auf den Weg zur Scheune: Seine drei erwachsenen Söhne werden dort jeden Augenblick mit ihm die Maschinen bereitmachen.

Eva geht in die Küche, zündet erst einmal das Feuer im Ofen an und setzt eine Kanne Kaffee auf. Auf der Herdplatte daneben platziert sie den Topf mit Bohnen, die sie am Vorabend eingeweicht hat. Dann verwandelt sie gekonnt eine Schüssel Mehl, Wasser, Salz und Schmalz in kleine Weizentortillas. Diese wandern zum Rösten auf ein eisernes Blech auf dem Herd. Und aus Eiern, Zwiebeln und Knoblauch entsteht schnell ein leckeres Rührei. Alles wird auf die Teller verteilt und in einem flachen Korb nach draußen getragen. Genug, um Eva, ihren Mann, die Söhne sowie deren Frauen und Kinder zu versorgen – etwa 25 Leute.

Evas Weg führt über den Hof, an den Backsteinhäuschen vorbei und rüber zum dritten Feld. Die Sonne ist inzwischen grell und Eva ist froh, dass neben jedem Feld eine Überdachung steht.

»Frühstück ist fertig!«

Benito, die Söhne, Frauen und Kinder lassen alles stehen und liegen und kommen zu ihr rüber. Die Söhne spritzen sich Wasser ins Gesicht und nehmen einen Becher Kaffee entgegen. Die Kinder drängen sich auf den ausgelegten Decken und warten auf ihre Portion.

»Ich nehme heute drei Tortillas«, ruft die kleine Shelley.

»Ach ja, dann nehme ich fünf!«, prahlt ihre jüngere Schwester Dianna.

Shelley protestiert: »Als ob du so viel essen könntest!«

»Natürlich kann ich das, wirst schon sehen!«

Die Väter lachen, aber Eva schüttelt den Kopf: »Schluss mit dem Unsinn, einer nach dem anderen.«

Nach dem Frühstück geht's weiter. Benito teilt Aufgaben zu.

»Ihr könnt das erste Feld pflügen, der Traktor steht bereit … ihr macht weiter bei der Ernte auf Feld fünf … und ihr Kinder geht mit Mama Eva zum Markt.«

Gesagt, getan. Die Männer fahren den Traktor raus. Gerade Bahnen, hin und her, sodass flache Kanäle zwischen Erdwällen entstehen. In den Kanälen wird später das Wasser entlanggeleitet werden, sodass die Pflanzen möglichst gut versorgt werden.

Die Frauen und älteren Kinder ziehen wieder ihre Hüte auf und laufen nach hinten, wo ihre Kisten zur Knoblaucherernte stehen, und Eva nimmt die jüngeren Kinder mit.

»Kommt, ihr Lieben, ab mit den Kisten auf den Wagen.«

Nach und nach füllt sich der hellblaue Pick-up mit allen möglichen Lebensmitteln: Wassermelonen, Zwiebeln, Knoblauch, Bohnen, Tomaten, Maniok, verschiedenste Sorten Salat und mehr.

»Die Bohnen und Tomaten haben wir heute Morgen gepflückt!«, prahlt Rick, der Jüngste. »Ich habe drei Kisten vollgekriegt, ganz alleine!«

»Jaja, du Angeber, wir waren alle dabei. Und du hast viele der Tomaten selbst gegessen!«, lacht seine Schwester Amy.

»Ein guter Arbeiter verdient auch etwas Lohn«, meint Eva dazu und lacht. »Shelley, hol bitte die nassen Jutesäcke, ja? Amy und Dianna, passt auf, dass die Sachen gut geordnet werden. Rick, schau, ob die Tüten und Gummibänder gepackt sind.«

Die Ladefläche ist voll und die nassen Jutesäcke werden oben draufgelegt, um die Waren vor der Hitze zu schützen. Dann fahren alle mit dem Wagen zum »Park and Swap«, einem Markt auf dem Parkplatz vor der Greyhound-Rennstrecke, der jedes Wochenende hier stattfindet. Sie öffnen ihre Ladefläche und preisen ihre Waren an.

»Frische Tomaten, direkt vor Ort geerntet!«

»Augenbohnen, holt hier eure Augenbohnen!«

Die Kundschaft kommt und nimmt sich ihre Waren mit. Wer unentschlossen ist, darf die Melonen probieren, und wer viel mitnimmt, dem gibt Eva ein bisschen extra.

»Adios, einen schönen Tag!«

Die Kinder packen bei allem mit an: Sie schneiden die Melone zum Probieren in Stücke zurecht, packen die Lebensmittel ein und tragen sie wenn nötig sogar zum Auto. Eva muss insgeheim schmunzeln: Ihre Enkelkinder beweisen, dass sie nicht nur toll bei der Ernte helfen können, sondern alle ein Verkaufstalent haben. Irgendwas hatten die Morenos wohl richtig gemacht.

Mittags machen alle eine Siesta im Schatten. Dann geht's weiter im Programm, bis der Markt um 17 Uhr schließt. Alles wird aufgeräumt, eingepackt und gemeinsam fahren sie nach Hause.

Beim Abendessen sitzen alle bei Eva und Benito zu Hause in der Küche. Und wieder teilt Eva wachsam die Portionen aus.

»Einer nach dem anderen.«

Die anderen Leute in der Familie erzählen vom Tag: Felder wurden weiter abgeerntet, bewässert, ein paar größere Lieferungen gingen an Restaurants und Läden.

Zum Nachtisch gibt Benito noch ein Eis aus: »Gute Arbeit verdient auch einen guten Lohn.« Dann ist schon bald Zeit zum Schlafen.

Eva und Benito winken ihren Kindern, Schwiegertöchtern und Enkeln: »Adios, und bis morgen.«

Welche Bedeutung hat Arbeit für uns?

Ich habe euch gerade einen Einblick in den Alltag meiner Urgroßeltern gegeben. Benito stammte aus ärmlichen Verhältnissen in Mexiko. Später hatte er die Möglichkeit, in der Region Phoenix ein Stück Land zu kaufen. Gemeinsam mit meiner Uroma Amelia Eva (ebenfalls aus Mexiko) hat er sich nach und nach hochgearbeitet. Sie lieferten in Kriegszeiten Lebensmittel an die Truppen und nach dem Krieg an viele umliegende Restaurants und Familien. Benito und Eva waren keineswegs perfekte Menschen, genauso wenig wie ihr Alltag perfekt war. Doch ihr Erbe reicht auf positive Art und Weise bis in die heutige Zeit: Sie haben keine Mühen gescheut, gaben ihr Bestes, und wer gut arbeitete, bekam eine Belohnung. Diese Haltung haben sie an meine Großeltern weitergegeben, die wiederum meine Mutter geprägt haben, welche wiederum mich bis heute prägt. Und all das durch die Art und Weise, wie sie ihrer normalen Arbeit nachgegangen sind!

Wie stehst du zum Thema »Arbeit«? Welche Vorbilder hattest du? Wie sieht dein idealer Arbeitsplatz aus? Geht es dir vor allem ums Geldverdienen, um Spaß oder um etwas ganz anderes? Wenn wir unsere Gesellschaft anschauen, finden wir immer mehr den Hang zu »Arbeit als Selbstverwirklichung«: Man will nicht nur einen Job haben, sondern dieser Job soll einen auch erfüllen. Er soll eine tiefe, persönliche Bedeutung haben, eine Möglichkeit sein, die eigenen Gaben einzubringen, und natürlich viele flexible Optionen mit sich bringen. Man hört auch Stimmen, die eine 30-Stunden-Woche anpreisen: Wenig Arbeit sei der Weg zum Glück! Und wieder andere wünschen sich nichts mehr, als überhaupt irgendeine Arbeit zu haben. Wie können wir also auf ganzheitliche Weise als Weltgestalter unsere Arbeit tun?

Arbeit ab dem Paradies

Gehen wir zunächst wieder zurück zum 1. Buch Mose. Sowohl im ersten als auch im zweiten Schöpfungsbericht lernen wir einen Gott kennen, der arbeitet: In 1. Mose 1 erschafft Gott die Welt in sechs »Tagen« (bildlich: Zeiteinheiten). Sprich, er arbeitet und setzt den großen Rahmen. Dann zoomen wir in den Kapiteln 2 und 3 näher ran: Gott pflanzt einen Garten und schafft den Menschen. Anschließend beauftragt er den Menschen damit, den Garten zu kultivieren (vgl. 1. Mose 2,15). Auch der Mensch soll also arbeiten, und zwar noch bevor Sünde das Verhältnis zwischen Gott und seiner Schöpfung stört. So ist Arbeit ein Teil des Paradieses!

Durch den Sündenfall treten aber Brüche ins Leben der Menschen und der Umwelt. In diesem Zusammenhang wird auch die Arbeit belastet: Gott sagt dem Mann, dass er sein ganzes Leben lang im Schweiße seines Angesichts arbeiten müsse, um sich zu ernähren (vgl. 1. Mose 3,19). Das Problem ist also nicht, dass der Mensch arbeiten soll, sondern, dass die Arbeit mit Leiden verbunden sein wird. Es wird fortan Widerstände geben, Misserfolg und Schmerz.

Trotzdem ist Arbeit weiter ein wichtiger Teil des Lebens: Viele der Gesetze, die Mose den Israeliten weitergibt, haben mit Arbeit und der Freude an den Erträgen zu tun. So soll der Arbeiter seinen angemessenen Lohn erhalten. Selbst der Ochse, der das Feld pflügt, soll einen Teil der Erträge essen dürfen (vgl. 5. Mose 25,4). Und bei aller Arbeit gibt Gott uns auch das Gebot der Ruhe, so wie er selbst am siebten Tag der Schöpfung ausruhte (vgl. 1. Mose 2,2-3). Das Sabbatgebot (vgl. 2. Mose 20,10) war in der damaligen Umwelt einzigartig und ist bis heute etwas Besonderes: Arbeit und Ruhe stehen im Gleichgewicht zueinander. Ruhe ist nicht einfach eine nette Empfehlung. Sie ist ein Gesetz!

Meine Urgroßeltern beachteten diesen Rhythmus aus Arbeit und Ruhe in gewisser Weise, indem sie die Arbeiter von den Früchten essen ließen, ihnen und sich selbst Pausen gönnten und nach der Arbeit den Kindern ein Eis spendierten. Das hat sich meine Mutter wohl von ihnen abgeguckt, denn wir Kinder durften auch nach einigen Stunden Garten- oder Hausarbeit das Mittagessen oder Dessert aussuchen oder einen Film schauen. Eine Balance also. Weder »nur Ruhe, ohne Arbeit« noch »nur Arbeit, ohne Ruhe«, sondern ein Rhythmus zwischen beidem.

In Sprüche 31 finden wir dann einen Text, der besonders auf die Arbeit eingeht: das berühmte »Lob der tüchtigen Frau«, wie Luther übersetzt. Es ist wie eine Zusammenfassung aller Weisheit, die in den Sprüchen vorher beschrieben wurde. Nach dem Motto: So sieht das Leben eines weisen Menschen aus, der im Willen Gottes lebt. Hier sind einige Auszüge des Bibeltextes:

Wer kann schon eine tüchtige Frau finden? Sie ist wertvoller als die kostbarsten Edelsteine. […] Sie sammelt

Wolle und Flachs, die sie flink verarbeitet. [...] Vor Morgengrauen steht sie auf, um das Frühstück für das ganze Haus zuzubereiten und den Mägden ihre Arbeit anzuweisen. Sie hält nach einem Feld Ausschau und kauft es, um von dem Gewinn einen Weinberg anzupflanzen. Sie ist energisch und stark und arbeitet hart. [...] Sie hat stets eine offene Hand für die Armen und gibt den Bedürftigen großzügig. Sie strahlt Kraft und Würde aus, und sie lacht und hat keine Angst vor dem kommenden Tag. Wenn sie spricht, sind ihre Worte weise, und sie erteilt ihre Anweisungen in freundlichem Ton. Sie weiß genau, was in ihrem Haus vor sich geht, und Faulheit kennt sie nicht. Ihre Kinder begegnen ihr mit Achtung und segnen sie. Ihr Mann lobt sie: »Es gibt viele tüchtige Frauen, doch du übertriffst sie alle!« Anmut betrügt und Schönheit vergeht, aber eine Frau, die Ehrfurcht hat vor dem Herrn, soll gelobt werden. Sie soll für ihre Arbeit belohnt werden und ihre Taten sollen in der ganzen Stadt ihren Ruhm verkünden!

Sprüche 31,10-31

Manche Leute lesen diesen Text und denken womöglich: »Das ist Propaganda, um Frauen an den Herd zu binden!« Aber ich lese das und denke genau das Gegenteil: Das ist kein Duck-dich-Mäuschen, sondern eine Power-Frau wie Mama Eva: Die Frau aus Sprüche 31 gestaltet mit ihrer Arbeit in hohem Maße das Leben ihrer Familie und Gesellschaft. Sie ist reich und hat Würde, doch sie hat auch eine hohe Bereitschaft, anzupacken. Sie scheut keine Mühen, kauft große Grundstücke und geht ihrer praktischen Handarbeit nach. Sie ist also eine Geschäftsfrau – aber nicht nur um ihres eigenen

Wohlstandes willen. Sie »lacht und hat keine Angst vor dem kommenden Tag«, muss sich also keine Sorgen machen. Warum? Weil sie für ihre Familie angemessen vorgesorgt hat. Und sie geht sogar noch einen Schritt weiter: Sie ist auch großzügig gegenüber den Bedürftigen. Ihre Arbeit und ihre Haltung bleiben nicht unbemerkt. So loben sie ihr Mann und ihre Söhne und ihr Tun bringt ihr Anerkennung in der Gesellschaft An ihrer Arbeit sehen die Leute, dass diese Frau den Herrn ehrt.

Erkennst du Leute aus deinem Leben in diesen Versen wieder? Bist du so eine Person oder willst du so eine Person sein? Wir werden nie zu 100 Prozent all die Tugenden und Werte erfüllen, die wir anstreben. Aber es ist spannend, wie Gott uns nach und nach verändert, sodass wir zu »guten Taten« (Epheser 2,10b) befähigt werden. Einer meiner Pastoren in den USA hat dies mit einem schönen Bild verdeutlicht: Wir sind nicht durch unsere eigene Leistung gerettet, aber zum Zweck der Werke Gottes in uns: Glaube und Werke gehören zusammen wie zwei Klingen einer Schere. Sie funktionieren am besten, wenn sie zusammenarbeiten. Dazu müssen wir nicht krampfhaft einem idealen Vorbild entsprechen, sondern einfach Gottes Geist folgen. Mit anderen Worten: Du kannst Gott darum bitten, dass er dir den Himmelsblick für deine Arbeit gibt, und dann die vielleicht unscheinbaren Schritte in diese Richtung gehen, mit Vertrauen auf Gottes Leitung. Schärfe die Klingen, Glaube und Werke gehören auch am Arbeitsplatz zusammen.

Das sehen wir auch bei Jesus: Er war gelernter und arbeitender Zimmermann. Das überliest man schnell, sollte man aber nicht: Er hätte als adeliger Mann zur Welt kommen können oder als Sohn eines Priesters. Aber er wurde in eine Arbeiterfamilie hineingeboren. So ging er dem Handwerk seines Vaters nach. Da Jesus erst mit dreißig Jahren ein Rabbi wurde, wird er mindestens zehn Jahre lang als Zimmermann gearbeitet haben, vielleicht sogar fünfzehn

Jahre oder mehr. Ein Drittel oder gar die Hälfte seines Lebens! Viele seiner Jünger waren ebenfalls erfahrene Arbeiter, nämlich Fischer. Und Paulus war ein Zeltmacher. Letzterer mahnt seine Leser in der Gemeinde sogar an: »Wer nicht arbeitet, soll auch nicht essen« (2. Thessalonicher 3,10b). Aber alle Arbeit, die wir tun, ist nicht für uns selbst, sondern dient den guten Taten, die Gott für uns vorbereitet hat (vgl. Epheser 2,10).

Unser Ziel im Leben mit Gott ist also nicht eine Abwesenheit von Arbeit, sondern eine Neuausrichtung: Wofür arbeiten wir? Und: Wie arbeiten wir?

Der Raum des Weltgestalters

Jeder Mensch hat Grundbedürfnisse, die sein Überleben sichern, aber auch soziale Bedürfnisse und solche, die seine Selbstverwirklichung betreffen. In Kapitel 4 ging es bereits um die Bedürfnispyramide nach Maslow. Auf welcher seiner Ebenen würdest du Arbeit einordnen? Und: Wo würdest du deine aktuelle Arbeit bzw. Tätigkeit einordnen? Ich denke, dass ganzheitliche Arbeit im Sinne eines Weltgestalters auf allen drei Ebenen zu finden sein sollte: Eine angemessen entlohnte Arbeit ermöglicht uns ein Gehalt fürs Überleben, also die Deckung unserer Grundbedürfnisse. Aber mehr noch: Sie ermöglicht uns Kontakte und soziale Beziehungen und gibt uns das Gefühl, dass wir etwas Größeres gestalten. Im besten Fall haben wir den Freiraum, unsere Gaben auszuleben, zu einem ganzheitlichen Miteinander beizutragen und letztlich einen Sinn in der Arbeit zu finden. Es ist nicht der eine Sinn für das ganze Leben, aber Arbeit gibt dem ganzen Leben Sinn.

Vielleicht denkst du jetzt: »Schönes Ideal, aber die Realität sieht anders aus!« Es gibt genug Fälle, wo die eigene Arbeit ganz und gar nicht sinnvoll, angenehm oder sozial förderlich erscheint. Manchmal »muss« man einfach den Job erledigen und fertig. Aber vielleicht können wir uns einer erfüllten Haltung gegenüber der Arbeit annähern – mit den eben genannten Impulsen aus der Bibel sowie einigen Impulsen aus der Kirchengeschichte und der modernen Sozialforschung.

Ora et labora

Benedikt von Nursia gründete im 5. Jahrhundert den ältesten Mönchsorden, den es bis heute noch gibt: den Benediktinerorden. Einige Jahrhunderte später sind die Regeln dieses Ordens in einem berühmten Motto formuliert worden: auf Latein *ora et labora*, auf Deutsch »bete und arbeite«.[84] Arbeit gehörte demnach genauso zum geistlichen Leben dazu wie die Zeit im Gebet. Es war nicht nur eine Pflicht, sondern in sich ein geistlicher Lebensbereich. Brother Lawrence, ein Mönch aus dem 17. Jahrhundert, meinte gar, dass wir selbst beim Spülen oder Kochen tief in der Gegenwart Gottes seien.[85] Für ihn waren die Gebetszeiten nicht getrennt von den Arbeitszeiten. Im Gegenteil: Strikte Gebetszeiten sah er sogar als hinderlich an. Er betete während der Arbeit, nicht nach der Arbeit oder als Ausgleich zur Arbeit.

Halte dir also neu vor Augen, dass auch dein Arbeitsplatz ein Raum unter offenem Himmel ist. Dazu musst du keine Pastorin, ein Sozialarbeiter oder eine Umweltaktivistin sein. Deine Arbeit im Supermarkt oder in der Bank ist genauso ein Platz, an dem du Leben mit Gott gestalten kannst. Dein Arbeitsplatz ist in gewisser Weise wie ein Tempel: ein Ort, an dem Gott wohnt, denn er wohnt in dir!

Das Warum vor Augen halten

Wenn etwas sinnlos ist, ist es nicht ganzheitlich. Frag dich also, warum du deinen Job machst. Ist dieser Job sinnvoll? Und wenn ja, für wen ist er sinnvoll und warum: Gibt dir deine Arbeit ein ausreichendes Auskommen? Werden dadurch nützliche Gegenstände produziert? Hilft sie vielleicht anderen Menschen oder der Umwelt? Oder ist deine Arbeit sinnvoll, weil sie einen kulturellen Wert hat (Malerei, Musik, Tanz, Theater, Poesie)? In irgendeiner Form sollte deine Arbeit dir und nach Möglichkeit auch deiner Umgebung einen positiven Mehrwert bringen. Mit der maslowschen Pyramide gesprochen: Ein Job trägt zu allen Ebenen bei, aber kann einen Schwerpunkt in einem Bereich haben. Paulus' Motto sollte hier praktisch werden: »Was immer ihr esst oder trinkt oder tut, das tut zur Ehre Gottes!« (1. Korinther 10,31). Egal, ob als Gabelstaplerfahrerin, Schwimmmeister, Jugendleiterin oder IT-Consultant.

Frage dich also, ob du hinter dieser Arbeitsstelle stehen und sagen kannst: »Ich empfinde sie als sinnvoll! Und nicht nur das: Sie entspricht auch einigermaßen meinen Gaben, Interessen oder Fähigkeiten.«

Was aber, wenn uns unsere Arbeit trotz allem sinnlos erscheint, wir aber nicht so schnell etwas daran ändern können? Dann gibt es eine Sache, die wir immer machen können: die Perspektive wechseln und unsere Arbeit mit der Sicht des Himmels tun. In anderen Worten: mit einer Haltung der Hoffnung und Liebe für unsere Mitmenschen. Das ist nicht nur ein Trostpreis: Wir wissen nie, was unser Leben bewirken kann. Als ich im Herbst 2021 ein Praktikum in einer Gemeinde in den USA machte, hatte ich an sich nicht viele Aufgaben. Ich engagierte mich zwar, aber ich war nur drei Monate dort, also konnte ich nur begrenzt was machen. Trotzdem sagte der

Pastor am Ende: »Du hast das Team und die Gemeinde auf jeden Fall bereichert. Nicht nur in dem, was du getan hast, sondern vor allem in dem, wer du bist.« Wir haben nicht immer das Glück, dass Leute solche Sachen offen aussprechen. Aber ich kann aus eigener Erfahrung sagen: Unsere Haltung, wie und warum wir arbeiten, bleibt nicht unbemerkt. Sie macht enorm viel Unterschied!

Work-Life-Balance?!

In der spätmodernen Welt gibt es viele Ratgeber und TED-Talks zum Umgang mit Arbeit. Ein Stichwort ist dabei die »Work-Life-Balance« – möglichst viel verdienen bei möglichst wenig Stress und bester Lebensqualität. Der Grundgedanke ist an sich einleuchtend: Arbeit kann nicht alles sein, sondern man braucht ein Gleichgewicht zum übrigen Leben. Aber ich erhebe hier trotzdem Einspruch: Eine Work-Life-Balance impliziert, dass *work* kein Teil vom *life* ist. Das verleitet dazu, bei der Arbeit ganz anderen Regeln zu folgen als im restlichen Leben. So könnte man zum Beispiel denken: »Bei der Arbeit muss ich hart austeilen und möglichst auf den Gewinn achten.« Oder: »Die Arbeit macht mich fertig, aber solange ich mich zu Hause erholen kann, ist das okay.« So gibt es ein »Arbeits-Ich« und das »Rest-Ich«. Für kurzfristige Phasen mag das in Ordnung sein, aber langfristig macht uns so eine Trennung zwischen Arbeit und übrigen Lebensbereichen kaputt: Dann tragen wir den Stress und die scharfen Töne der Arbeit womöglich nach Hause, wir vernachlässigen Familie und Freundschaften oder landen im gefürchteten Burn-out. Entweder wir vernachlässigen unser »Rest-Leben« oder wir meinen, unser »Rest-Leben« muss für die Mängel bei der Arbeit herhalten.

Meiner Meinung nach ist es gesünder, die Arbeit als Teil des restlichen Lebens zu behandeln: Sie ist Teil unseres Kreises ganzheitlicher Beziehungen – ähnlich wie bei *ora et labora*. Natürlich heißt das nicht, dass wir mit unserem Chef genauso reden wie mit unseren Familienmitgliedern. Aber wir sind auch nicht zwei verschiedene Persönlichkeiten. Die Worte, die wir bei der Arbeit verwenden, sollten wir auch ohne Anstoß zu Hause verwenden können. Die Art, wie wir unseren Stress regulieren, sollte überall gleich sein. Unser Rest-Leben darf keine Abstellkammer oder Tankstelle werden, sondern wir dürfen ihm denselben Stellenwert geben wie unserer Arbeit. Das Ziel ist also, nach einer gesunden Arbeitskultur zu streben. Das beutet auch, dass wir notfalls die Stelle wechseln müssen. Und egal, wie schwierig es wird: Gottes Gnade und Liebe sind immer größer als unser Versagen. Wenn wir das wissen, wird unser Umgang mit Arbeit und Ruhe von Gottes Fülle geleitet werden.

Lass andere auch mal machen!

Manchmal neigen wir dazu, alles selbst zu erledigen. Immerhin wissen wir am besten, was wir können, und arbeiten allein oftmals auch viel schneller. Das meinen wir zumindest. Aber das ist nicht im Sinne eines Weltgestalters: Wir sind immer in Gemeinschaft unterwegs. Ein afrikanisches Sprichwort sagt es so: »Wenn du schnell gehen willst, geh allein. Wenn du weit gehen willst, geh zusammen.« Diese Mentalität haben meine Urgroßeltern vorgelebt: Ja, sie hatten auch aus schlichter Notwendigkeit viele helfende Hände. Aber sie ließen auch in scheinbar unnötigen Momenten andere Leute mit anpacken, so zum Beispiel ihre Enkel. Selbst, wenn die Kinder eher im Weg waren, wurden sie mit einbezogen und durften helfen. So lernten sie, wie man praktisch anpackt und bei schwierigen Aufgaben durchhält. Und sie lernten die Freude kennen, für die Mühe der eigenen Arbeit ein Ergebnis und einen

Lohn zu erhalten. Kinder mithelfen lassen, ist kurzfristig gesehen anstrengend: Manche wollen mithelfen, können aber noch nicht produktiv sein. Andere beschweren sich jedes Mal, wenn sie zum Helfen aufgerufen werden. Aber langfristig gesehen ist es für Kinder immer besser, mitzuhelfen: Wenn wir vor lauter Produktionsdrang die Kinder nicht mit einbeziehen, sagen wir im Grunde: »Du wirst hier nicht gebraucht, du kannst nichts Sinnvolles beitragen.« So wird ein Kind nicht nur träge und selbstbezogen, sondern auch unsicher. Es wird weniger gelobt, weil es gar nicht erst die Möglichkeit bekommt, Sinnvolles zu erreichen. Es lernt nie, durchzuhalten oder den erarbeiteten Lohn wertzuschätzen. So wird es für solche Kinder später schwerer sein, im Beruf durchzuhalten, aber auch, sich in die eigenen Gaben oder Beziehungen zu Mitmenschen zu investieren. Egal, wie sehr das Kind sein Zimmer nicht aufräumen will: Wir tun ihm einen Gefallen, wenn wir es (dem Alter angemessen) wie eine verantwortliche Person behandeln!

Was für Kinder gilt, gilt auch für Vereine, Gemeinden und Teammitglieder: Lad nicht alle Arbeit auf dich selbst, aber schieb auch nicht alle Aufgaben von dir. Such den Dialog, teil die Arbeit mit anderen, und trag mit ihnen gemeinsam Verantwortung. Selbst, wenn du meinst, den Job schneller erledigen zu können, lass auch andere was machen!

Wenn man einfach nicht mehr kann ...

Es wird immer stressige Phasen geben. Doch wenn dir auf Dauer ein Job körperlich und geistig zu schaffen macht, ist das ein ernstes Problem: Ich habe mal einige Wochen in einer Gärtnerei gearbeitet. Ich mochte die Arbeit sehr, aber ich konnte körperlich mit dem Pensum nicht mithalten. So entsprach die Stelle nicht meinen damaligen Fähigkeiten, und ich hörte nach einigen Wochen wieder auf. Das war schade, doch die Alternative wäre schlimmer gewesen: Die Kundschaft hätte weniger Qualität in ihren Gärten erhalten, und ich wäre irgendwann mit einem Burn-out zusammengebrochen.

Aber das Ausschlusskriterium ist nicht immer so offensichtlich: Was, wenn du prinzipiell diese Aufgaben gut und gern machst, aber genauso auch andere Sachen machen könntest? Was, wenn du Ausgrenzung erlebst? Was, wenn du merkst, dass diese Stelle dir mehr Kraft raubt als gibt? Auch in diesen Fällen ist eine aufmerksame Wahrnehmung der erste Schritt. Stell dir zum Beispiel folgende Frage: »Was wird wohl passieren, wenn alles so weiterläuft wie bisher?« Schreib am besten Stichpunkte auf oder erstelle eine Mindmap: Die visuelle Darstellung zwingt uns dazu, die Konsequenzen zu sehen, die wir sonst im Alltag verdrängen. So haben wir weniger die Möglichkeit, uns in Ausreden zu verlieren. Wenn wir dann merken, dass sich etwas ändern muss, kann es eventuell nötig sein, unsere Mitmenschen um Hilfe zu bitten oder auch professionelle Hilfe in Anspruch zu nehmen. Aber egal, wie ungewiss der Weg auch aussehen mag: Wir können nie tiefer fallen als in Gottes Hand. Ist das ein kitschiger Satz? Vielleicht. Aber er ist wahr, und gerade in Krisenzeiten eine wichtige Zusage.

Siehe, es war sehr gut

Zum Schluss dieses Kapitels will ich noch mal zurück zur Schöpfung gehen. Gott schafft in 1. Mose 1 die Welt, und am siebten Tag spricht er der Schöpfung zu, dass sie »sehr gut« war (1. Mose 1,31). Dieser Vers erinnert uns an eine grundlegende Wahrheit: Wir Menschen, alle Tiere, alle Berge und alles Leben auf dieser Erde sind ein Ergebnis seiner Arbeit und von ihm mit dem Qualitätssiegel »sehr gut« ausgezeichnet worden. Trotz aller Sünde und Zerwürfnisse. So können wir mit dieser Gewissheit auf unsere Welt blicken und unsere Arbeit mit derselben Haltung tun.

Wenn wir in Gemeinschaft mit Gott leben und uns auf seine versöhnten Beziehungen ausrichten, wird auch unsere Arbeit darin aufgehen. Bei aller konstruktiven Kritik und aller Optimierung ist dies ein unverrückbarer Zuspruch. Wir sind nicht durch unsere guten Werke gerettet, wohl aber zum Zweck guter Werke. Und wenn wir diese Werke nicht nur tun, sondern auch immer wieder bewusst wahrnehmen, macht das Ganze auch Spaß. Nimm dir beispielsweise ein Notizbuch und schreibe dort auf, wenn du zu Hause oder auf der Arbeit Erfolg hattest. Erzähle Leuten davon, und zwar nicht nur beim Erntedankfest. So fangen wir an, nach dem Werk Gottes inmitten unserer Arbeit zu suchen. Wir schauen unsere Arbeit an und können zu einem Erlebnis sagen, dass »es sehr gut war«. So sind wir, bei aller Mühe, auf den Spuren Gottes in unserem Alltag unterwegs.

Kapitel 10:
ALLES HAT SEINE ZEIT ...

Minden, Deutschland, frühe 2000er-Jahre

Ich saß mit meiner Familie bei Oma und Opa in ihrer Küche. Grau-gelbe Schränke, weiße Rüschenvorhänge am Fenster, alles im 70er-Jahre-Look eingerichtet. Oma hatte gerade Frühstück gemacht, und Opa hatte mit Papa die Brötchen beim Bäcker geholt. Wir wohnten fünf Autostunden entfernt von Oma und Opa, darum war das Essen bei ihnen immer etwas Besonderes: Oma stellte den schön hergerichteten Wurst- und Käseteller auf den Tisch sowie Tomaten, Gurken, Quark mit selbst gemachter Marmelade und natürlich den gelben »Goldsaft«-Brotaufstrich. Daneben standen Kakao und einige Becher Bircher-Müsli-Joghurt. Ein reich gedeckter Tisch!

Wir hielten uns an den Händen und sprachen das Tischgebet, das Oma immer vorsagte: »Jedes Tierlein hat sein Essen, jedes Blümlein trinkt von dir, du hast uns doch nie vergessen, lieber Gott, wir danken dir. Amen.«

Und dann das Händeschüttel-Ritual: »Fröhlich sei das Frühstückessen, guten Appetit!« Wir klatschten einmal, und das Frühstück war eröffnet.

Ich gebe zu, dass ich, damals wie heute, eher Brot bevorzuge, doch für Oma und Opa war klar: Morgens gehören Brötchen auf den Tisch. An jenem Tag erklärte Oma auch, warum:

»Weißt du, ich habe erst mit zehn Jahren mein erstes Brötchen gegessen.«

Ich riss meine Augen weit auf. »Warum erst mit zehn? Ich darf doch auch schon Brötchen essen und ich bin noch keine zehn Jahre alt!«

Oma lachte: »Nee, Schatz, das ist nicht der Grund.«

»Warum hast du als Kind keine Brötchen gegessen?«

»Als ich klein war, war Krieg. Da mussten die Papas als Soldaten kämpfen, und die Mamas und Kinder mussten allein und ohne viel Geld leben. Wir konnten nicht einfach zum Bäcker gehen und alles kaufen, und Brötchen backen konnten wir damals auch nicht. Erst nach dem Krieg waren Brötchen wieder etwas, das man sich leisten konnte.«

Ich staunte. Heute hatte Opa die Brötchen einfach so gekauft, und er klagte nie über Geld. Das war wohl nicht immer so gewesen …

Nach dem Frühstück spielte ich mit meinen Geschwistern meist im Garten oder im Keller. Irgendwann rief mich Oma: »Wir backen jetzt die Schwarzwälder Kirschtorte, hilfst du mit?«

Ich ließ mich nicht zweimal bitten! Oma konnte so lecker kochen und backen, und diese Torte fand ich am besten. Streng genommen war es eine Mischung aus Schwarzwälder Kirschtorte und Donauwelle, natürlich alkoholfrei. Ich kam die steile Kellertreppe hochgerannt und in die Küche gestürzt. Oma setzte den Vanillepudding an, und ich durfte mit dem Schneebesen umrühren. Dann gossen wir vorsichtig den Pudding auf den Tortenboden und setzten die Kirschen darauf. Oma holte den elektrischen Rührer und gemeinsam machten wir die Schlagsahne. Die kam über die Kirschen. Und zum Schluss machten wir noch einen Schokoguss. Den strich sie vorsichtig über die Sahne. Fertig! Die Gäste konnten zum Kaffeetrinken kommen!

Am Ende des Tages gab es dann das Gutenachtritual: eine kleine Geschichte, das Gutenachtgebet und ein Gutenachtkuss. Manchmal sogar ein Schlaflied.

Und ganz am Ende, wenn ich mit Mama, Papa und meinen Geschwistern zurück ins Auto stieg und nach Hause fuhr, standen Oma und Opa immer vor dem Haus und winkten, bis wir sie nicht mehr sehen konnten.

»Tschüss, Oma, tschüss, Opa, bis zum nächsten Mal!«

Dieser Kreislauf wiederholte sich über die Jahre, doch es kam, wie es kommen musste: Irgendwann gab es kein nächstes Mal mehr. Seit ihrem Tod sind viele Jahre vergangen, doch ich schaue mit vielen schönen Erinnerungen auf die Zeiten zurück, die ich mit ihnen hatte. Dabei merke ich, wie meine Wahrnehmung von Oma und Opa sich über die Jahre verändert hat: Als Kind hatte ich einfach Spaß daran, mit Oma zu backen, das Tischgebet zu sprechen oder mit ihr ein Buch zu lesen. Aber als ich älter wurde, merkte ich, dass Oma all diese Dinge nicht einfach so machte. Oma war früher mal ein Kind gewesen, dann eine junge Frau, dann im mittleren Alter und erst dann Oma. In jeder Phase ihres Lebens hatten bestimmte Dinge sie geprägt. Als Kind gab es keine Brötchen, also waren Brötchen für sie beim Frühstück unverzichtbar geworden. Dann hat sie eine Lehre in Hauswirtschaft gemacht. Sie konnte also nicht umsonst so gut kochen und backen! Mit neunzehn Jahren hat sie meinen Opa geheiratet und dann mit den gemeinsamen vier Kindern einige Jahre in Holland gelebt, weil Opa in der Polsterfirma dort arbeitete. In den 1970er-Jahren kam die Familie zurück nach Deutschland – sie bauten das Haus, was ich als Omas und Opas Haus kannte, nahmen zwei Pflegekinder auf, alle sechs Kinder wurden groß, zogen aus, heirateten und gründeten eigene Familien. So war ich irgendwann eine Enkelin der Oma Waltraut geworden. Eine Enkelin, die einen Menschen kennen durfte, der das Ergebnis von vielen Zeiten und Phasen und Aufs und Abs war. Auch wenn Oma nicht mehr lebt, ist ihr Leben zu einem Teil meines Lebens geworden. Ihre Zeit prägte meine Zeit, die ich als Kind mit ihr hatte, aber auch meine Zeit im Hier und Jetzt.

Was ist Zeit?

Man muss nicht in nostalgischen Erinnerungen schwelgen, um mit Zeit in Berührung zu kommen. Wir alle sind, 24 Stunden am Tag, an sie gebunden. Aber was genau ist Zeit? Es scheint eine einfache Frage und doch hat sie existenzielle Bedeutung: Alles, was wir uns vorstellen können und was existiert, befindet sich innerhalb zweier Grundparameter: Raum (Länge, Breite, Höhe) und Zeit. Jede Bewegung, jeder Atemzug, jeder Gedanke findet innerhalb eines Zeitrahmens statt. Es geht gar nicht anders: Wir werden geboren und wachsen heran, entwickeln uns bis zu dem Alter, in dem wir sterben werden. Von einem Tag auf den anderen sehen wir nicht anders aus. Aber irgendwann schauen wir zurück und hören die Oma oder uns selbst sagen: »Mensch, wie die Zeit vergeht!«

Auf der anderen Seite finden selbst extrem schnelle Abläufe nicht auf einmal statt: Ich habe mal ein Video gesehen, in dem Leute in Slow Motion einen Blitz gefilmt haben. Man konnte sehen, dass selbst Blitze nicht in einem Moment da sind, sondern Zeit brauchen, bis sie von den Wolken bis ins Meer einschlagen.

Doch dafür, dass Zeit so grundlegend ist, haben wir viel Mühe, sie uns wirklich vorzustellen: Nicht nur die Naturgesetze beeinflussen die Zeit. Auch unsere kulturelle Prägung hat Einfluss darauf, wie wir über Zeit denken! Sprich: Jeder lebt in Raum und Zeit, aber die eine Person nimmt sie anders wahr als die andere. Das hat reale Auswirkungen auf das, wie wir leben. Wie? Schauen wir uns zwei gegensätzliche Zeitvorstellung an und was das praktisch mit uns macht.[86]

Von A nach B

Die Vorstellung, die dir wahrscheinlich am geläufigsten ist, nennen wir lineare bzw. monochrone Zeit (griechisch: *mono-chronos* für »eine Zeit«): Ein Zeitstrahl verläuft wie ein Pfeil immer weiter Richtung Zukunft. Der Gedanke ist also, dass Zeit nur einmal kommt und dann auch wieder geht. Daher müssen wir Zeit »nutzen«, weil sie sonst »davonläuft«. Wenn wir das tun, können wir grundsätzlich so etwas wie Fortschritt sehen: Vorher sah etwas so aus, jetzt sieht es anders aus, und in Zukunft wird es sich wieder verändert haben. Mit anderen Worten: Man kann Zeit messen, man kann sie einplanen, und wir wollen ihren Wert vergrößern: »Zeit ist Geld«. Je mehr wir in einer bestimmten Zeit schaffen, desto erfolgreicher fühlen wir uns. Und umgekehrt: Je weniger wir vorzuweisen haben, desto gestresster sind wir. Die Folge? Wir empfinden uns als unvollkommen. Das ist eine typisch westliche Auffassung von Zeit, aber es ist nicht die einzige Vorstellung.

Das ewige Karussell

Ganz anders sieht es in Kulturen aus, die sich eine zyklische bzw. polychrone Zeit vorstellen: Hier denkt man nicht an einen Zeitstrahl, sondern an einen Kreis, der immer wiederkehrt (griechisch: *poly-chronoi* für »viele Zeiten«). Die Sonne geht auf und wieder unter, jeden Tag neu. Mal ist Trockenzeit, mal ist Regenzeit, dann wieder Trockenzeit. Auf Ebbe folgt Flut und dann wieder Ebbe. Wir werden geboren, wachsen auf, altern und sterben. Und all diese Abläufe sind wie Kreisläufe. Im Grunde kommt nichts Neues dazu, sondern wir Menschen fahren auf einem Karussell die vorgegebenen Kreisläufe ab. So denken Menschen mit dieser Vorstellung weniger an Fortschritt und Zeitoptimierung und mehr an die Beziehungen, die sie zu Mitmenschen haben: Der Junge im Dorf wird in die Riten des Stammes eingeweiht, dann folgt für ihn der Initiationsritus – so, wie für jeden anderen Jungen auch. Sobald er initiiert ist, kann er heiraten (und soll das auch), denn er durchläuft den festgelegten Kreislauf der Zeit für Männer im Dorf. Jeder erfüllt zur richtigen Zeit seine Abläufe und hat dadurch Beziehungen zu seinen Mitmenschen. Gleichzeitig ist in solchen Kulturen die Zeit eben nicht fest eingeplant, sondern eher im Fluss: Vielleicht hast du schon mal gehört, dass manche Kulturen es mit der Pünktlichkeit nicht so genau nehmen. Das hätte meine deutsche Oma sehr irritiert: Es sei unverschämt, die kostbare Zeit anderer Leute zu vergeuden. Menschen in zyklischen Kulturen denken aber anders: Hier nimmt man sich Zeit für das, was direkt vor einem liegt. Schließlich kommen die Kreisläufe immer wieder, die Zeit läuft einem folglich nicht weg. Wenn ein zyklisch denkender Mensch auf dem Weg zu einem Treffen also mit einem Nachbarn ins Gespräch kommt, dann nimmt er sich Zeit für diese Person. Der Termin muss einfach warten. Für ihn ist unsere Abhängigkeit von Terminkalendern merkwürdig: »Warum lässt du dich so hetzen? Hast du deine Zeit im Griff, oder hat die Planung deiner Zeit dich im Griff?«

Unsere Zeit-Sicht hat Auswirkungen

In den meisten Kulturen liegt eine Mischung dieser Extreme vor. Aber je nach Kultur wird dir das eine oder andere Denken vertrauter sein. Das führt zu praktischen Konsequenzen: Wer vor allem lineare Zeit verinnerlicht hat, kann zwar an Fortschritt denken, sich aber zugleich von seinem Kalender gehetzt fühlen. Er schätzt das Neue, aber der Wert wiederkehrender Traditionen oder Lebensthemen wird an ihm vorbeiziehen. Wehe, die selbst gesteckten Ziele finden nicht innerhalb der eingeplanten Phasen statt. Dann kommen Versagensängste auf, weil man »kostbare Zeit verschwendet« hat.

Wer hingegen vor allem zyklisch denkt, wird zum einen festgefahrene Traditionen nicht gern hinterfragen, zum anderen den Wert von Traditionen eher schätzen. Er wird nicht so effizient arbeiten, aber auch etwas entspannter reagieren, wenn Zeitpläne sich ändern. Ist die Zeit für etwas noch nicht gekommen, dann ist sie eben noch nicht gekommen. Dann steht man halt zwei Stunden im Stau oder muss etwas verschieben, denn Zeit lässt sich sowieso nicht in einen Kalender pressen! Wie denkst du also über die Zeit in deinem Leben? Welche Tendenzen hast du und was bedeutet das ganz praktisch für deinen Alltag?

Immer wieder dasselbe?

Schauen wir in die Bibel, dann finden wir hier eine Mischung aus beiden Zeitvorstellungen. Die lineare Vorstellung finden wir zum Beispiel in der Prophetie und Jesu Wirken: Wenn Propheten etwas für eine neue Zeit verkündeten, dann muss es so etwas wie Entwicklung von Zeit geben. Und wenn Jesus zu den Menschen sagte, dass das Reich Gottes anbreche, aber noch nicht vollendet sei, dann wird es irgendwann ein erfülltes Ende geben. Entwicklung von A nach B.

Aber mindestens genauso häufig finden wir in der Bibel eine zyklische Vorstellung, und die macht uns Probleme, wenn wir sie nicht verstehen. Denn dann verpassen wir die zugehörige Ruhe, Gelassenheit und gleichzeitige Ernsthaftigkeit im Umgang mit unserer Lebenszeit.

Schauen wir dazu in das Buch Prediger im Alten Testament. Ich finde den Titel des Buches etwas ironisch, denn ich habe den Eindruck, dass es selten in aktuellen Predigten vorkommt. Warum ist das so? Einen Grund dafür hat mein frustrierter Klassenkamerad während einer Vorlesung im Theologiestudium genannt: »Im Grunde sagt er (der Prediger) immer wieder dasselbe!« Diese Kritik liegt unter anderem an einer linearen Denkweise: Wenn eine Sache einmal passiert ist, dann ist sie vorbei, und wir gehen weiter zu Schritt B und C. Doch der Autor des Predigerbuches weist uns durch seine Wiederholungen auf eine wichtige Lektion des Lebens hin: Wir lernen selten eine Sache nur einmal. Es ist eher so, dass wir ein Thema durchgehen, liegen lassen und irgendwann wiedersehen, diesmal auf einer neuen Ebene. Erkenntnis kommt für ihn in Spiralform anstatt geradlinig. Anders gesagt: zyklisch. Es geht weniger darum, wirklich Neues zu erkennen, sondern um eine tiefere Erkenntnis von dem, was da ist.

So ist das auch in unserem Leben als reifende Weltgestalter: Unser Abenteuer des Glaubens besteht aus vielen Schritten – und oft sind es immer wieder dieselben Schritte, aber in unterschiedlichen Lebensphasen. Meine Oma hätte das sicher bestätigt: Sie lernte im Leben immer wieder neu, wie sie mit Familie, Freundschaft, Enttäuschung und Schmerz umgehen konnte. Sie lernte immer wieder, anderen Menschen zu vertrauen, anstatt nur sich selbst, oder wie man das Rezept für den Kuchen perfektioniert. Als junge Frau hatte sie all diese Themen bestimmt schon einmal durchbuchstabiert, aber dann kamen neue Lebensfragen und Situationen, und sie musste die alten Lektionen neu anwenden. Mein Klassenkamerad hatte recht: Es ist immer wieder dasselbe. Aber das ist gerade richtig.

Es ist alles sinnlos

Das Buch Prediger wurde entweder von König Salomo geschrieben oder von einer Person, die aus Salomos Perspektive schrieb. So oder so kommt gleich zu Beginn der deprimierende Satz: »Es ist alles sinnlos und bedeutungslos« (Prediger 1,2a). Einige Verse später dann die Formulierung: »Ich habe die Menschen bei ihrem täglichen Tun beobachtet. Es ist alles sinnlos und gleicht dem Versuch, den Wind einzufangen« (Prediger 1,14). Wer will schon so Worte hören? Hat sich meine Oma umsonst abgemüht, haben wir als Weltgestalter unsere Zeit vergeudet? Diesen Gedanken kaut der Prediger im ganzen Buch immer wieder durch: Alles ist eigentlich umsonst, unsere Zeit siecht dahin.

Dieser Gedanke kam bereits im ersten Teil dieses Buches vor, doch ich nenne ihn nochmals, weil wir ihn so oft vergessen: Wir suchen immer wieder unseren Sinn in den Dingen dieser Welt, den Dingen unter der Sonne. Auch als christlicher Weltgestalter passiert das immer wieder: Wir engagieren uns in einem Verein, weil wir darin Bedeutung finden. Wir gehen mit der Familie in die Gemeinde, weil das so gemacht wird, lesen die Bibel, gehen unserer Arbeit nach und haben Hobbys. Doch immer wieder kann die Frage auftauchen: »Wozu das alles?« Ich denke, man kann versucht sein, diese Frage zu verdrängen: »Mir geht's doch gut!« »Nach all dem, was ich erreicht habe, muss das hier alles sein.« Vielleicht kommen auch drängende Kommentare von außen: »Gott hat dir schon so viel gegeben.« Oder: »Bleib positiv!« Aber die Bibel gibt uns durch den Prediger die Erlaubnis, eine gesunde Art des Zweifels zuzulassen: Wir dürfen und sollen immer wieder fragen, ob unser Leben »sinn-los« ist. Dies führt uns zu einer nüchternen Erkenntnis: Egal, was wir versuchen, alles Leben, das mit irdischer Perspektive gelebt wird (unter der Sonne), bleibt »sinn-los«. Vielleicht kann genau diese Rastlosigkeit uns dazu drängen, auf eine Reise zu gehen. Eine Reise hin zur Perspektive, die »über der Sonne« zu finden ist. Diese Reise beginnt oft, bevor wir Gott kennenlernen, ist aber nicht mit der Bekehrung oder Taufe vorbei. Es kommen immer wieder Zeiten, wo eine neue Runde der Reise beginnt.

Alles hat seine Zeit

In Prediger 3 finden wir dann einen der berühmtesten Texte aus dem Buch:

> Alles hat seine Zeit, alles auf dieser Welt
> hat seine ihm gesetzte Frist:
> Geboren werden hat seine Zeit wie auch
> das Sterben. Pflanzen hat seine Zeit wie auch
> das Ausreißen des Gepflanzten.
> Töten hat seine Zeit wie auch das Heilen.

Niederreißen hat seine Zeit wie auch das Aufbauen.
Weinen hat seine Zeit wie auch das Lachen.
Klagen hat seine Zeit wie auch das Tanzen.

Steine zerstreuen hat seine Zeit wie auch
das Sammeln von Steinen. Umarmen hat
seine Zeit wie auch das Loslassen.
Suchen hat seine Zeit wie auch das Verlieren.
Behalten hat seine Zeit wie auch das Wegwerfen.
Zerreißen hat seine Zeit wie auch das Flicken.
Schweigen hat seine Zeit wie auch das Reden.
Lieben hat seine Zeit wie auch das Hassen.
Krieg hat seine Zeit wie auch der Frieden.

Prediger 3,1-8

Als Kind dachte ich mir: »Warum muss er so viele Sachen aufzählen, ich hab's auch nach dem ersten Satz verstanden!« Sicher: Auf einer abstrakten Ebene wissen wir schon mit dem ersten Satz Bescheid. Aber die konkreten Gegensatzpaare geben uns ein Bild davon, wie das Ganze im Leben umgesetzt wird. Das zeigt uns, dass die abstrakte Wahrheit »alles hat seine Zeit« durchbuchstabiert werden muss. Schauen wir beispielhaft ein paar dieser Gegensätze genauer an.

Der große Rahmen

Alles hat seine Zeit. Vom König bis zum Bettler, jeder hat genau 24 Stunden am Tag zur Verfügung – das sind 86 400 Sekunden. Jede Sekunde, die verstreicht, ist für immer fort. Da ist der westliche Drang, möglichst effizient zu sein, verständlich. Und doch kann man Zeit nicht wirklich »sparen«, nicht einmal mit einem Kalender und vielen Terminen. Wenn etwas nicht an der Zeit ist, dann helfen die besten Vorsätze nichts. Und wenn für etwas die

Zeit reif ist, hat das wohl kaum der beste Plan verursacht. Alles hat seine Zeit, ob wir das wollen oder nicht, und wir haben die Aufgabe, sie zu gestalten.

Dann folgt die genauere Beschreibung in Form von Gegensatz-paaren. Jedes dieser Paare bedeutet im Grunde: Von A bis Z und alles dazwischen. So hat geboren werden und sterben seine Zeit – und alle gelebten Tage, die zwischen diesen Zeiten liegen. Das bedeutet für mich zweierlei: Erstens läuft unser gesamtes Leben in einem Rahmen ab, den wir nicht bestimmen. Ein Rahmen zwischen Geburt und Tod, der zu 100 Prozent nicht von uns selbst kommt, sondern ein Ge-schenk ist. Damit ergibt sich zweitens, dass wir dieses Geschenk dankbar annehmen können. Egal, wie froh oder deprimiert wir sein mögen, unsere Zeit zum Sterben wird irgendwann kommen, also lasst uns die Tage bis dahin in Fülle leben.

> Alles hat seine Zeit, ob wir das wollen oder nicht, und wir haben die Aufgabe, sie zu gestalten.

Pflanzen und Ausreißen

Es folgt die nächste Kategorie: Pflanzen – Ausreißen, Töten – Hei-len, Niederreißen – Aufbauen. Hier geht es um den Kreislauf von Aufbau und Abbau. Man könnte auch sagen: wachsen lassen, den Ertrag davon sehen und wieder aufräumen. Die Familie meiner Oma Waltraut kannte das nur zu gut: Während des Krieges und auch danach bauten sie Obst und Gemüse im eigenen Garten an. Mal war die Zeit, den Boden vorzubereiten, mal war die Zeit, die Pflanzen zu stutzen, mal war die Zeit, die Ernte einzuholen und zu verarbeiten. Das konnte man nicht in beliebiger Reihenfolge machen, sondern die Natur gab einen Rhythmus vor. Indem sie mit dem Rhythmus der Natur arbeiteten anstatt gegen ihn, erhöhten sie die Chancen auf eine erfolgreiche Ernte.

Dieses Prinzip des Rhythmus gilt aber auch für andere Lebensbereiche: von Beziehungen über Finanzpläne bis hin zu Jobs oder Hobbys. Es gibt immer eine Phase, wo Dinge beginnen, dann kehrt eine gewisse Routine ein, es folgt Wachstum, und irgendwann geht eine Phase wieder zu Ende. So lernt man vielleicht zu Beginn seine Teammitglieder auf der Arbeit kennen, und alles scheint gut zu gehen. Dann durchläuft man erste Krisen, reift daran, und irgendwann arbeitet man jemand Neues in die Stelle ein, bevor man weiterzieht. Dabei ist weder der Anfang noch das Ende per se gut oder schlecht, sondern jede Phase hat ihren Wert. Wenn Leute dagegen krampfhaft an ihrer Jugend festzuhalten oder Macht nicht abgeben können, versuchen sie, eine vorige Phase festzuhalten. Das ist nachvollziehbar, denn das Alte ist vertrauter als etwas Neues. Aber wer stecken bleibt, reift nicht. Er bleibt wie Peter Pan: nur ein Potenzial, ohne Ergebnis, und somit machtlos.

Wer stecken bleibt, reift nicht. Er bleibt wie Peter Pan: nur ein Potenzial, ohne Ergebnis, und somit machtlos.

Um dieser Peter-Pan-Falle zu entkommen, hilft es, Folgendes zu verinnerlichen: Manche Phasen sind aufregender als andere, aber jede Phase erfüllt eine bestimmte Funktion und ist somit wertvoll. Die Kunst ist, die Zeiten zu erkennen und sich entsprechend ihnen gegenüber zu verhalten. Weder hetzend noch zögernd das zu leben, was der Lebensrhythmus nahelegt. Alles hat seine Zeit.

Zerreißen und Flicken; Lieben und Hassen

Ja, sogar die negativ assoziierten Dinge haben ihre Zeit: Zerreißen und Hassen. Das bedeutet nicht, dass diese Zeiten besonders schön oder erstrebenswert sind. Es heißt aber, dass sie Teil des Lebens sind. Bei diesen Gegensätzen »Zerreißen – Zunähen«, »Schweigen – Reden«, »Lieben – Hassen« und »Krieg – Frieden« geht es um den Kreislauf der Versöhnung. Es wird Tage geben, an denen man nicht anders kann, als zu schweigen, zu hassen oder sich gewaltsam loszureißen. Aber der Prediger gibt den Ausblick, dass es dabei nicht bleiben wird: Es gibt auch die Zeit, in der man wieder zunäht, miteinander redet, liebt und wahren Frieden findet. Beide Seiten tragen zur Fülle bei: Ohne Konflikte würde es womöglich nie zu reifer Gemeinschaft kommen. Streit kann zerstören, aber wenn er angemessen eingesetzt wird, kann er auch ungeklärte Probleme ans Licht bringen und den Weg für tiefe Versöhnung und Frieden frei machen. Alles hat seine Zeit.

Bestandsaufnahme fürs Herz: Reflexionszeiten

Es gibt Zeiten der Aussaat und der Ernte, Anfang und Ende. Dazwischen gibt es aber auch Zeiten, in denen man seinen aktuellen Stand überprüft: Reflexionszeiten. Als ich Herbst 2021 in den USA war, teilte der Pastor einer Gemeinde mit mir fünf Fragen, die zu einer Reflexion anregen sollten. Er empfahl, sich diese Fragen mindestens einmal im Jahr zu stellen, am besten häufiger, und zwar nicht nur bezüglich großer Entscheidungen – »Wo werde ich wohnen?«, »Was soll ich arbeiten?«, »Wie sieht's mit Partnerschaft aus?« –, sondern auch im sonstigen Alltag: diese Fragen helfen uns, uns über die Richtung unserer Schritte klar zu werden und herauszufinden, was Gottes Weg für unsere nächste Zeit im Leben sein könnte.

1. Was erkennen Menschen in dir, die schon länger im Glauben unterwegs sind?

Diese Frage setzt voraus, dass wir solche reifen Menschen kennen und ihnen erlauben, in unser Leben hineinzusprechen. Aber was heißt hier »reif«? Mit einem Satz: Menschen wie diese haben die Perspektive des Himmels in ihrer Denk- und Lebensweise verinnerlicht. Sie haben ein aktives Gebets- und Glaubensleben und bereits Krisen reflektiert überstanden. Such dir am besten mindestens eine solche Person, die regelmäßig in dein Leben sprechen darf. Das hilft enorm beim Wachstum! Und wenn du schon etwas länger im Glauben unterwegs bist, dann frag dich, ob auch du vielleicht so eine Person für jemand anderes sein könntest.

2. Was sagt dir der Heilige Geist?

Je nachdem, aus welcher Gemeinde du kommst, wird diese Frage vielleicht seltsam für dich klingen. Aber lass mich erklären, was ich damit meine: Wenn wir Jesus nachfolgen, dann haben wir den Heiligen Geist in uns. Er ist die Quelle, die uns geistlich erfüllt. Aber das ist er nicht nur am Tag, an dem wir Ja zu Jesus sagen. Der Heilige Geist ist auch in der Lage, in unser Leben hineinzusprechen – durch die Bibel, durch Lieder, die Schöpfung, aber auch durch konkrete Gedanken und Eindrücke. Das kann man vergleichen mit einem Aus-dem-Nichts-Gefühl oder einer leisen, aber festen Intuition. Ich weiß, dass es zu diesem Thema viele Missverständnisse gibt. Trotzdem behaupte ich, dass ein abenteuerliches Leben mit Gott nur dann zur Fülle kommen kann, wenn wir lernen, Gottes Stimme in unserem Leben zu hören und darauf angemessen zu reagieren. Wenn Gott redet, kann das spektakuläre oder emotionale Momente auslösen, muss es aber nicht: Gottes Reden geht tiefer als das. Frage dich, welche Gedanken du einfach nicht aus dem Kopf kriegen kannst, welche dich in eine heile Gemeinschaft zu Gott und der Welt führen: Bei welchem Verhalten hast du einen inneren Frieden, den du nicht erklären kannst? Ich spürte diesen tiefen Frieden zum Beispiel, als ich fürs Studium an die Kunstakademie ging. Logisch betrachtet ergab es keinen Sinn, denn als Künstlerin konnte ich nicht gerade ein sicheres Gehalt erwarten. Aber ich wusste, dieser Weg war der richtige. Und im Rückblick kann ich sagen: Es stimmte.

3. Was liegt dir von Natur aus?

Manchmal haben wir die Vorstellung, dass wir für Gott hart schuften müssten. Es stimmt zwar, dass wir auf unserem Abenteuer auch schwere Phasen durchlaufen werden. Doch das heißt nicht, dass unsere Berufung von vornherein gar keinen Spaß machen darf. Im Gegenteil: Wenn du einer Arbeit nachgehst, die dir überhaupt nicht liegt, wirst du dir selbst (und anderen) im Weg stehen. Sich im Glauben auf unbekannte Schritte einzulassen, bedeutet also nicht, dass Gott gegen deine natürlichen Anlagen arbeitet. Wenn diese der Gemeinschaft zu Gott und der Welt dienlich sind, dann ist es naheliegend, dass sie Teil deines Weges mit Gott sein werden. Frag dich also: Was liegt dir von Natur aus? Worüber freust du dich ganz automatisch? Womit kannst du scheinbar mühelos anderen Menschen dienen?

4. Bei welchem Thema wirst du emotional?

Diese Frage knüpft ein wenig an die vorige Frage an, geht aber in eine leicht andere Richtung: An was denkst du ständig, weil es dich begeistert? Was macht dich wütend oder bricht dir das Herz? Bei welchem Thema denkst du, dass es anderen Leuten auch wichtig sein sollte? Anders ausgedrückt: Welches Thema ruft in dir Emotionen hervor? Das kann etwas sein, was dir von Natur aus liegt, muss es aber nicht. Möglicherweise ist es ein Thema, in das du dich reinarbeiten musst. Aber es könnte durchaus ein Bereich sein, in dem du diese Welt gestalten kannst.

5. Was ist die tiefste Sehnsucht deines Herzens?

Bei der inneren Sehnsucht geht es um deinen tiefsten Wunsch: unabhängig von dem, was du kannst, unabhängig von dem, was in dir Emotionen hervorruft. Eine Sehnsucht meint dabei nicht eine oberflächliche Gefühlsregung. Vielmehr ist damit die Ebene der Seele gemeint, die Bedürfnisse hat und diese in der Tiefe erfüllt sehen will. Mit der Frage nach deiner Sehnsucht erkennst du an, dass du Wünsche hast, und dass manche dieser Wünsche vielleicht von Gott gegeben sind. Wenn du unsicher bist, ob dieser Wunsch von Gott kommt, dann schau, wem seine Erfüllung dienen würde: Dient er nur dir selbst, oder willst du damit auch bewusst Gott, Mitmenschen und der Umwelt dienen? Meine Sehnsucht ist zum Beispiel, dass ich Geschichten erzählen möchte, und zwar so, dass sie Menschen in ihrer Beziehung zu Gott und der Welt weiterbringen. Andere Menschen sehnen sich vielleicht nach einer Ehe, wünschen sich Kinder, einen bestimmten Beruf oder möchten sich für ein soziales Anliegen einsetzen. Was auch immer es ist: Trau dich, diese Sehnsucht anzuerkennen, vielleicht sogar, einen Schritt zu gehen, um sie auf heilsame Weise zu erfüllen.

> **Keine Zeit, die am Horizont Gottes gelebt wird, ist vergeudet.**

Und noch mal: vertrauen

In all diesen Fragen bezüglich Zeit und ihrer Gestaltung können wir in die Falle tappen, uns zu sehr Sorgen zu machen: »Nutze ich meine Zeit auch wirklich zu 100 Prozent?« »Habe ich genug getan?« »Habe ich zu viel getan?« »Bin ich reflektiert genug?«

Aber alles hat seine Zeit, so auch das einfache, gelebte Leben. Wir reden mit Gott, reflektieren, denken nach, aber gestalten und genießen auch das, was Gott uns direkt vor die Füße legt. Der Prediger kommt immer wieder zu dem Schluss:

> Ich habe aber auch etwas Schönes und Gutes entdeckt: dass jemand isst, trinkt und Freude an seiner Arbeit hat, obwohl sie ihm, solange er lebt, viel Mühe schafft – denn das ist seine Bestimmung. Auch wenn Gott einem Menschen Reichtum und viele Güter gegeben hat, und der Mensch diese aus der Hand Gottes annehmen und sich trotz seiner Mühe daran freuen kann, ist es ein Geschenk Gottes. Wer dazu in der Lage ist, denkt nicht mehr oft über die Kürze seines Lebens nach. Denn Gott hat ihm Freude ins Herz gegeben.
> *Prediger 5,17-19*

Ähnlich spricht Jesus seinen Jüngern zu:

> Macht das Reich Gottes zu eurem wichtigsten Anliegen, lebt in Gottes Gerechtigkeit, und er wird euch all das geben, was ihr braucht. Deshalb sorgt euch nicht um morgen, denn jeder Tag bringt seine eigenen Belastungen. Die Sorgen von heute sind für heute genug.
> *Matthäus 6,33-34*

Und so schließe ich das Kapitel in diesem Sinne: Keine Zeit, die am Horizont Gottes gelebt wird, ist vergeudet. Keine Bedürfnisse, die wir haben, gehen an Gott vorbei. Wir können gelassen und gleichzeitig voller Eifer unsere Zeit in dieser Welt gestalten. Denn wir wissen: Alle Zeit steht in Gottes Händen.

Kapitel 11:
KONSUMKRAM

Ein Vorbild Namens David

Ich wuchs in einer christlichen Gemeinde auf und ging in den dortigen Kindergottesdienst. Eines der Kinder, die ich dort regelmäßig sah, hieß David. Ich kannte ihn schon seit der Grundschule, hatte mit ihm aber nicht viel zu tun, denn wir waren sehr unterschiedlich: Er war laut und machte viel Quatsch, ich war eher ruhig und hielt mich an die Regeln. Er hatte, so schien es mir, viele Freunde, ich war schüchtern und bevorzugte eine kleine Freundesgruppe. Gerade in der Teeniephase machten die Jungs oft flache Witze und prügelten sich aus Spaß, und mein Eindruck war: Der Typ nervt!

Aber dann wurde ausgerechnet David für mich zu einem Vorbild: Er war einer der ersten Leute in meinem Alter, die bewusst darauf achteten, ob Produkte nachhaltig hergestellt werden, und er sprach offen darüber. Durch ihn lernte ich, was Fair Trade ist. Zu der Zeit war dieses Thema noch nicht Mainstream, trotzdem erzählte er den Leuten ganz begeistert davon, dass sein neues Hemd und seine Hose »fair« produziert seien. Ich hörte das Gespräch am anderen Ende des Raums mit und war verwundert: War Fair Trade etwa eine neue Luxusmarke wie Adidas oder Gucci? Es schien teurer zu sein als die normalen Sachen bei H&M. Warum sollte man extra mehr Geld zahlen, wenn man sie genauso gut billiger bekam?

Aber nach und nach verstand ich: Fair Trade ist keine Marke, sondern ein Siegel. Es sorgt dafür, dass die Bäuerinnen und Bauern, die die Baumwolle anbauen, faire Löhne bekommen. Man kann mit dem Kauf eines solchen Produktes also helfen, Armut zu bekämpfen! Die Idee gefiel mir. Und nach und nach achtete ich mehr darauf, wo mein Essen, meine Klamotten und andere Dinge herkamen. Ich wollte so kaufen, dass niemand Schaden nahm und den Menschen und der Umwelt möglichst geholfen wurde.

Aber ich merkte bald, dass das Thema nicht ganz so einfach war, wie ich es anfangs dachte. Denn fairer Handel berührt eines der komplexesten Themen unserer heutigen Welt: Konsum.

Was ist Konsum?

Ob es eine Packung Eier, die Jeans oder ein Film bei Netflix ist: Wir konsumieren Dinge. Damit sind wir Menschen nicht allein: Jedes Lebewesen konsumiert etwas. Ein Bär in Alaska konsumiert Lachs. Eine Antilope konsumiert die Gräser der Savanne. Selbst eine einfache Algenpflanze im Meer konsumiert Mineralien und Sonnenlicht. Aber es gibt zwischen Menschen und anderen Lebewesen einen deutlichen Unterschied: Wir Menschen sind als einzige Lebewesen in der Lage, unseren Konsum durch abstrakte Systeme und Gedanken über große Zeiträume hinweg zu gestalten. Ein Tier wird nur das konsumieren, was es sich durch angeborene oder erlernte Fähigkeiten direkt holen kann. Es wird nicht verstehen, warum Geld oder ein Lkw für die Beschaffung von Essen nützlich sein sollte. Es wird natürlich auch nicht den Sinn hinter dem Kauf eines Films oder einer Hotelsuite verstehen. Wir Menschen verstehen das hingegen schon. Wir konsumieren Dinge, die wir nicht an sich »brauchen«, und wir entwickeln ganze Wirtschafts- und gesellschaftliche Systeme, um unseren Konsum zu stärken. Die westlichen Gesellschaften haben geradezu eine kapitalistische Konsumgesellschaft aufgebaut: Mehr Konsum bedeutet in diesem

Denken mehr Glück. Jemand, der wenig kauft oder bewusst auf Luxus verzichtet, gilt als »alternativ« – denn es sei normal, möglichst ausschweifend zu konsumieren.

Konsum – für die einen ein Schimpfwort, für andere ein Kampfbegriff, den es zu verteidigen gilt. Seit jeher haben Menschen darüber gestritten, wie man Dinge konsumieren sollte. Der griechische Philosoph Diogenes (etwa 4. Jahrhundert v. Chr.) war ein radikaler Vertreter des Anti-Konsums: Er lebte angeblich in einer einfachen Tonne auf der Straße und kritisierte jede Form des Luxus. In einer Anekdote heißt es, dass der berühmte Herrscher Alexander der Große so beeindruckt von Diogenes gewesen war, dass er ihn besuchte und ihm einen freien Wunsch erlaubte. Diogenes hätte Gold, Seide, das beste Essen oder einen hohen Posten haben können. Doch seine Antwort war schlicht: »Geh mir aus der Sonne.«[87] So eindrücklich diese Anekdote ist, so viele Fragen wirft sie doch auf: Muss man jede Schönheit und Besonderheit der Welt ablehnen? Muss man mit grummeligen Kommentaren in einer Tonne leben, um zu den wichtigen Dingen des Lebens zu finden? Der ebenfalls griechische Dichter und Philosoph Epikur (etwa 3. Jahrhundert v. Chr.) schien das nicht so zu sehen. Er folgte dem Grundsatz: Lust vergrößern, Unlust vermeiden. Lust war dabei nicht ganz so oberflächlich gemeint, wie das auf den ersten Blick scheinen könnte, aber trotzdem meilenweit von Diogenes entfernt![88]

Auch in der Kirchengeschichte gab es immer wieder ein Hin und Her zu diesem Thema[89]: Katholische und orthodoxe Kirchen wurden spätestens seit dem frühen Mittelalter üppig dekoriert mit Mosaiken, Gemälden, Glasfenstern und Skulpturen. Es wurde viel Wert darauf gelegt, den Raum Gottes als etwas Besonderes darzustellen. Man begegne eben nicht irgendjemandem, sondern dem Schöpfer und allmächtigen Gott, Christus, dem auferstandenen

Herrn. Aber natürlich nutzten Auftraggeber solcher Bauten die religiösen Vorsätze auch, um sich selbst zu verherrlichen. Und wenn ein korrupter König ein paar Kirchen stiftete, würde Gott ihn sicher in den Himmel lassen, oder?

Diese Doppelmoral blieb nicht unbemerkt. Es gab über die Jahrhunderte hinweg immer wieder Reformen, aber am berühmtesten ist sicher die geworden, die Martin Luther angestoßen hat. Luther prangerte in seinen 95 Thesen unter anderem den kirchlichen Umgang mit Geld an: Zu seiner Zeit verkauften Kirchenvertreter Schuldscheine mit dem Versprechen, dass die Sünden dann vergeben seien (der sogenannte »Ablasshandel«). Zudem waren die üppig dekorierten Kirchen für Luther eine Ablenkung von der Wahrheit des Wortes Gottes. Sein Appell: eine Reform der korrupten Verhältnisse und ein gerechterer Umgang mit Reichtum. Doch manche Leute führten seine Ideen ins Extreme: Sie zerstörten viel katholische Kunst in den Kirchen, was später als »Bildersturm« bekannt wurde. Zwischen Katholiken und Protestanten verhärteten sich Fronten. Bis heute kann man diese Spaltung am Aussehen der Gebäude ablesen: Kirchen, die aus protestantischer Tradition hervorgingen (zum Beispiel Lutherisch, Calvinistisch, Methodisten), sind meist wesentlich schlichter eingerichtet als katholische und orthodoxe Kirchen. Als ob man bis heute damit sagen will: »Verwendet das Geld nicht für dekadenten Luxus, sondern um Pastorinnen und Pastoren auszubilden und den Armen zu helfen. Wir wollen das Wort Gottes in den Mittelpunkt stellen, nicht den Prunk irgendeines Gönners!« Bei katholischen und orthodoxen Kirchen finden wir dagegen nach wie vor üppige Verzierungen, Gemälde oder Skulpturen. Sie zeigen den Menschen, die den Gottesdienst besuchen: »Hier ist ein heiliger Raum, und den wollen wir gebührend ehren.« Bis heute also unterschiedliche Formen, wie man Luxus darstellt.

Konsum in der Bibel

Alle Kirchen berufen sich auf die Bibel. Und die Impulse, die wir dort finden, unterstützen sowohl die katholische als auch die protestantische Seite – je nachdem, wie man sie auslegt. Wichtig dabei ist: Alle Bibelstellen sind für alle Kirchen wegweisend. Hier geht es also nicht darum, dass Katholiken oder Protestanten so oder so sind. Es geht darum, grobe Tendenzen aufzuzeigen, damit wir unsere blinden Flecken aufdecken und ganzheitlicher leben können.

Wir finden schon zu Beginn der Bibel ausführliche Anweisungen an das Volk Israel, für seine religiösen Gegenstände und Feste kunstvolle und schöne Materialen zu verwenden (vgl. zum Beispiel 2. Mose 35-39). Das entspricht eher der Sichtweise der katholischen Kirche: mehr ein Mit-Gott-das-Leben-üppig-Feiern. Bei aller Feier wurde das Volk aber auch zu achtsamem Konsum ermahnt. So sollte man zum Beispiel bei der Ernte nicht jeden letzten Halm aufsammeln, sondern großzügig Weizen stehen lassen, damit die Armen davon essen konnten (vgl. 5. Mose 24,19-22). Die Hilfe der Armen war traditionell allen Kirchen wichtig, wurde aber durch Korruption (leider teilweise bis heute) verhindert. Luther prangerte die katholische Kirche also nicht dafür an, dass sie katholisch war, sondern dafür, dass die damaligen Bischöfe und Priester ihrer eigentlichen Aufgabe nicht nachkamen und stattdessen maßlos konsumierten.

Eine eher protestantische Seite finden wir im Buch Amos. Dort sagt Gott:

Ich hasse und verachte eure religiösen Feste [...] Hört auf mit dem Lärm eures Lobpreises! Eure Anbetungsmusik werde ich mir nicht anhören. Stattdessen will ich Recht fließen sehen wie Wasser und Gerechtigkeit wie einen Fluss, der niemals austrocknet.
Amos 5,21-24

Später erklärt Jesus, dass es einfacher für ein Kamel sei, durch ein Nadelöhr zu gehen, als dass die Reichen ins Reich Gottes kommen – kein Werk (auch kein religiöser Konsum) kann Gott beeindrucken, nur die Rettung durch Gott öffnet uns den Himmel (vgl. Markus 10,25). Andererseits mahnt Jakobus: »Es reicht nicht, nur Glauben zu haben. Ein Glaube, der nicht zu guten Taten führt, ist kein Glaube – er ist tot und wertlos« (Jakobus 2,17). Luther soll mit Jakobus seine Schwierigkeiten gehabt haben: Paulus sagt doch, dass wir durch Glauben allein gerettet sind und nicht durch Werke (vgl. Epheser 2,8-9)! Aber Jakobus widerspricht Paulus nicht, und ist auch nicht »katholisch« oder »protestantisch« voreingenommen. Er erklärt nur eine andere Seite des ganzen Bildes: Glaube an Gottes Gnade ist und bleibt die Grundlage. Er ist die Wurzel, aus der wir leben. Aber wenn Glaube die Wurzel ist, sind unsere Werke die Frucht – inklusive dem, wie wir mit Konsum umgehen. So passen die verschiedenen Seiten doch zusammen: Leben mit Gott feiern, volle Hingabe, gerechte Reform, Glaube an Gottes Gnade und praktische Werke im Leben.

Unser Konsum ist unser Werk

Aber warum ist unser Konsumverhalten ein »Werk«? Wenn wir an Werke denken, dann haben wir vermutlich eher Dinge im Kopf wie Geld spenden oder eine Kindergruppe leiten. Sachen, die wir bewusst als »gute Tat« ausführen. Aber denken wir auch an unser Alltagsgeschäft? Denn unser Konsum wie auch unser ganzer Alltag sind Teil unserer Werke, weil wir mit unserem Kauf dazu beitragen können, lebensdienliche Verhältnisse zu schaffen. Ein Beispiel: Wenn wir ein Produkt kaufen, das nicht zertifiziertes Palmöl enthält, unterstützen wir damit indirekt die Zerstörung von Regenwäldern, die für Palmöl abgeholzt werden. Oder wir unterstützen mit unseren Einkäufen indirekt Kinderarbeit, Massentierhaltung, widrige Bedingungen in einer Kobaltmine im Kongo oder das Verdursten von ganzen Dörfern, während ihr Wasser für unsere Drinks abgefüllt wird. Es ist nicht unsere Schuld, dass die Konsumwelt so ungerecht ist. Doch wenn die kapitalistische Gesellschaft durch Geld bewegt wird, dann haben wir mit unserem Geld eine gewisse Macht. Damit wir diese Macht mit einer ganzheitlichen Brille einsetzen, kommen hier einige grundlegende Tipps.

Aus lokalem Anbau kaufen

Diesen Tipp habe ich bereits genannt, aber ich erinnere an dieser Stelle noch mal daran: Wenn wir wollen, dass unser Konsum nachhaltige Auswirkungen hat, dann sollten wir darauf achten, dass das Produkt keine lange Reise hinter sich hat. Sprich: Wir können schauen, ob es zum Beispiel einen lokalen Metzgerbetrieb in unserer Nähe gibt oder einen Bauernhof, der seine Kartoffeln direkt verkauft. Auch im Supermarkt kann man oft erkennen, wo die Produkte herkommen. Bei diesem Tipp geht es in erster Linie um frische Lebensmittel, aber falls in deiner Gegend auch Kleidung produziert oder Kosmetik mit regionalen Zutaten hergestellt wird, lässt er sich auch dort anwenden.

Ist Bio auch wirklich besser?

Viele Labels und Firmen versuchen inzwischen, ihre Produkte als »Bio« oder »Öko« darzustellen. Aber sind die Bioeier auch wirklich besser? Dass konventionelle Landwirtschaft einen Schaden für die Umwelt bedeutet, habe ich bereits erwähnt: Die Produktion solcher großen Erträge erfordert schädliche Pestizide, künstliche Dünger und eine Spezialisierung auf ein Produkt. So wird Biodiversität unterdrückt, Wälder werden vernichtet und das Wohl der gezüchteten Tiere kann unter diesen Bedingungen leiden.

In ökologischer Landwirtschaft wird dagegen auf künstliche Dünger und umweltschädliche Pestizide verzichtet. Stattdessen kommt der Ertrag durch natürliche Dünger wie Kompost zustande. Die Tiere haben im Schnitt ein besseres Leben, und kleinere Höfe mit Artenvielfalt beugen Krankheiten und Auswirkungen durch Extremwetter vor: Wenn eine Tier- oder Pflanzenart von Krankheit befallen wird, verliert man nicht gleich alles, genauso beugt das dichte Wurzel- und Schattennetz Dürre und Erosion vor … So gesehen scheint die Sache klar: Gleich auf Öko umsteigen, oder?

So einfach ist das aber nicht: Forschende von der Cranfield University in Großbritannien haben sich die Frage gestellt, was passieren würde, wenn alle Bauernhöfe Großbritanniens von konventioneller zu ökologischer Landwirtschaft wechseln würden.[90] Das Ergebnis war, dass bis zu 40 Prozent der Lebensmittel fehlen würden! Warum? Weil ökologische Landwirtschaft auf die natürliche Kapazität des Bodens setzt anstatt auf künstliche Dünger und Pestizide. So wird pro Hektar weniger produziert. Um diese Erträge auszugleichen, müsste fünfmal so viel Landfläche zu Bauernhöfen und Ackerflächen werden, und man müsste mehr Lebensmittel importieren. So hätte man am Ende mehr CO_2, Methan und Landnutzung verursacht als vorher! Die Moral von der Geschicht', ökologische Landwirtschaft taugt zu nichts? Nein, und zwar aus folgendem Grund: Konventionelle Produktion muss sich ändern, da führt kein Weg dran vorbei. Sonst nimmt unsere Welt weiter Schaden. Und ökologische Wirtschaft führt am Ende zu gesünderen, krisenfesteren Systemen. Aber: Der Ökobauernhof allein reicht nicht aus. Wir müssen auch grundsätzlich unser Konsumverhalten ändern. Alles andere wäre Greenwashing (siehe Exkurs). Die Berechnungen in Großbritannien gingen davon aus, dass wir genauso viele Lebensmittel konsumieren (und verschwenden) wie bisher. Fakt ist also: Nur ein umfassendes Umdenken wird zu echtem Wandel führen: Ökologische Landwirtschaft verringert die CO_2-Emission pro Hektar, fördert Biodiversität und kann zur Stärkung des sozialen Miteinanders beitragen. Wenn es viele lokale Biohöfe gibt, wird zudem weniger transportiert. Verschwenden wir Menschen dann auch noch weniger und essen zum Beispiel nur einmal in der Woche Fleisch, bringen »Öko« und »Bio« tatsächlich etwas: Alle Maßnahmen zusammengenommen würden die negativen Auswirkungen der Landwirtschaft auf unsere Umwelt »erheblich senken«, so die Forschenden.[91] Wir sollten also beim Einkauf an das große Ganze denken und uns fragen: Was brauchen ich wirklich? Und was wird bei mir meist verschwendet oder einfach im Regal vergessen? Wir können klein anfangen und erst mal nur eine Handvoll Produkte, die wir regelmäßig kaufen, auf »Bio« umstellen.

EXKURS: GREENWASHING

Greenwashing heißt wörtlich übersetzt »grünes Waschen«. Es bedeutet, dass eine Firma sich als »grün« (Bio, Öko) darstellt, um ihre schlechten Auswirkungen auf Umwelt oder soziale Probleme »reinzuwaschen«. Im Grunde redet sich die Firma und damit auch uns als Konsumierende ein gutes Gewissen ein, ohne wirklich nachhaltig zu sein. Ein klassisches Beispiel sind Stofftaschen aus Baumwolle: Sie haben eine natürliche Farbe, fühlen sich natürlich an, also müssen sie auch besser für die Umwelt sein als Plastiktüten, oder? In

Wirklichkeit verbraucht die Produktion von Baumwolle aber enorm viel Wasser, also ist eine neue Baumwolltasche nicht zwingend besser als eine Plastiktasche, die man über Jahre hinweg nutzt. Das bedeutet nicht, dass Plastik durch und durch gut ist. Es heißt nur, dass wir auf das ganze Bild achten müssen. Faustregel: Wenn die Werbung dir erzählt, dass du alles wie immer machen könntest und das Ganze trotzdem komplett nachhaltig sei, dann lieber noch mal etwas genauer hinsehen.

Qualitätssiegel: Was steckt dahinter?

Woher aber sollen wir wissen, ob etwas wirklich »bio« oder »fair« ist und nicht nur so genannt wird? An dieser Stelle kommen die Qualitätssiegel ins Spiel. Wenn du diese Siegel auf einem Produkt findest, weißt du zwei Dinge:

1. Jemand anderes hat die ganze Prüfungsarbeit gemacht.
2. Dieses Produkt hat bestanden.

Dabei sagt nicht jedes Siegel das Gleiche über die eingehaltenen Standards aus. Es lohnt sich also, genauer hinzusehen, was hinter einem Siegel steckt.[92] Schauen wir uns eines der wohl bekanntesten an: Fairtrade. Genau genommen gehören zu Fairtrade mehrere Labels, zum Beispiel eins für Kakao, eins für Kleinbauern, eins für Großunternehmen … Laut der Übersicht des ITC werden beim Fairtrade-Siegel für Kakao 86 Kriterien zu Umweltschutz, 95 zu sozialer Gerechtigkeit, 37 zu Management/Ethik und 2 Kriterien zu Lebensmittelqualität überprüft.[93] Die anderen Fairtrade-Siegel prüfen mehr oder weniger ähnlich viele Kriterien, nur an die jeweiligen Produkte angepasst. Man merkt also, dass Fairtrade vor allem auf Umweltschutz und soziale Gerechtigkeit achtet. Wer mehr zur Qualität der Lebensmittel wissen will oder zu Tierschutz, sollte folglich nach anderen/ergänzenden Siegeln Ausschau halten (zum Beispiel die ASC-Siegel zu Fischerei oder EU Organic Farming zu europäischer Landwirtschaft). Aber für den Bereich soziale Gerechtigkeit und Umweltschutz ist Fairtrade tatsächlich aktuell eines der besten Siegel. Was ist so gut daran?

Ganzheitlich orientiert: ökonomisch, ökologisch, sozial

Auf der Website von Fairtrade International findet man folgende erklärte Zielsetzung

Fairtrade sets social, economic and environmental standards that progressively raise the bar in various sectors. We promote sustainable production, with farmers and workers at the heart of our model.[94]

(Fairtrade setzt soziale, ökonomische und ökologische Standards, die stufenweise die Messlatte in verschiedenen Sektoren anheben. Wir fördern nachhaltige Produktion mit Bauern und Arbeitern am Herzen unseres Modells.)

Kommt dir das bekannt vor? Die Standards von Fairtrade sind ganzheitlich angelegt, so, wie wir das seit dem ersten Kapitel dieses Buches kennengelernt haben: ökonomisch (*economic*), ökologisch (*environmental standards: ecological*) und sozial (*social*). Sie versuchen sich nach und nach an ganzheitliche Standards anzunähern (*progressively raise the bar*). Später auf der Seite wird erklärt, welche Standards sie genau meinen: Sie orientieren sich an den SDGs (*Sustainable Development Goals*, den 17 Zielen für nachhaltige Entwicklung der Vereinten Nationen, siehe Exkurs). Das bedeutet, dass Fairtrade sich mit einem hohen, international angestrebten Standard in Einklang bringen will. Fairtrade arbeitet also nicht nur mit den Umwelverbänden, Bauernhöfen oder Wirtschaftsfachleuten zusammen. Sie sind ein Netzwerk, das all diese Bereiche betrachtet und möglichst nachhaltige Standards einführt.

EXKURS: SUSTAINABLE DEVELOPMENT GOALS DER VEREINTEN NATIONEN (SDG)

Im Jahr 2000 erarbeiteten die Vereinten Nationen die *Millennium Development Goals* (MDGs).[95] Mit dieser weltweiten Zielsetzung wollte man bis 2015 bestimmte Entwicklungsziele erreichen. Nach 2015 wurden die Ziele noch mal erneuert und ergänzt. Das sind die heutigen SDGs. Es sind 17 Ziele, die für jedes Land als Orientierung dienen sollen[96]:

1. Keine Armut
2. Kein Hunger
3. Gesundheit und Wohlergehen
4. Hochwertige Bildung
5. Geschlechtergleichheit
6. Sauberes Wasser und Sanitäreinrichtungen
7. Bezahlbare und saubere Energie
8. Menschenwürdige Arbeit und Wirtschaftswachstum
9. Industrie, Innovation und Infrastruktur
10. Weniger Ungleichheiten
11. Nachhaltige Städte und Gemeinden
12. Nachhaltige/r Konsum und Produktion
13. Maßnahmen zum Klimawandel
14. Leben unter Wasser
15. Leben an Land fördern
16. Frieden, Gerechtigkeit und starke Institutionen
17. Partnerschaften zur Erreichung der Ziele

Ökonomisch: Faire Löhne und mehr Mitbestimmung für Bäuerinnen und Bauern

Als ich einmal in Thailand im Urlaub war, fuhr meine Familie an einer Ananasplantage vorbei. Ich weiß nicht mehr genau, was die exakten Preise waren, aber ich meine, dass man ungefähr 10 Kilogramm Ananas für 10 Baht (umgerechnet 50 Cent) bekam. Auf jeden Fall waren die Früchte spottbillig – und das nicht im guten Sinne! Dieses Phänomen ist kein Einzelfall: Viele Menschen in der Landwirtschaft (v. a. Kleinbäuerinnen und -bauern) bekommen keine fairen Preise für ihre Produkte. Zudem sind sie nicht geschützt vor unwürdigen Arbeitsbedingungen oder gesundheitlichen Risiken (zum Beispiel Pestizide, keine freien Tage, schlechte Wohnungen, Gewalt am Arbeitsplatz). Als einzelne Betriebe sind sie aber kaum in der Lage, daran etwas zu ändern: Wenn ein Konzern den fairen Preis nicht zahlen will, geht er einfach zu einem anderen Hof, bei dem es billiger ist. Daher stärkt Fairtrade von Anfang an die Mitbestimmung seiner Bäuerinnen und Bauern: Die Bauernhöfe und die Betreibenden dieser Höfe gehören einem Netzwerk an, denn gemeinsam sind sie stärker. Fairtrade-Vertretende schließen mit dieser Gruppe einen Vertrag und kaufen bei ihr anstatt bei einzelnen Höfen ein: Sie zahlen einen festgelegten Mindestpreis für die Ware sowie einen jährlichen Bonus (Fairtrade-Premium) an die Gruppe. Das garantiert den Bäuerinnen und Bauern ein stabiles Gehalt sowie Kapital, um in Gruppenprojekte zu investieren (zum Beispiel eine Schule, effizientere Bewässerungsanlagen, ein neues Krankenhaus). Wofür der Bonus verwendet wird, entscheidet dabei immer die Gruppe, und zwar per demokratischer Abstimmungen. Sie haben reale Macht, um ihre eigenen Dörfer, Höfe und ihre Umwelt zu gestalten. Aber das gilt nicht nur auf lokaler Ebene: Auch auf internationaler Ebene haben die Produzierenden mehr Stimmrecht. Bei der jährlichen Generalversammlung treffen sich drei Fairtrade-Abgeordnete mit drei Vertretenden der Bauernverbände, und alle haben das gleiche Stimmrecht.[97] So können Gesetze und Handelsabkommen zwischen Ländern und Partnerunternehmen beeinflusst werden.

Ökologische und soziale Auflagen: Schritt für Schritt

Ein Bauernhof hat also viele wirtschaftliche Vorteile, wenn er sich Fairtrade anschließt. Aber man kann nicht einfach so mit Fairtrade ausgezeichnet werden. Der Hof muss neben ökonomischen auch ökologische und soziale Auflagen erfüllen. Diese fangen klein an und steigern sich immer mehr Richtung Nachhaltigkeit. Zu den ökologischen Auflagen gehört zum Beispiel, dass Höfe für einen gesunden Boden, Biodiversität und nachhaltigen Wasserverbrauch sorgen. Den Fairtrade-Bäuerinnen und -Bauern wird davon abgeraten, chemische Dünger zu verwenden. Zudem dürfen sie keine GMOs (genmodifiziertes Saatgut) nutzen. Dabei versucht Fairtrade, diese Auflagen möglichst nicht mit erhobenem Zeigefinger durchzusetzen, sondern als Gestaltungsfeld zu präsentieren: So muss ein Hof zum Beispiel kein Zertifikat für ökologische Landwirtschaft haben, jedoch erhalten die Betreibenden für Produkte mit Öko-Siegel einen höheren Mindestpreis. Der Umschwung wird möglichst als lohnenswerte Alternative präsentiert, nicht als krampfhafte Bestimmung.

In vielen Kulturen werden zudem Frauen und bestimmte ethnische/religiöse Gruppen am Arbeitsplatz diskriminiert. Das kann sich zum Beispiel in Beschimpfungen, körperlichen Angriffen oder weniger Lohn zeigen. Wer als Betrieb bei Fairtrade mitmacht, muss dagegen allen Arbeiterinnen und Arbeitern gleiche Chancen bieten. Diese Betriebe achten also darauf, dass die Sicherheitsstandards erfüllt sind, sie zahlen faire und angemessene Löhne und gewähren ihren Angestellten das Recht zur Nutzung ihres Fairtrade-Premiums – dem jährlichen Gehaltsbonus, der an die Gruppe ausgezahlt wird.

Regelmäßige Prüfungen

Damit die Standards bei Fairtrade und den Bauernhöfen auch wirklich eingehalten werden, gibt es eine unabhängige Prüfungskommission (FLOCERT). Diese prüft jeden neuen Fairtrade-Partner zum Einstieg sowie fortlaufend in regelmäßigen Abständen. FLOCERT verleiht das Fairtrade-Siegel an zertifizierte Höfe für drei Jahre, danach muss erneuert werden. Neben angekündigten Prüfungen gibt es auch ab und zu unangekündigte Kontrollen. Sollte ein Betrieb sich gegen die Kontrollen und Auflagen stellen, kann FLOCERT einen Hof für eine Zeit suspendieren oder in schweren Fällen auch ganz aus Fairtrade ausschließen. Da FLOCERT, die Bauernverbände und die Mitarbeitenden bei Fairtrade unabhängig voneinander sind, vermeidet das Korruption oder eine Verfälschung der Ergebnisse. Insgesamt werden die Auflagen klar kommuniziert, aber als Gestaltungsraum präsentiert. So werden die Veränderungen von den Bäuerinnen und Bauern gern angenommen und nachhaltig eingehalten.[98]

Man merkt also: Hinter einem Fairtrade-Siegel steckt viel Arbeit. Das erklärt auch, warum Fairtrade-Produkte im Schnitt etwas teurer sind: Sie haben einen fairen Preis. Schau also beim nächsten Einkauf, ob du das Fairtrade-Siegel entdeckst. Es werden immer mehr Produkte mit diesem Siegel verkauft: Kaffee, Tee, Bananen, T-Shirts, Kekse, Getränke, Honig und vieles mehr. Selbst, wenn du dir nur ein Produkt leisten kannst, unterstützt dieser Kauf fairen Handel – und das ist viel wert!

Und was ist mit Onlinehandel?

Onlinehandel kommt uns Menschen sehr gelegen. Wir müssen noch nicht mal das Haus verlassen, um die neuesten Güter zu erhalten. Aber Onlinehandel hat auch seine Schattenseiten. Da ist zum einen der Verpackungsmüll: Jede und jeder Deutsche verbraucht im Schnitt 240 Kilogramm Papiermüll im Jahr, und Verpackungen machen fast die Hälfte davon aus! Zum Vergleich: Hygienemüll (zum Beispiel Klopapier) macht nur etwa 7 Prozent aus.[99] Zwar wird ein Großteil dieses Papiermülls wieder recycelt, aber auch Recycling kostet viel Energie, also ist das nur eine halbe Lösung. Hinzu kommt, dass der Onlinehandel eine schnelle Wegwerf-Kultur noch bequemer macht, schließlich kann man sich ja schnell etwas Neues bestellen. Weg mit dem Alten. Und nicht nur das: Auch die Post ist durch den stärker werdenden Onlinehandel stark überlastet. Ein Zwölf-Stunden-Arbeitstag ist da keine Seltenheit.

Wenn wir über Onlinehandel nachdenken, kommen wir am allgegenwärtigen Riesen im Raum nicht vorbei: Amazon. Viele von uns haben dort schon bestellt, denn es ist schnell, einfach und verlässlich. An sich ist gegen eine erfolgreiche Firma nichts einzuwenden. Aber da, wo Amazon Arbeitsplätze schafft, gehen andere Arbeitsplätze ein. Kleinere Läden können bei den Preisen und der Schnelligkeit Amazons kaum mithalten. Genau wie bei Landwirtschaft ist auch in der Wirtschaft eine begrenzte »Artenvielfalt« nicht nachhaltig. Was, wenn Amazons Systeme plötzlich zusammenbrechen? Was, wenn Amazon entscheidet, dass es eine politische Partei oder bestimmte Ölkonzerne finanzieren will? Dann liegt unsere Welt plötzlich in der Hand eines Konzerns. Dasselbe gilt auch für Google, Facebook und anderen Megafirmen: Sie sind allgegenwärtig und bringen Nutzen, aber sie verhindern auch eine gesunde Vielfalt.

Wie können wir uns also auch online in Richtung Ganzheitlichkeit bewegen? Zum einen haben wir die Möglichkeit, unsere Paketflut einzuschränken: Wenn es ein Produkt auch im Laden gibt, können wir mit einem Einkauf vor Ort nicht nur den Verpackungsmüll eindämmen, sondern gleichzeitig auch die Belastung der Lieferanten reduzieren. Und natürlich gibt es auch die Möglichkeit, bei anderen Läden online einzukaufen. Für Bücher ist zum Beispiel buch7.de eine gute Möglichkeit, da sie Teile ihrer Einnahmen an soziale Projekte spenden. Und wer für seine Onlinesuche etwas anderes als Google verwenden will, kann Ecosia ausprobieren: Diese Suchmaschine nutzt ihre Einnahmen, um gezielt dort Bäume zu pflanzen, wo es nachhaltig am sinnvollsten ist, und verwendet für ihre Arbeit Strom aus eigenen Solaranlagen.

Die Quelle des Lebens ist und bleibt Gott

Bei all diesen Überlegungen liegen zwei Reaktionen nahe: Entweder man wendet sich verzweifelt vom Thema ab, weil es einem zu kompliziert ist, oder man geht in den vollen Kampfmodus und verurteilt jeden Menschen, der sich nicht vegan ernährt oder Biojoghurt kauft. Keine dieser Extreme ist für uns als Weltgestalter angemessen. Es stimmt zwar, dass wir unsere Aufmerksamkeit auf unseren Konsum richten sollten und uns fragen müssen, an welcher Stelle wir aktiv werden können, um unser Verhalten anzupassen. Denn wenn wir meinen, dass wir alle drei Monate ein völlig neues Outfit brauchen, ist das nicht nur ein Problem für die Umwelt und unter Umständen auch für die soziale Gerechtigkeit, sondern genauso für uns selbst: Glauben wir wirklich, dass das extra Hemd oder die neue Tasche uns glücklich macht?

Aber genauso hinderlich ist es, wenn wir zu überheblichen, knauserigen Ökoschnöseln mutieren. Denn nicht nur der Bauer in Nicaragua und die Näherin in Thailand brauchen uns, sondern auch der alleinerziehende Vater, der von Hartz IV leben muss, und die Leiterin des lokalen Gärtnerbetriebs. Wenn wir vor lauter Ambition meinen, dass wir über die Köpfe unserer Mitmenschen hinweg entscheiden müssten, ohne den oder die Einzelne wirklich zu sehen, haben wir etwas falsch verstanden. Das kann eine ganzheitliche Welt nicht gebrauchen.

Was aber brauchen unsere Mitmenschen, wenn es nicht in erster Linie unser Geld, unsere Nachhaltigkeits-Lektion oder unsere großzügige Hilfe ist? Die Antwort lautet: Nächstenliebe, ausgedrückt in konkreten Taten und Hilfen. Damit meine ich, dass wir bei allem, was wir tun, auch unsere Haltung regelmäßig prüfen sollten. Unsere Mitmenschen und wir selbst sind nicht hier, um die Welt zu retten. Wir sind auch nicht hier, damit wir uns in unserer ganzheitlichen Lebensform besser fühlen, sondern um Gottes Schönheit und Liebe auszuleben. Oder sollte ich eher sagen: aus ihr zu leben? Gott Vater, Sohn und Heiliger Geist sind und bleiben der Grund, der Macher und der Vollender der Mission. Wenn wir als christliche Weltgestalter leben, dann tun wir nicht einfach etwas Gutes aus eigenen Bestrebungen heraus, sondern aus unserer Beziehung zu Gott, zu uns selbst, zu anderen Menschen und zum Rest der Schöpfung. Praktische Konsequenz: weder Scheuklappen noch knauserige Gerechtigkeit sind angemessen. Nächstenliebe geht nicht, wenn wir einfach sagen: »Ist mir egal« oder Unwissen als Ausrede nutzen. Aber Nächstenliebe geht auch nicht, wenn wir verbittert allen Leuten sagen, wie falsch sie und wie richtig wir handeln. Stattdessen sollten wir uns unter die Perspektive des offenen Himmels stellen und im Dialog mit Gott und der Welt bleiben. Wir sollten beten »Dein Reich komme« (Matthäus 6,10; LUT 2017) und dann die Ärmel hochkrempeln und etwas tun. Mit einer ehrlichen Haltung dabei fragen, ob es das Richtige war, und in allem darauf vertrauen, dass Gott uns führt – in unseren Gedanken, aber auch in unserer Haltung und unseren Taten.

Kapitel 12

ARMUT, VON DEN AFFEN ZUR AUGENHÖHE

Kampala, Uganda, Herbst 2019

»Pass auf die Kamera auf!«, rief mein Vater mir zu.

»Da passiert schon nichts, solange wir zusammen bleiben«, antwortete ich.

Der Regen hatte gerade aufgehört, und die Sonne kam heraus. Mein Vater und ich verließen die Seifenwerkstatt, gemeinsam mit Sylvia, der Leiterin, und Rita, einer der Angestellten.[100] Rita hatte uns alle zu sich nach Hause eingeladen, sie wohnte in einem der sechzehn Slums in Kampala. Ich und mein Vater mussten aufpassen: Weiße Leute waren dort eigentlich nie anzutreffen. Zu gefährlich. Aber wir wollten trotzdem hingehen: Wir wollten mit eigenen Sinnen erleben, was extreme Armut bedeutet.

So begannen wir unseren Weg in einer Mittelschicht-Gegend. Hier standen kleine Geschäfte und Häuser an der roten, staubigen Straße aufgereiht. Die Gebäude hatten Tore, Innenhöfe und sichere Fenster. Sie hatten Strom und fließend Wasser. Luxus, mit dem ich aufgewachsen bin und den ich allzu oft für selbstverständlich erachte.

Wir waren mitten in der Stadt, und doch liefen hier alle möglichen Tiere herum: Hühner, Kühe, Hunde und vor allem Ziegen. Sie fraßen, was auch immer sie fanden, ob am Straßenrand oder auf einem der leeren Grundstücke.

Ich bemerkte ein Schild, das auf einem der Grundstücke aufgestellt war. Darauf stand: »Dieser Platz ist NICHT zu verkaufen, ruf folgende Nummer an.« Ich war verwirrt: Warum würde jemand so ein Schild aufstellen?

Sylvia erklärte: »Hier gibt es immer wieder Landdiebe. Sie klauen einem die Dokumente des Grundstücks und verkaufen sie an mehrere Leute gleichzeitig. Dann kommen die Leute, um ihr Land zu beziehen, nur um festzustellen, dass es nie zum Verkauf stand.«

»Was ist mit der Polizei?«

Sie schüttelte den Kopf. »Die Leute bestechen sie einfach, dann schaut die Polizei weg.«

Ich sah runter zu meiner Kamera und ging noch mal sicher, dass der Gurt fest war.

Wir erreichten die Hauptstraße. Im Gegensatz zu den Seitenstraßen war sie asphaltiert. Unzählige Motorräder, kleine Busse und Menschen zogen hier an uns vorbei. Sylvia führte uns zu einem unscheinbaren Teil des Bürgersteigs.

»Der Bus sollte jeden Augenblick kommen«, sagte sie.

Ich schaute mich um. Hier war weder ein Schild für eine Haltestelle noch hatten die Busse eine Kennzeichnung von Routen oder Liniennummern. »Woher weiß man, wo der Bus hält und wo er hinfährt?«

Sie lächelte: »Die Einheimischen wissen das einfach.«

Bald fuhr ein kleiner Bus mit etwa zwanzig Sitzplätzen vor. Der Fahrer ließ uns einsteigen und fuhr weiter. Ich schaute aus dem Fenster und bemerkte verschiedene Dinge: Die Gebäude waren in bunten Farben gestrichen. Die Straße hatte viele Schlaglöcher, und auf beiden Seiten floss eine offene Kanalisation. Und alles war bedeckt mit rotem Staub.

Aber auch wenn die Straßen und Gebäude staubig waren, die Leute waren es nicht. Egal, ob reich oder arm: Sie alle achteten sehr auf ihre Sauberkeit. Manche Leute trugen westliche, andere afrikanische Kleidung. Bunte afrikanische Muster, die zu dunklen afrikanischen Hauttönen passten. Aber ich bemerkte auch die Schönheitssalons und Modegeschäfte: Dort waren so gut wie alle Schaufensterpuppen weiß, und man sah Werbung für eine Hautcreme, die die Haut heller machen sollte. Kolonialismus war offiziell vorbei. Aber anscheinend glaubte man hier nach wie vor, dass »weiße Haut« einfach »besser« sei.

Wir stiegen aus und traten ein in den Slum. Rita ging voran, wir anderen drei folgten ihr. Die Straßen und Wege waren ungeteert wie in der Mittelschicht-Gegend, nur schmaler. Und je weiter wir liefen, desto enger wurde alles. Die Häuser waren winzig, etwa so groß wie bei uns zu Hause ein Gartenhaus. Die besseren Häuser bestanden aus Beton oder Backstein, der Rest war dürftig aus Wellblech, Holz oder Plastik zusammengezimmert – was man halt finden konnte.

Es gab keine Kanalisation, dafür waren überall Gruben und Müllberge. In manchen Gegenden roch es nach menschlichen Ausscheidungen. Wir überquerten einen dreckigen Bach auf einer wackeligen Holzbrücke. Häuser ragten links und rechts auf fragwürdig stabilen Stelzen aus dem Wasser heraus. Das Ganze sah aus wie eine Szene aus einem Actionfilm.

Die Kleidung der Anwohnerinnen und Anwohner war zwar weniger farbig als die der Menschen auf der Hauptstraße, aber meist genauso sauber. Frauen kochten über offenen Feuerstellen, Kinder rannten in Gruppen herum, Männer fuhren auf Mopeds oder Fahrrädern vorbei. Und selbst hier fand man Tiere, die den Müll nach essbaren Resten absuchten.

Da ich und mein Vater weiß waren, erregten wir etwas Aufsehen. Die Menschen hier haben uns zwar nicht belästigt, aber einige Erwachsene fragten Rita und Sylvia, was wir hier machen würden, und Kinder riefen ihre Freundinnen und Freunde herbei, damit auch sie uns sehen konnten. Die seltsamste Reaktion kam aber von einigen der kleinen Kinder: Sie verdeckten ihre Augen und drehten sich weg, als ob sie einen abergläubischen Fluch abwehren wollten. Rita führte uns bei alldem aber unbeirrt weiter.

Mehr Hütten, mehr Leute, einige winzige Geschäfte. In der Nähe sahen wir Jugendliche, die auf einem Feld Fußball spielten.

»Wir sind fast da«, sagte Rita.

Die ganze Zeit über machte ich Bilder und achtete genau auf meine Umgebung. Am heutigen Tag, bei schönstem Sonnenschein, sah diese Gegend fast freundlich aus. Wie ein riesiges Sommerlager. Als Kind hatte ich das Sommerlager geliebt: Wir hatten über offenem Feuer gekocht, irgendwelche Dinge gebaut, waren über wackelige Holzbrücken balanciert und hatten draußen Fußball gespielt. Aber zwischen Sommerlager und diesem Slum gab es einen riesigen Unterschied: Das Sommerlager ging nur eine Woche lang und war gut beaufsichtigt. Der Slum würde bleiben und hatte keine Aufsicht. Im Sommerlager kam ich an, die Mitarbeiterteams kümmerten sich um mich, und dann ging ich wieder heim. Hier im Slum gab es kein »Ende« der Freizeit. Das hier war das »traute Heim«. Hier gab es nie genug zu essen, die Straßen waren immer dreckig, und Kriminalität war überall: Prostitution, Drogenhandel und Gewalt waren allgegenwärtig. Und keine Mitarbeitenden waren da, um was dagegen zu tun.

Endlich, nach einer Dreiviertelstunde, kamen wir bei Rita zu Hause an. Ihr Heim war ein winziger Betonklotz, etwa 7 bis 8 Quadratmeter groß. Nicht hübsch, aber wasserdicht, und er hatte eine abschließbare Tür. Keine Fenster, kein fließend Wasser, kein Strom. Die offene Tür war die einzige Lichtquelle für den Innenraum.

Dort hatte Ritas Familie nur ganz wenige Dinge: eine kaputte Couch und zwei passende Sessel, einige gelbe Kanister zum Wasserholen und eine Matratze mit einem Mückennetz darüber, auf der Rita mit ihren drei Kindern nachts schlief. An der rechten Wand hing ein Abc-Poster, auf dem linken Sessel lag ein Stapel wichtiger Papiere. Und in einer Plastikschüssel mit alten Lappen wohnte das Haustier der Familie: ein Huhn, das hier jeden Tag ein Ei legte. Aber zwischen diesen Sachen fiel ein Gegenstand besonders auf: ein brandneues Foto, das die Patenfamilie von einem der Kinder zeigte. Alle drei Kinder hatten seit kurzer Zeit Paten, sodass sie zur Schule gehen konnten. Das Foto war auf dem linken Sessel ganz oben auf dem Kopfende aufgestellt – der prominentesten Stelle dieser Wohnung.

Wir setzten uns und unterhielten uns eine Weile. Rita erzählte uns (mit Sylvia als Übersetzerin) von ihren Lebenskrisen, ihrer Armut, aber auch von Hoffnung. Sie war nie zur Schule gegangen, zeitweise eine Sklavin gewesen und hatte Missbrauch erlebt. Bis heute lebte sie im Slum. Aber im Gegensatz zu vorher hatte sie jetzt eine sichere Arbeitsstelle, ihre Familie hungerte nicht und ihre Kinder gingen zur Schule. Nun sah sie so etwas wie eine Zukunft. Sie hatte Hoffnung.

Die Sonne würde bald untergehen. Rita begleitete uns bis zur Hauptstraße und verabschiedete sich von uns. Während wir mit dem Bus nach Hause fuhren, ließ ich mir die letzten paar Stunden noch mal durch den Kopf gehen: Wir waren gekommen, um Armut besser zu verstehen. Als wir gingen, merkten wir, wie wenig wir doch wussten. Und trotzdem hatten wir dank Rita einen Einblick in eine fremde Welt erhalten. Das »etwas« wurde in »jemandem« konkret. Als wir auf ihrem Betonboden saßen, hatten wir eine Begegnung auf Augenhöhe und waren uns nicht mehr so fremd. Es hat nichts an Ritas Vergangenheit und Gegenwart geändert. Aber diese Verbindung brachte Hoffnung. Für Rita und auch für uns.

Was ist Armut?

Welche Bilder kommen dir in den Sinn, wenn du an Armut denkst? Welche Adjektive fallen dir ein? Wo bestätigt die Geschichte von Rita deine Erwartungen, wo vielleicht auch nicht?

Auf den ersten Blick ist eine Definition von Armut einfach: Armut = Mangel an Sachen. Und das ist nicht ganz falsch: Die World Bank bezeichnet jemanden als arm, der am Tag weniger als 5,50 US-Dollar zur Verfügung hat. Jemand, der unter extremer Armut leidet, hat weniger als 1,90 US-Dollar am Tag zur Verfügung – so, wie einst Rita und ihre Kinder. Es gab viele Fortschritte in den letzten Jahren, aber nach wie vor gehören etwa 3,5 Milliarden Menschen zu einer der beiden Gruppen.[101] Das ist fast die Hälfte der Weltbevölkerung!

Die einen wollen sofort helfen, wenn sie das hören, andere wollen nicht hinsehen, weil es zu sehr wehtut. Ich muss gestehen, dass die Armut dieser Welt mich tief bewegt, manchmal sogar erschlägt. Aber was machen wir mit unseren Reaktionen?

Erst mal müssen wir aufpassen, denn die Definition »Armut = Mangel an Sachen« ist, für sich genommen, irreführend: Man könnte meinen, dass die Lösung dementsprechend »mehr Sachen« wäre. Nach dem Motto: »Gib mehr Geld, dann wird alles gut.« Aber so einfach ist es nicht: Es wird viel Geld gespendet und doch bleiben Leute arm. Wieso? Weil Armut eben komplexer ist als ein »Mangel an Sachen«, und zwar auf mehreren Ebenen.

Wer ist reich?

Wir Menschen in westlichen Kulturen wie Europa oder Nordamerika meinen oft, dass materielle Sachen die Antwort wären: Geld, Klamotten, Schulen, Krankenhäuser… Aber das entlarvt ein begrenztes (kapitalistisches) Weltbild. Nach diesem Bild wären materielle Dinge die Antwort, weil sie das sind, auf das es im Leben ankommt. Konsum macht glücklich. Oder?

Klar, Geld wird an vielen Stellen gebraucht. Aber jede Kultur bezeichnet andere Dinge als »Armut« oder »Reichtum«: In Uganda gilt man zum Beispiel nicht als arm, wenn man kein Geld hat, sondern wenn man kein Land besitzt. Sylvia wohnte mit ihren zwei kleinen Töchtern einige Jahre in der Stadt (wo das Projekt bis Ende 2021 seinen Sitz hatte), und ihr Mann wohnte auf seinem Bauernhof auf dem Land. Die Fernbeziehung war anstrengend, aber Sylvia hatte ihren Grund, warum sie nicht so schnell zu ihm zog: Solange sie nicht ein eigenes Stück Land besaß, würde die Dorfgemeinschaft sie nicht respektieren. Sie musste warten und ihr eigenes Land kaufen. Da sie nun ein Grundstück besitzt, lebt die Familie mehr zusammen als vorher. Das Land war das, was sie reich gemacht hat.

Andere Marker von Reichtum sind zum Beispiel große Viehherden (Massai in Kenia) oder Kinder in der Ehe (Pakistan). Das erinnert uns an so manch biblische Geschichte: Abraham war reich, nicht weil er Geld hatte, sondern weil er Viehherden besaß. Und doch galt er auch als arm, denn er hatte keine Kinder und kein Land, das ihm offiziell gehörte (vgl. 1. Mose 12–25). Die komplette Verheißung an das Volk Israel hatte mit dem Versprechen von Land und Nachkommen zu tun: Durch diesen Segen würden sie für die Völker um sie herum zu einem Segen werden (vgl. 1. Mose 12,1-3). Man könnte auch sagen: Das war ihr »Reichtum« in Gott.

Von Affen und Abhängigkeiten

Man merkt: Geld ist nicht alles. Wenn es ungeschickt eingesetzt wird, kann es sogar alles schlimmer machen. Dazu ein Beispiel aus dem Urlaub in Thailand: Ich war sechzehn Jahre alt und an einem der Urlaubstage machten wir einen Ausflug. Wir packten in unseren Mietwagen Proviant, unsere Kamera und auch einige Bananen: Wir wussten, dass dort am Parkplatz Affen sein würden, die man füttern konnte. Nach etwa zwei Stunden Fahrt kamen wir an. Und siehe da, die Affen warteten schon. Sie sahen süß aus mit ihren verschmitzten Gesichtern und ihren kleinen Babys auf dem Rücken. Aber vom Verhalten her waren sie alles andere als süß: Meine sechsjährige Schwester hatte in ihrer Hand eine durchsichtige Plastiktüte voller Bananen. Sobald sie aus dem Auto stieg, rannten die Affen zu ihr und rissen ihr die Tüte aus der Hand! Meine Schwester fing vor Schreck an zu weinen, während etwa zwei Dutzend Affen sich mit der Beute davonstahlen und sich gegenseitig darum kloppten. Meine Schwester wurde nicht verletzt, aber sie erinnert sich bis heute an dieses Erlebnis. Und ich muss sagen, ich fand es auch ziemlich eindrücklich!

Man könnte jetzt über das dreiste Verhalten dieser Affen schimpfen. Aber sie wurden nicht als Diebe geboren: Touristinnen und Touristen wie wir fütterten sie, und weil das für sie weniger Aufwand bedeutete, als Futter zu suchen, nahmen sie die Gaben an. Nach und nach wurde daraus eine Abhängigkeit: Die Affen gingen nicht mehr auf die Jagd, sondern nur noch zu den Menschen. Und mehr noch: Sie schienen zu denken, dass die Sachen der Menschen ihnen zustanden. Das ging sogar so weit, dass sie Menschen ihre Handys aus der Hand rissen – als Geisel, um mehr Essen zu erpressen. Es ist nicht von ungefähr, dass inzwischen Warnschilder hängen, die eine Fütterung verbieten.

Was hat das alles mit Armut zu tun? Wenn wir unüberlegt Geld oder andere Ressourcen in eine Gruppe geben, dann können wir im übertragenen Sinne diese Gruppe zu »Affen« machen. Dann sehen wir zum Beispiel Bilder von traurigen Kindern in Afrika und denken: »Ich muss helfen«. Und sicherlich ist dieser Impuls zum Helfen gut. Aber er kann auch versteckt überheblich sein: Wir meinen, wir reichen Leute müssten das Problem lösen, und verursachen dabei ein Machtgefälle. Das betrifft schon die Armut in Deutschland. Aber gerade wenn wir in »Entwicklungsländern« (eigentlich ein problematischer Begriff[102]) helfen wollen, müssen wir aufpassen: Dort wird man bewusst oder unbewusst oft als der »Weiße Retter« gesehen, der alle Probleme löst (siehe Exkurs: Der »Weiße Retter«). Leute ruhen sich dann unter Umständen auf dem aus, was von außen kommt. Entweder weil sie untätig werden oder weil sie den Eindruck haben, dass sie es eh nicht hinbekommen, selbst etwas zu bewegen. Und das ist nie gut.

EXKURS: DER »WEISSE RETTER«

Als Europäer die Welt kolonisierten, sahen sie sich als die »Weißen Retter«. Aus ihrer Sicht war es ihre moralische Pflicht, anderen Völkern zu sagen: Werdet wie der Westen, unsere Kultur ist besser. Im besten Fall führte das zu gut gemeinter Überheblichkeit (indem sie zum Beispiel ein Krankenhaus bauten, ohne die Einheimischen miteinzubeziehen), im schlimmsten Fall zu Sklavenhandel, Ausbeutung und Völkermorden.

Auch wenn wir heute keine offiziellen Kolonien mehr haben, geistert dieser »Weiße Retter« in unseren Köpfen herum. Denk zum Beispiel an einen typischen »Werbespot« einer Hilfsorganisation, der dunkelhäutige Kinder mit traurigen Augen zeigt. Diese Werbung will uns sagen: Du kannst mit deinem Geld dieses Kind retten. Natürlich benötigen Hilfsorganisationen Geld, um ihre Arbeit vor Ort zu machen. Aber würden wir uns wohlfühlen, wenn afrikanische Leute uns in ähnlich mitleidiger Weise darstellen würden? Wenn nein, dann lass uns lieber den »Weißen Retter« ablegen. Um beim »Werbespot« zu bleiben: Warum nicht zeigen, wie das Geld dabei hilft, Menschen in die Selbstständigkeit zu führen? Auch der Kontakt auf Augenhöhe ist wichtig: Wir sollten Einheimische fragen, bevor wir Fotos von ihnen machen. Oder, falls möglich, mit Betroffenen direkt ins Gespräch kommen, anstatt uns über ihre Köpfe

> hinweg ein Urteil zu bilden. Die Devise lautete:
> Möglichst mit Leuten arbeiten – und nicht für
> Leute.

Natürlich gibt es Situationen, in denen man kurzfristig von außen unterstützen muss, zum Beispiel nach einer Umweltkatastrophe. Aber man sollte möglichst darauf achten, die Menschen vor Ort selbst an ihrer Hilfe zu beteiligen: Selbst die Ärmsten der Armen leben in organisierten Gruppen zusammen, sonst gäbe es diese Gruppen nicht. Selbst bei Rita im Slum zimmerten sich die Menschen eine Wohnung und die Jugendlichen spielten Fußball. Wenn wir aber langfristig unser Geld in verarmte Gruppen geben, machen wir sie von uns abhängig. Nach dem Motto: »Die Reichen wissen es eh besser.« Durch unsere unüberlegte Hilfe sagen wir: »Ihr könnt es nicht richtig, lasst uns das machen. Wir sind eure Retter, und ihr seid die ›armen, hilflosen Affen‹.« Mit anderen Worten: Wir hindern sie daran, Weltgestalter zu werden!

Gerade wenn über einen langen Zeitraum investiert wurde, kann dies bei den Menschen vor Ort massive Irritationen auslösen. Dann tauchen Fragen auf wie »Warum sollte ich arbeiten gehen?« »Es ist mein Recht, alles umsonst zu bekommen!« »Woher soll ich wissen, was ich als Nächstes tun soll?« Hinter all diesen Reaktion verbirgt sich dieselbe Grundaussage: »Was soll ich schon tun können? Ihr seid doch die Retter.«

Solche Reaktionen können wiederum reiche Spenderinnen und Spender regelrecht wütend machen: »Wie kann man nur so undankbar sein, so verantwortungslos, kurzsichtig und unzuverlässig!« Diese Reaktionen sind aber eben nicht ein Beweis für die »Verdorbenheit« der Armen. Vielmehr sind sie ein Symptom unseres kaputten Systems: Wir haben die Armen von Anfang an nicht gleichwertig behandelt, sondern in Abhängigkeit gebracht. So war unsere Hilfe nicht nachhaltig. Besser wäre es, wir kommunizieren mit ihnen auf Augenhöhe: Runter von unserem Retter-Ross, um mit ihnen zusammen die Welt zu gestalten.

Verstrickt in einem Netz

Unser westliches Weltbild hat viele Stärken. Es lehrt uns, dass Fortschritt grundsätzlich möglich ist und Anstrengung belohnt wird. Doch wir müssen es erweitern, um die »Geld ist die Lösung«-Falle zu überwinden. Hier hilft uns wieder die World Bank weiter: In ihrer Studie »Voices of the Poor« haben sie Menschen in Armut gebeten, ihre Situation in eigene Worte zu fassen.[103] Die Antworten haben natürlich auch materielle Dinge beschrieben, aber das waren nicht die Hauptthemen. Hier sind drei der eindrücklichsten Antworten:

- »Man kann keine Pläne machen.« (Bulgarien)
- »Wegen der Arbeitslosigkeit sind viele junge Leute kriminell.« (Kirgisistan)
- »Wir sind mehr wert als die Toten, aber weniger als die Lebenden.« (Äthiopien)

Wenn arme Menschen selbst zu Wort kommen, merkt man: Armut hat mit »tieferen« Dingen zu tun – Stabilität, Gesundheit, Sicherheit, Selbstvertrauen, soziale Anerkennung, die Fähigkeit, die Welt zu gestalten. Sprich: Armut kann definiert werden als ein Mangel an intakten Beziehungen zu sich selbst, den Mitmenschen und der Umwelt.

Bryant Myers beschreibt Armut aus christlicher Perspektive als eine »Verstrickung« des Menschen in einem Netz. Bei diesem Netz spielen sechs Dinge eine Rolle:

- »materielle Armut« (Geld, Häuser, Essen)
- »Verwundbarkeit« (keine Krankenversicherung, wenig Bildung)
- »Machtlosigkeit« (den Behörden schutzlos ausgeliefert sein)
- »körperliche Schwäche« (wenig zu essen, keine Ruhepausen)
- »Isolation« (Ausgrenzung, Mobbing)
- »spirituelle Armut« (Angst vor Geistern, religiös »unreine« Leute)[104]

Wer ist also arm? Jemand, der wenig Geld hat, aber auch jemand, der an Depression leidet, Mobbing am Arbeitsplatz oder Angst vor Geistern erlebt. Jede Armut ist individuell anders. Aber in gewisser Weise sind wir alle arm, weil unsere Beziehungen zu unserer Welt immer in irgendeiner Form kaputt und »verstrickt« sind. Als christliche Weltgestalter wissen wir: Gott schuf uns für gesunde Beziehung zu sich, zu uns selbst, zu unseren Mitmenschen und der Umwelt. Aber wir leben in einer Welt, die von Gott getrennte Wege geht, und das hat Auswirkungen auf alle Lebensbereiche.

Armut kann definiert werden als ein Mangel an intakten Beziehungen zu sich selbst, den Mitmenschen und der Umwelt.

Bei Rita war das direkt spürbar: Da ihre Eltern sich nicht um sie kümmern konnten, wurde sie zu Tante und Onkel geschickt. Sie ging nie zur Schule, sondern war ihre Hausangestellte. Der Onkel versuchte, sie zu vergewaltigen, also rannte sie fort. Aber die nächsten Jobs waren nur von kurzer Dauer. Eines Tages verführte ein

Mann sie mit dem Versprechen, ihr einen Job zu beschaffen. Sie wurde mit fünfzehn Jahren schwanger und musste sich nun ohne Bildung oder Geld um ein Kind kümmern. Da eine außereheliche Schwangerschaft in ihrer Gesellschaft verpönt ist, wurde sie jetzt auch sozial geächtet. Und zwischen Hunger, Missbrauch und Sorgen um die Miete war ihr Selbstwertgefühl zerstört worden: Als ich sie zum ersten Mal traf, schaute sie niemandem in die Augen und ließ sich scheinbar alles gefallen. Das Netz der Beziehungen war kaputt.

Die Beziehung zu Gott verändert alles

Man muss nicht an Jesus glauben, um zu sagen, dass Beziehungen für ein erfülltes Leben wichtig sind. Diese Aussage würden vermutlich die meisten Menschen unterschreiben. Was also hat das Ganze mit Gott zu tun?

Aus der Perspektive eines christlichen Weltgestalters sind alle Beziehungen im Leben letztlich in unserer Beziehung zu Gott gegründet, so auch die Beziehungsnetze der Armut. Das heißt nicht, dass nur Christinnen und Christen ein gutes Leben führen können, wohl aber, dass wir aus eigener Kraft nicht die Lage verändern können: Wir sind auf Gott und seine Gnade angewiesen, um etwas zu ändern.[105] Sicher, wir können gute Taten vollbringen, aber wir Menschen sind an sich unvollkommen. Insofern bleibt da immer ein Bruch. Umso großartiger ist die gute Nachricht: Gott hat die Beziehung zu uns wiederhergestellt, da gibt es wieder eine Verbindung! Und dies bleibt keine abstrakte Aussage, sondern Gottes Beziehung zu uns verändert die Welt um uns herum. Die Welt der Armen und Schwachen und die Welt der Reichen – ein regelrechter Einbruch der »Himmel-Welt« in unsere Welt. Das Ziel der Armutsbekämpfung muss also darin liegen, Menschen darin zu unterstützen, dass sie in ihrer Beziehung zu Gott, zu ihnen selbst, zu ihren Mitmenschen und ihrer Umwelt versöhnt leben.

In der Bibel wird nun zwar wenig darüber gesagt, was Armut ist, dafür aber umso mehr darüber, wie Gott und sein Volk damit umgegangen sind. Allein der Textumfang mach dies deutlich: Insgesamt gibt es etwa 31 000 Verse in der Bibel, und davon beschäftigen sich etwa 2000 mit Armut und Gerechtigkeit. Das sind ganze 6 Prozent der Bibel![106] Viele Fragen, mit denen sich die Kirche weitaus heftiger auseinandersetzt (Ehe, Homosexualität, Frauen in Ämtern), werden dagegen viel seltener in der Bibel erwähnt. Das heißt nicht, dass diese Themen unwichtig wären. Aber es heißt, dass Armut und Gerechtigkeit im Verhältnis mehr Aufmerksamkeit bekommen sollten.

Schon in 2. Mose 23 sagt Gott seinem Volk, dass sie sich um die Armen und Fremden kümmern sollen. Die Begründung: »Ihr sollt keinen Ausländer unterdrücken. Ihr wisst, wie es ihm zumute sein muss, denn ihr seid selbst Ausländer in Ägypten gewesen« (2. Mose 23,9). Mit anderen Worten: Ihr sollt für das Recht der Armen und Schwachen eintreten, weil ihr selbst schwach wart. Ihr seid erlöst worden, setzt euch jetzt für die Erlösung anderer ein. Der Kampf gegen Armut und Unrecht wird zur persönlichen Angelegenheit!

Im Verlauf der Geschichte hat das Volk sich aber nicht angemessen um die Armen gekümmert. So schickte Gott Propheten zum Volk, um soziale Ungerechtigkeit anzusprechen und zu einer Reform der Umstände aufzurufen (zum Beispiel Jesaja, Micha, Amos). Und dann kam Jesus. Er verkündete das Reich Gottes, also ein versöhntes und neues Leben der Menschheit in Gottes Welt. Im Vaterunser lehrte er seine Nachfolger beten: »Dein Reich komme.

Dein Wille geschehe wie im Himmel so auf Erden« (Matthäus 6,10; LUT 2017). Nur: Wie sieht dieses Reich konkret aus?

Zu Beginn seines Dienstes las Jesus in der Synagoge Verse aus dem Buch Jesaja und erklärte, dass er diese Worte erfüllen würde:

> Der Geist des Herrn ruht auf mir, denn er hat mich gesalbt, um den Armen die gute Botschaft zu verkünden. Er hat mich gesandt, Gefangenen zu verkünden, dass sie freigelassen werden, Blinden, dass sie sehen werden, Unterdrückten, dass sie befreit werden und dass die Zeit der Gnade des Herrn gekommen ist.
> *Lukas 4,18-19*

Jesus verkündete also eine neue Beziehung zu Gott, die zu einer konkreten Befreiung der Armen, der Gefangenen, der Blinden und der Unterdrückten führen würde. Das war und ist Reich Gottes. Und dann, gegen Ende seines Dienstes, sagte Jesus: »Wie der Vater mich gesandt hat, so sende ich euch […] Empfangt den Heiligen Geist!« (Johannes 20,21-22). Wenn wir also den Armen helfen, dann nicht, weil wir so kompetent sind, nicht aus Pflichtgefühl, nicht aus gutem Willen heraus, sondern weil Gott uns befreit und ausgesandt hat. Er gibt uns seinen Geist, der uns befähigt, in neuer Beziehung zu Gott und unseren Mitmenschen zu leben.

Wenn wir den Armen helfen, dann nicht, weil wir so kompetent sind, nicht aus Pflichtgefühl, nicht aus gutem Willen heraus, sondern weil Gott uns befreit und ausgesandt hat.

Schritt für Schritt

So verstrickt die Armut ist, so verbunden ist auch ihre Lösung, so wie bei Rita: Sie kam 2018 zu Hoffnung für Uganda (in der Landessprache *Suubi*). Am Anfang hatte sie wenig Vertrauen zur Gruppe: Woher sollte sie wissen, dass Sylvia anders sein würde als ihre bisherigen Chefs? Aber Sylvia besuchte Rita und half ihr, ihre überfällige Miete zu bezahlen. Ab dem Zeitpunkt kam Rita regelmäßig zu Suubi und lernte, wie man Seife herstellt. Obwohl sie nicht zur Schule gegangen war, hatte sie nun die Möglichkeit, eine praktische Fähigkeit zu erlernen. Zudem gingen ihre Kinder durch Patenschaften zur Schule. Das gab ihr neues Selbstvertrauen: Jetzt konnte sie plötzlich Geld verdienen und auch noch etwas Schönes und Nützliches herstellen. Ihre Beziehung zu sich selbst und zu ihren Mitmenschen verbesserte sich.

Es ging aber noch weiter: Ab und zu verschenkt Suubi Seife in den Slums. Die meisten Leute freuen sich darüber. Aber manche versuchen auch, diese Großzügigkeit auszunutzen. Ein fremder Mann ging zum Beispiel einmal auf Rita zu und fragte sie, ob sie ihn »heiraten« wolle. Er meinte im Grunde: »Werde meine unbezahlte Hausssklavin, dann kriegst du was zu essen.« Da viele Frauen so arm sind, dass sie auf solche »Angebote« eingehen, meinte er, auch Rita würde das tun. Aber sie sah ihm direkt in die Augen und sagte schlicht: »Nein, danke, mir fehlt nichts.« Sylvia kamen vor Stolz die Tränen: Diese ehemalige Sklavin, die einst niemandem in die Augen gesehen hatte, konnte nun anderen Menschen helfen und sogar für sich selbst einstehen. Und inzwischen arbeitet Rita mit ihren Kindern beim neuen Suubi-Ausbildungscenter, wo mehr Frauen geholfen wird. Natürlich gibt es immer noch Herausforderungen in ihrem Leben, aber ihre Perspektive und ihre Hoffnung haben sich geweitet. Ritas Beziehungen sind stärker geworden, und das hilft ihr, selbst in Beziehung zu ihrer Umwelt zu treten und zur Helferin der Armen zu werden. All das bringt sie mit Gott in Verbindung: »Ich danke Gott wirklich, denn jetzt hat sich mein Leben geändert.«[107]

Von den Affen zur Augenhöhe!

Was können wir also konkret tun? Erst mal sollten wir bei unserem eigenen Denken anfangen und von unserer Seite aus auf Augenhöhe mit anderen Menschen gehen. Das klingt einfach, als ob wir uns nur hinsetzen müssten. Aber es ist oftmals eher wir bei einer Bergtour: Wir müssen runterklettern, um – vom Gefälle weg – auf Augenhöhe anzukommen: Wir alle haben (un)bewusste Vorurteile, die uns und arme Menschen in Rollen drängen. Um diese Muster aufzubrechen, müssen wir unsere eigenen Rollen erkennen, und das ist nicht immer leicht. Aber es lohnt sich!

Und dann? Einfach anfangen. Wir können zum Beispiel ein Patenkind unterstützen, uns einer Initiative wie der Micha-Initiative[108] anschließen oder Hausaufgabenhilfe im lokalen Kinderhort geben. Ob als handwerklich begabter Menschen oder eher als Denkertyp, lokal oder international, Anfänger oder Profi, jung oder alt: Es gibt viele Möglichkeiten, aktiv zu werden. Lass uns immer wieder das Gespräch mit Leuten suchen und lernen, den Betroffenen möglichst direkt zuzuhören. Lass uns die Unsicherheit beiseiteschieben und anfangen. Anker los, die Augenhöhe wartet schon!

Kapitel 13:
BIS NACH TIMBUKTU –
ODER AUCH ZUM LIDL

Kashgar, Zentralasien, um 1350

Eine Karawane mit zwanzig Kamelen und vier Männern trifft beim Marktplatz ein. Sie ist schon seit zwei Monaten von Ostasien nach Westafrika unterwegs: Peking bis Timbuktu. An diesem Nachmittag laufen Frauen in Burkas, buddhistische Mönche und christliche Handwerker vorbei. Sie sprechen Chinesisch, Urdu, Farsi, Türkisch, Arabisch oder Armenisch. Sie kaufen und verkaufen neben Alltagsgütern wie Reis und Linsen auch Pfeffer aus Indien, Glas aus Venedig oder Myrrhe aus Äthiopien. Düfte von Kardamom und Zimt mischen sich mit dem Geruch der Räucherstäbchen, frittiertem Essen oder Hühnern und Ziegen.

Ein erstaunlicher Gegensatz, wie Farshad, der Leiter der Karavane, bemerkt: Für viele dieser Bewohner endet die Welt am Rand ihrer Stadt. Und doch kommen hier, entlang der Seidenstraße, unzählige Waren und Kulturen zusammen. Gerade internationale Händler sind willkommener denn je, den mongolischen Herrschern sei Dank.

Farshad kauft ein paar Teller Reis und Gemüse und teilt das Essen an seine Kollegen aus: Nyima aus Tibet, Amon aus Persien und Ibrahim, den Mann aus Timbuktu in Mali.

»Guten Appetit!«

Nach dem Essen bleibt Farshad mit den Kamelen an der Tränke, während die anderen Männer Proviant kaufen. Amon kauft Datteln, Ibrahim einige Säcke Reis und Nyima füllt die Wasserschläuche nach. Sie bekommen die besten Preise, da die Marktstände bald schließen werden.

Die Hühner und Ziegen werden in Käfige gesperrt, der Papiermacher stapelt seine letzten nassen Seiten auf das Trockenregal, und die Gewürzhändler werfen ein Tuch über ihre Waren. Schon bald wird die Dunkelheit hereinbrechen.

Amon hat eine Raststätte gefunden, in der sie unterkommen können. Nachdem die Kamele und die Waren gesichert sind, setzen sich die Männer ans Lagerfeuer. Bald schon gesellen sich noch andere Händler dazu.

»Guten Abend … Wǎn shàng hǎo … Asr bekheyr!«

Man erzählt einander von Ruhm und Reichtum.

»Das Teuerste, was ich je verkauft habe, war eine Statue des Buddha aus purem Gold, eine Elle hoch! Davon konnte ich ein ganzes Jahr leben!«

»Ach ja, hast du die Preise von Salz in Europa gesehen? Unglaublich! Für die Christen im Norden ist das noch mehr wert als dein Gold!«

Amon lacht und schubst Ibrahim an: »Aber das ist alles nichts gegen die Schätze, die unsere Mauren in Mali haben. Ist doch so, oder Ibrahim?«

Ibrahim, der einzige dunkelhäutige Afrikaner in der Runde, schmunzelt. »Ich bin kein Maure, aber ja, die Schätze Malis sind nicht zu übertreffen.«

Die anderen Männer drehen sich gespannt zu Ibrahim. »Komm schon, erzähl uns mehr!«, rufen sie.

»Na schön«, seufzt Ibrahim, »aber was ich erzähle, wisst ihr bestimmt schon … der große König Mansa Musa war ein frommer Muslim, der unsere Handelsrouten in der Sahara stärkte. Und er hatte sehr viel zu verkaufen: Elfenbein, Salz, Sklaven, Gold und mehr. Bei seiner Pilgerreise nach Mekka nahm er ein Gefolge von 60 000 Mann und über 1000 beladenen Kamelen mit. Selbst die Diener waren in Silber und Gold gekleidet. Und bei seinem Besuch in Kairo teilte er viele Hände voll Gold an alle Bettler und Passanten aus … So was hatte die Welt noch nie gesehen!«

Ein anerkennendes Raunen geht durch die Reihen. Aber einer der Händler verdreht die Augen: »Solche Geschichten sind gut fürs Lagerfeuer, aber hat je einer von euch die Goldminen in Mali mit eigenen Augen gesehen?«

Ibrahim schüttelt den Kopf. »Wohl kaum. Ausländer dürfen die Minen nicht betreten.«

Ein Ägypter wirft ein: »Also, ich war damals in Kairo, der König hat wirklich sehr viel gekauft. Sogar so viel, dass die Goldpreise anstiegen und die Wirtschaft Kairos für zehn Jahre flachlag. Gut gemeint … aber nicht ganz so gut gemacht.«

Die Männer lachten und Ibrahim winkte lächelnd ab.

Nyima gähnt verhalten. »Das ist schon alles ganz erstaunlich, dieses Ringen um Reichtum. Aber das Wichtigste, was hier auf den Straßen zu finden ist, ist doch das Wissen und die göttliche Erleuchtung.«

Amon spuckt sein Wasser aus. »Ach ja, warum bist du dann Händler und nicht Mönch?«

Nyima zuckt mit den Schultern. »In den Klöstern Tibets findet man zwar Weisheit, aber hier draußen kann ich Weisheit anwenden.«

Amon schüttelt den Kopf. »Für dich mag das so sein, ich bin wegen des Geldes hier. Denn glaub mir, zu Hause in Persien ist es viel gemütlicher. Wenn's nicht das Geld wäre, könnten mir die Giftschlangen, diese brütende Hitze, die Banditen und die schmerzenden Muskeln gestohlen bleiben …«

»Wo wir gerade von schmerzenden Muskeln sprechen«, unterbricht Farshad, »wir haben eine lange Reise hinter uns – und noch vor uns. Lasst uns ruhen. Ich zumindest werde das Bett aufsuchen.«

Farshad steht auf und verabschiedet sich. Seine Leute folgen ihm kurz darauf. Als von der Moschee der Ruf zum Nachtgebet erschallt, ist das Feuer bereits erloschen.

Nach drei Tagen bricht Farshads Karawane wieder auf. Mehrere Wochen durchkreuzen sie kalte Steppen, Flusstäler, sengende Salzflächen, Bergkämme und Weiden. Immer wieder machen sie Station in einer Stadt entlang der Seidenstraße: Samarkand, Bukhara, Tabriz, dann Damaskus und Kairo. An jeder dieser Stationen dasselbe Spiel: drei Tage Rast und Proviant auffüllen, Steuern zahlen, einige Waren verkaufen, damit man bessere Waren dazukaufen kann. Die härteste Etappe ist schließlich die zweimonatige Reise durch die Sahara: Tagsüber steigen die Temperaturen bis auf 50 Grad Celsius, nachts sinken sie manchmal so tief, dass das Wasser in den Schläuchen gefriert. Die Sonne blendet, und jede Düne sieht für Uneingeweihte gleich aus. Selbst die Kamele kommen an ihre Grenzen. Aber Allah sei gedankt, die angeheuerten Führer kennen sich aus und leiten sie sicher von einer Oase zu nächsten. Nach einigen Wochen zeigt einer von ihnen auf Dünen, die Ibrahim bekannt vorkommen. Die Karawane rafft sich noch ein letztes Mal auf und endlich erreichen sie die Stadtgrenze. Die ersten Bewohner begegnen ihnen.

»Salaam … Ibrahim! Bist du es wirklich?«, rufen einige Anwohner und umarmen ihn herzlich zur Begrüßung. Ibrahim lächelt. Es tut gut, wieder in Timbuktu zu sein.

»Seht, wir haben eine besondere Lieferung an Mansa Suleyman zu überreichen.«

Die Anwohner helfen der Karawane, ihre Waren durch die sandigen Straßen zur Sankore-Universität zu bringen – dem Ort, wo Besucher empfangen werden.

Farshad, Amon, Ibrahim und Nyima treten in den großen, kühlen Lehmbau ein und nicken einander zu: »Neun Monate, meine Freunde … gute Arbeit.«

Von A nach B?

Die eben beschriebene Reise ist zwar fiktiv, könnte aber genauso zur Zeit des Mittelalters passiert sein. Es war mein Versuch, eine sonst im Alltag wenig beachtete Seite unserer Welt sichtbar zu machen: Transportsysteme. Darunter fällt alles, was unsere Welt im wahrsten Sinne des Wortes in Bewegung hält: Transportmittel wie Auto, Bus oder Kamel, Transportwege wie Straßen und Kanäle, und natürlich Energiequellen wie Sprit oder Futter für die Kamele. Wenn wir nicht gerade in Mechanik bewandert sind, nutzen wir diese Systeme meist unbedacht. Oder hast du in letzter Zeit über den Zustand eines Busses oder einer Autobahnbrücke reflektiert? Und doch ist so vieles in unserem Leben von diesen Systemen abhängig – damals wie heute: Händler aus aller Welt hätten sich niemals über Kultur und Religion am Lagerfeuer austauschen können, wenn der mongolische Khan diese Leute damals nicht in sein Reich eingeladen hätte. Und Seide aus China wäre nie nach Europa oder Westafrika gelangt, wenn es keine entsprechenden Handelsrouten gegeben hätte. Es gab also Systeme, die eine wirtschaftliche, kulturelle, religiöse und wissenschaftliche Begegnung erst möglich machten. Sie standen nicht im Vordergrund, waren aber der notwendige Unterbau für die Dinge im Vordergrund.

Heute ist es nicht anders: Diese allgegenwärtigen Systeme bewegen unser aller Leben, wortwörtlich. Nur ist es uns noch weniger bewusst als damals. Wir laufen einfach zur Bushaltestelle oder fahren zum Supermarkt, um Tomaten zu kaufen. Ganz selbstverständlich gehen wir davon aus, dass der Bus kommt und jemand die Tomaten vorher zum Geschäft gebracht hat. Aber es gibt Momente, in denen wir merken, dass das System nicht unverwundbar ist: Das Containerschiff Ever Given machte zum Beispiel Anfang 2021 Schlagzeilen, als es im Suezkanal stecken blieb. Tagelang stand ein Großteil des internationalen Handels still, und es dauerte lange, bis sich die Staus der Schiffe aufgelöst hatten.

Nachhaltiger Transport?

Wir brauchen unser Transportwesen also, gar keine Frage. Aber dieses System ist in sich nicht nachhaltig: So ist es für etwa 21 Prozent allen CO_2-Ausstoßes verantwortlich. Allein Autos und andere Fahrzeuge machen schon 15 Prozent allen Ausstoßes aus.[109] Andere Umweltschäden wie die Zerstörung von Waldflächen, Artensterben und gesundheitliche Schäden für uns Menschen kommen noch hinzu, genauso wie die Tatsache, dass die Mehrheit unserer Energie (Öl, Gas, Kohle) in ca. 40 bis 50 Jahren aufgebraucht sein wird.[110] Damit stehen wir vor einem Dilemma: Auf der einen Seite ermöglichen uns Transportsysteme und zugehörige Energiequellen den Austausch von Waren, Ideen, Kultur, Forschung und Religion. Auf der anderen Seite geschieht dies oft auf Kosten der Schöpfung und der Ressourcen, die auch zu Kultur und ganzheitlichem Leben beitragen. Warum ist das so? Und könnte es nicht auch anders sein?

Dabei sah es doch so gut aus

Fortbewegung wird erst durch eine Sache möglich: Energie. In der Vergangenheit wurden Transportmittel von Wind, Wasser oder einem lebenden Wesen wie einem Pferd oder Kamel angetrieben. Seit etwa 200 Jahren dominieren aber die fossilen Brennstoffe Erdöl, Erdgas und Kohle.[111]

Es begann mit der industriellen Revolution im 18. Jahrhundert: Die neue Dampfmaschine von James Watt brauchte Kohle als Brennstoff. Auf bisher unbekannte Weise wurden Gegenstände schnell und effizient hergestellt. Mit Dampfschiffen und Lokomotiven wurden weite Strecken passierbar – schneller, als ein Pferd oder Segelschiff je sein könnte. Dann kam ein weiterer Rohstoff hinzu: Erdöl (und damit verbunden, Erdgas). Im 19. Jahrhundert entdeckte Abraham B. Gesner, wie man aus rohem Erdöl ein nutzbares Petroleum für Lampen herstellt. Sein Patent von 1855 änderte alles: Ab jetzt bohrte man gezielt nach dem »schwarzen Gold«. Später entdeckte man, dass man aus Erdöl Benzin herstellen konnte. Damit war den Autos und Flugzeugen der Weg geebnet. Öl, Kohle und Gas schienen also für lange Zeit der ideale Antrieb der Zukunft zu sein. Was sollte da schon schiefgehen?

Die ersten kritischen Stimmen waren schon im 19. Jahrhundert zu hören: Kohleabbau und Abgase aus Fabriken verpesteten die Luft der großen Städte. Menschen wurden durch die ständige Luftverschmutzung krank, und die Arbeitsbedingungen in den Minen waren unmenschlich. Bereits im Jahr 1941 folgte die erste Warnung eines Forschers zum Klimawandel: Hermann Flohn kam zu dem Ergebnis, dass Menschen durch die Verbrennung fossiler Brennstoffe zu viel CO_2 produzierten, was zur Erwärmung der Atmosphäre führe und weitreichende Folgen haben könne.[112] Die allgemeine Forschungsgemeinschaft nahm diese Warnungen zunächst nicht ernst. Doch Ende der 1950er-Jahre begannen man, systematische Messungen der CO_2-Konzentration in der Atmosphäre zu machen. Man bewies, dass das neu auftretende CO_2 nicht auf natürliche Phänomene wie Vulkane, sondern auf die Verbrennung fossiler Brennstoffe zurückzuführen ist. Der ideale Antrieb, der anfangs so umweltfreundlich und perfekt schien, stellte sich als gefährlich heraus.[113]

Und jetzt?

Aus Sicht der Forschung ist es also eindeutig: Wir brauchen alternative Energiequellen. Doch über die Frage hinaus, welche hier nun die richtigen sind, können wir alle etwas zum Schutz unserer Welt beitragen.

Klein anfangen, aber anfangen

Vor einiger Zeit fuhr ich mit dem Wagen meiner Eltern zum Gottesdienst. Das wäre nicht weiter bemerkenswert, wenn nicht auch meine Schwester und mein Vater je mit einem Auto zum Gottesdienst gefahren wären. Das kommt davon, wenn man sich nicht abspricht. Effizient und umweltfreundlich war das bestimmt nicht. Es war mir, die ich zu dem Zeitpunkt ausgerechnet an diesem Kapitel schrieb, sogar sehr peinlich! Der Punkt ist: Es wird immer mal Situationen geben, in denen wir eigentlich anders handeln wollen, es aber doch anders kommt. Dann geht es nicht darum, sich in der Ecke zu schämen, sondern mit neuem Bewusstsein weiterzugehen. Wenn wir uns der Ganzheitlichkeit dieses Themas bewusst sind, ist das schon ein wichtiger Schritt.

Die Strecken checken

Nicht jedes Transportmittel ist gleich: Laut einer Statistik von Our World in Data sind Kurzstreckenflüge und mittelgroße Pkw für den Großteil des CO_2-Ausstoßes im Verkehr verantwortlich.[114] Logische Konsequenz: Wenn man diese Transportmittel vermeiden kann, ist das ein guter Schritt. Das ist aber nur der erste Teil der Überlegung. Man muss diese Information mit seinen eigenen Transportbedürfnissen abwägen: Für den kleinen Einkauf um die Ecke muss man nicht unbedingt ins Auto steigen. Wer weite Strecken auf ungeteerten Straßen zurücklegt, braucht dagegen einen Geländewagen. Was banal klingt, ist schon mal eine Überlegung wert: Wo bist du unterwegs, und welches Transportmittel ist für diese Wegstrecke angemessen?

Ein Blick hinter die Kulissen

Für die nächste Überlegung ist ein bisschen mehr Recherche nötig: Wie wird das Transportmittel hergestellt, was für ein Kraftstoff wird verwendet und wie viel CO_2 oder andere umweltschädliche Stoffe werden dabei produziert? Gibt es womöglich andere Umwelt- und Sozialschäden, die direkt mit diesem Auto, Stromanbieter oder Lieferservice zusammenhängen? All das zeigt, wie ein Transportmittel sich auf die Schöpfung auswirkt. Das Statistische Bundesamt, ADAC und Our World in Data haben diesbezüglich generell gute Daten. Etwas aufpassen sollten wir bei Studien, die zum Beispiel von einer Autofirma oder anderen voreingenommenen Parteien durchgeführt wurden.

Unter die Lupe genommen: erneuerbare Energien vs. fossile Brennstoffe

Es gäbe unzählige Bereiche, die man zum Thema Transport und Energie beleuchten könnte. Hier soll es exemplarisch um erneuerbare Energien gehen. Diese haben im Gegensatz zu fossilen Brennstoffen zwei Eigenschaften gemeinsam:

1. Sie stoßen kein oder nur wenig CO_2 aus.
2. Sie sind nicht irgendwann ausgeschöpft und von daher erneuerbar.

Das bedeutet aber noch lange nicht, dass sie alle gleich geschaffen sind:

Nukleare Kernkraft
Diese Energiequelle ist auch als Atomkraft bekannt. Ihr Vorteil: Sie ist wesentlich sauberer und sicherer als alle fossilen Brennstoffe, denn durch den Kohleabbau kommen jährlich Menschen in Minenschächten und durch Luftverschmutzung um, während diese Risiken bei Kernkraft ausbleiben. Der große Nachteil: die Entsorgung des radioaktiven Atommülls und Katastrophen wie in

Tschernobyl oder Fukushima. Man muss tiefe, abgelegene Endlager finden, die über Jahrhunderte abgeschottet sein müssen. Falls irgendwo doch ein Leck entstehen sollte, hätte man tonnenweise verstrahltes Material, das in die Umwelt dringt und ganze Landstriche verseucht. Insgesamt sind Sicherheitsbedenken also wesentlich geringer als bei fossilen Brennstoffen, aber wenn etwas passiert, ist die Auswirkung katastrophal.[115]

Wasserkraft

Beim hydroelektrischen Staudamm wird Wasser an einem Fluss angestaut und durch Turbinen einen Hang hinabgeleitet. Die Turbinen drehen sich, und man wandelt diese Bewegung in elektrischen Strom um. Der Vorteil dieser Technik: Sie ist so einfach, dass sie kaum für Unfälle anfällig ist. Der Nachteil ist aber, dass Stauseen umliegende Ökosysteme überfluten und natürliche Wasserläufe unterbrechen.[116] Schließlich führt das angestaute Wasser flussabwärts zu Wasserknappheit, was für die dort ansässigen Menschen schwierig ist.

Biogas

In einem Tank wird Biomüll mit bestimmten Bakterien zersetzt. Dadurch entstehen brennbares Biogas und eine flüssige Jauche. Das Biogas kann zum Heizen oder zur Stromerzeugung genutzt werden, während die Jauche als natürlicher Dünger dient. Vorteil: Man kann mit relativ wenig Aufwand Energie gewinnen. Biogas ist CO_2-neutral, weil genau die Menge CO_2 freigesetzt wird, die vorher von den Pflanzen eingespeichert wurde. Es ist zudem eine Technik, die in ländlichen, abgelegenen oder verarmten Gebieten nutzbar ist. Die Nachteile kommen, sobald Biogas auf einer industriell großen Ebene genutzt wird: Dann werden nicht nur »echte« Abfälle in die Anlage geworfen, sondern extra Pflanzen für die

Anlage angebaut. Zudem muss die Anlage regelmäßig gewartet werden, weil sonst schädliche Stoffe wie Ammoniak oder Schwefelwasserstoff ins Grundwasser oder in die Atmosphäre gelangen können. Im kleinen Rahmen also sinnvoll, im großen Rahmen eher nicht.[117]

Wind und Solar

Erst mal die kritischen Anmerkungen: Der Ertrag dieser Anlagen hängt, im Gegensatz zu den vorigen Energiequellen, stark vom Wetter ab. Zudem gibt es bezüglich der Windanlagen Bedenken wegen Tier- und Lärmschutz. Im Fall der Solarzellen ist ein geringer Wirkungsgrad der Zellen anzumerken: Nur 15 bis 25 Prozent der Sonneneinstrahlung werden tatsächlich in Strom umgewandelt. Was ist auf diese Bedenken zu antworten? Tatsächlich können Tiere mit den Windrädern zusammenstoßen. Allerdings ist die Anzahl verendender Tiere in diesem Zusammenhang minimal.[118] Was den Lärm angeht, beziehen sich die Bedenken vor allem auf eine Studie aus dem Jahr 2005, die aber 2021 zurückgezogen und korrigiert wurde – die zugrunde liegenden Werte waren 1000-mal zu hoch einkalkuliert worden.[119] Zudem wurden bereits Kraftanlagen entwickelt, die ohne Windrad auskommen. Schließlich kann man bei Solarkraft sagen, dass trotz der geringen Wirkkraft mehr als genug Energie für den Gebrauch zusammenkommt: Pflanzen nutzen zum Beispiel nur 1 bis 5 Prozent der Sonnenenergie, und doch ist ihre Leistung für die Natur nicht wegzudenken.[120] Wind- und Solaranlagen haben zudem einen weiteren Vorteil: Man kann viele kleine Anlagen dezentral aufbauen. So kann die Umweltbelastung gleichmäßig verteilt werden, und sogar Privathäuser können zu einem Mini-Kraftwerk werden.

Unsere fossilen Brennstoffe werden innerhalb einer oder maximal zwei Generationen aufgebraucht sein, eine Energiewende ist also unvermeidlich. Der Umstieg auf verschiedene dezentrale Mini-Anlagen hat tendenziell die beste Chance, Energie zu produzieren bei gleichzeitig geringstem Umweltschaden. Das größte Problem wird sein, die jetzigen Stromnetze an neue Energiequellen anzupassen: Momentan gibt es nicht genug Möglichkeit, Energie zu speichern, um sie zum Beispiel in einer Windflaute zu nutzen. Wenn ein Kraftwerk ausfallen würde, müsste unter Umständen Strom aus anderen Ländern zu uns umgeleitet werden – das ist nicht nur aufwendig, sondern macht den Nutzen des gesparten CO_2 zunichte. Die Forschung entwickelt sich aber permanent weiter, sodass auch Energiespeicher immer besser werden. Endverbrauchende können zwar nicht das gesamte Stromnetz kontrollieren, aber durch Biogas, Solar- und Windanlagen ein eigenes Mini-Kraftwerk bei sich einrichten. Zudem gibt es Stromanbieter, die mehr nachhaltig produzierten Strom vertreiben als andere. Du kannst also durchaus entscheiden, wo deine Energie herkommen soll.

Die moderne Seidenstraße

Nicht alles ist Schwarz und Weiß. Das gilt für Energiequellen, aber auch für den Austausch von Waren und Kulturgütern – damals wie heute. Auf der einen Seite wurden für die Handelsrouten der Mongolen unzählige Menschenleben geopfert. Auf der anderen Seite führte der wirtschaftliche und kulturelle Austausch zu einer Blütezeit in ganz Asien, der islamischen Welt und Europa. Es ermöglichte unter anderem, dass griechische und arabische Schriften nach Europa gelangten. Ohne diesen Austausch hätte es keine

Renaissance in Europa gegeben, keine Reformation und auch kein Besinnen auf die individuelle Vernunft. Die ganze Weltgeschichte wäre anders verlaufen. Sprich: Es gab viele, teils sich widersprechende, ambivalente Grautöne.

Das ist bis in die Gegenwart so geblieben: Auch heute gibt es Handelszonen wie früher entlang der Seidenstraße, zum Beispiel die EU, Nordamerika oder die Ostafrikanische Union. Und auch China hat sich mit vierzehn anderen Staaten zum TPP (Trans-Pazifische Partnerschaft) zusammengeschlossen. Sie bauen Häfen, Straßen und Zugstrecken aus, um eine sogenannte »neue Seidenstraße« zu errichten. Dieses Verkehrsnetz würde, wenn man Land- und Seestrecken einrechnet, große Teile der Weltbevölkerung betreffen, enorm Geld einbringen und zweifellos Austausch stärken. Aber es ist wieder voller Grautöne[121]: In Afrika führt es zu neuen Straßen und Stromkraftwerken, ist aber im Grunde ein neuer Kolonialismus. China ergreift zwar nicht offiziell die Regierungsmacht, aber es leiht Geld an verarmte, teils sehr korrupte Staaten. China weiß genau, dass diese Staaten das Geld höchstwahrscheinlich nicht zurückzahlen können, und wenn diese Vorhersage eintreffen wird, wird China verschiedene Rechte übernehmen.[122] So ist das Schicksal von vielen Millionen Menschen und ihrer Länder ungewiss: Bleiben Wälder und Nationalparks erhalten? Kann Afrika seine eigene Korruption in den Griff bekommen? Werden die Menschen weiter durch die Gier internationaler Konzerne ausgebeutet und in Kriege gestürzt? Afrikanische Staaten haben eine eigene Rolle in diesen Fragen. Aber vieles liegt in der Hand der Kolonialmächte – früher waren es die Europäer, jetzt sind es die Chinesen.

Das wahre Kraftwerk des Lebens

Sind Handelszonen also etwas Gutes oder Schlechtes? Sollte man internationale Beziehungen oder nur noch lokale Macht stärken? Austausch ist nur durch Netzwerke möglich, also ist eine Abschottung nicht hilfreich. Gleichzeitig darf man die Ungerechtigkeiten nicht leugnen. Zudem sollte man nichts verallgemeinern: Die EU ist zum Beispiel nicht dasselbe wie der TPP. Die Zusammenhänge können in diesem Buch nicht abschließend geklärt werden. Aber all diese Entwicklungen zeigen eins sehr deutlich: Das Anliegen der Seidenstraße ist aktueller denn je. Handel und Energieinteressen treiben bis heute die Entwicklung unserer Welt an, mit allen Ambivalenzen, Konflikten und Kriegen, die das mit sich bringt.

Vielleicht fragst du dich, warum ich das erzähle. Denn im Normalfall können wir als Einzelne an alldem kaum etwas ändern. Aber so abstrakt diese Netzwerke sind, sie beeinflussen unser aller Leben. Darum finde ich es wichtig, dass wir uns dieser Ebene zumindest bewusst werden. Und ganz so machtlos sind wir gar nicht. Auch wenn wir keine tiefen wirtschaftlichen oder politischen Kenntnisse mitbringen, können wir uns dazu verhalten: Wir können für diese Zusammenhänge beten. Ist das ein billiger Trostpreis? Nicht wenn wir an den christlichen Gott glauben, denn unser Gebet sagt: »Gott, wir machen uns bewusst, dass auch diese ›weltlichen‹ Dinge in deiner Hand stehen und dass du wirken willst. Sei du auch dort gegenwärtig, wo wir keinen Durchblick haben. Dein Wille geschehe, auch bei den Themen Transport, Energie und Handel.«

Es bedeutet, wie schon bei den anderen Themen dieses Buches, ein Perspektivwechsel: Wenn wir beten, dann drehen wir uns nicht mehr um uns selbst. Egal, ob als Laie oder Wirtschaftsgenie – wir wenden uns an Gott und sagen: »Wir sind nicht die Kraftquelle, schon gar nicht eine Quelle erneuerbarer Energie.« So ernst diese

Themen auch sind, sie haben nicht das letzte Wort über unsere Welt. Unsere Macht ist begrenzt, aber wir verzweifeln nicht an unserer Ohnmacht. Stattdessen richten wir unsere Aufmerksamkeit auf Gottes Wirken. Er ist das »Kraftwerk«, das uns antreibt. Er ist die Quelle des Lebens, unsere erneuerbare Energie. So schenkt uns Gott seine Perspektive. Das kann in Form konkreter Handlungsschritte oder Einsichten sein, aber auch in Form eines inneren Friedens: In Gottes Licht sind unser Umgang mit Energie und CO_2-Abgasen nicht egal, aber sie sind auch nicht zur Panikmache verdammt. So werden wir, mit neuer Gelassenheit, eben nicht zu passiven Pessimistinnen und Pessimisten, sondern zu aktiven Gestalterinnen und Gestaltern: Wir gehen mit offenen Augen durch die Welt und lernen, was der aktuelle Stand der Dinge ist. Wir tun, was wir können, nicht aus innerer Panik, sondern aus der Quelle des Lebens. So schenken wir hoffentlich Leben, bei allem, was wir tun, mit dem besten Wissen, was uns zur Verfügung steht. Ob das bei internationalen Konferenzen ist, der Wahl unseres Stromanbieters oder der nächsten Fahrt zum Lidl.

Kapitel 14:
VOLLE FAHRT VORAUS!

Jane Blond: die Entführung

Mein Vater hielt die Kamera: »Szene 1, Action!«

Es war mein zwölfter Geburtstag und die Zeit rund um Halloween. Meine fünf Freundinnen und ich hatten uns entsprechend verkleidet. Doch die Hauptattraktion des Tages war ein Film, den wir zusammen spontan drehten: Jane Blond – eine offensichtliche Parodie zu James Bond.

Ich, die Erzählerin, leitete ein: »Es begann alles bei Karl Kürbiskopf in seinem Wohnzimmer …«

Man sah meine Freundin Sarah, wie sie mit Gespenstermaske an unserem Esszimmertisch saß.

Mein Vater sprach mit dunkler Stimme aus dem Off: »Vincent!«

»Ja?«

»Was heißt hier ›Ja‹? Ich hab Hunger!«

»Oh …«

»Was heißt hier ›Oh‹?«

»Es gibt da ein Problem …«

»Was für ein Problem, ich will Pizza!«

»Wir sind aber pleite. Wir haben kein Geld mehr …«

»Das ist mir egal, bestell ’ne Pizza, jetzt!«

»Ist gut …«

Vincent bestellte die Pizza für seinen Boss, Karl Kürbiskopf, einem ausgehöhlten Kürbisgesicht, das über einem weißen Bettlaken auf einem Stuhl aufgestellt war. Auf Vincents Frage, wie man denn die Pizza bezahlen solle, meinte Karl mit übertrieben bösem Ton: »Darum kümmern wir uns später.«

»Und Cut! Das sah sehr gut aus!«, rief mein Vater.

»Und wie geht's jetzt weiter, wann komm ich als Jane Blond?«, fragte Lara.

Wir erfanden das Skript während des Drehs, also gingen die Ideen hin und her: »Karl braucht Geld, vielleicht sollte Vincent eine Bank ausrauben.«

»Oder bei einer Quizshow betrügen – nee, das ist im Film nicht so spannend.«

»Ich hab's: Vincent entführt jemanden, und das Lösegeld ist das Geld für die Pizza!«

»Ja, ein Entführungsplot, das ist lustig!«, meinte mein Vater. »Und wer soll entführt werden?«

Sarah sagte leise: »Da, wo ich wohne, gibt's ein Dorf namens Löffelstelzen. Das wäre doch lustig: Ich entführe die Gräfin von Löffelstelzen!«

Mein Vater lachte: »Perfekt – Hanna, willst du die Gräfin spielen? Okay, alle bereit? Dann Szene 2, Action!«

Die Geschichte wurde immer absurder: Karl Kürbiskopf ließ die Gräfin von Löffelstelzen entführen, um ganze 2,40 Euro Lösegeld für seine Pizza zu erpressen. Die Mutter der Gräfin alarmierte Jane Blond, und beide bekamen den Drohanruf mit. Da sie aber ebenfalls pleite waren, musste Jane Blond eingreifen. Sie schlich sich mit einer Pistole ins Lager des Bösen und sah die gefesselte Gräfin. Vincent sprang mit einem Plastik-Rasiermesser ihr entgegen, und der Kampf begann!

Mittendrin klingelte der bestellte Pizzabote.

»Pizzaserviiiice!«

»Jetzt nicht, wir kämpfen gerade.«

»Oh …«

Das Ganze wiederholte sich zweimal, aber beim dritten Mal rief der Bote: »Jetzt hört mir doch endlich zu, die Pizza ist heute umsonst, weil Halloween ist!«

Vincent und Jane Blond ließen ihre Waffen fallen.

»Dann brauchen wir ja gar nicht kämpfen!«

Und der Film endete damit, dass alle Karl Kürbiskopf fragten, ob sie ein Stück Pizza haben könnten.

Wir jubelten, als die letzte Szene im Kasten war. »Und Cut!«

Alles andere als nutzlos!

Wir sind mit diesem Buch eine Reise angetreten, auf der wir entdecken durften, wie wir mit Gott zusammen die Welt gestalten können. Eines wurde bei all dem deutlich: In erster Linie müssen wir an Gott dranbleiben, an der Quelle des Lebens. Zu Beginn mag das einfach sein. Voller Tatendrang segelt man los. Aber dann kommen Krisen und Probleme. Das ist völlig normal. Und nicht nur das: Die Krisen und Probleme werden auch immer wieder kommen, ob im persönlichen Leben oder im Austausch zwischen Volksgruppen! Wie können wir also trotz der Aufs und Abs unsere Freude an Gott und dem Weltgestalten beibehalten? Eine mögliche Antwort wollen wir uns jetzt, gegen Ende dieses Buches, anschauen: die Kraft von Kreativität und Geschichten. Es ist nicht von ungefähr, dass ich jedes Kapitel mit einer Geschichte begonnen habe, denn ich glaube, dass uns Geschichten ganz nah ans Herz des Lebens führen und die damit verbundene Kreativität eine Fähigkeit ist, unsere Welt zu gestalten.

Ich glaube, dass uns Geschichten ganz nah ans Herz des Lebens führen und die damit verbundene Kreativität eine Fähigkeit ist, unsere Welt zu gestalten.

Vielleicht fallen dir Einwände ein: »Geschichten sind was für Kinder oder die Gerüchteküche, aber nichts für den Ernst des Lebens. Wir haben drängende Krisen zu bewältigen: Flüchtlinge ertrinken im Mittelmeer, Russland greift die Ukraine an, unzählige Tierarten sterben aus … was soll da eine Geschichte bringen? Und überhaupt, Geschichten und Kreativität bringen alte Traditionen durcheinander und könnten sich gegen ›harte Fakten‹ stellen. Ist das nicht gefährlich?« An diesen Einwände ist etwas Wahres dran: Kreativität und Geschichten bergen ein Risiko. Sie bedeuten einen Aufwand ohne Garantie auf Erfolg. So sind sie auf den ersten Blick nicht so »nützlich« wie die Sicherung des täglichen Brots, aber das macht sie dennoch nicht nutzlos.

Kreativität

Kreativität kommt von dem lateinischen Wort *creare*, was schlicht »schaffen« oder »gestalten« bedeutet. Kreativität ist also mehr als Malen oder Basteln. Es bezeichnet generell die Fähigkeit, vorhandene Dinge (Gegenstände, Gedanken, Strategien, Teams) neu zu kombinieren, um daraus etwas Neues zu schaffen. So ist ein Resteessen oder eine neue Business-Strategie genauso das Ergebnis von Kreativität wie ein Gedicht oder eine Zeichnung.

Geschaffene Schöpferinnen und Schöpfer

Als Christin glaube ich, dass alle Kreativität ein göttliches Geschenk ist: In der Bibel ist Gott der Schöpfer allen Lebens, und zwar noch bevor er als liebender Vater oder Retter vorgestellt wird. Er ist vom ersten Satz an kreativ: »Am Anfang schuf Gott den Himmel und die Erde« (1. Mose 1,1). Später erschuf Gott dann den Menschen »nach seinem Bild« (1. Mose 1,2). Einfache Rechnung: Gott ist kreativ, wir sind nach seinem Bild geschaffen, also sind wir auch kreativ![123] Das heißt nicht, dass jeder Mensch geniale Erfindungen oder Kunstwerke hervorbringt. Aber trotzdem sind wir als Menschheit prinzipiell kreativ: Wir sind in der Lage, aus vorhandenen Dingen etwas Neues zu gestalten. Lass dir das also auf der Zunge zergehen: Du bist kreativ. Kreativität ist ein Teil von dem, wer du bist. Punkt. So ist nicht nur dein Lieblingsmusiker oder deine künstlerisch begabte Freundin kreativ. Auch du hast von Geburt an die Gabe bekommen, deine Welt zu gestalten.

Mehr als nur überleben

Selbst Menschen, die kaum was zu essen haben, verwenden ihr Geld nicht zu 100 Prozent für überlebenswichtige Dinge. Stattdessen geben sie einen Teil ihres Geldes zum Beispiel für Tabak oder Feste aus – für Dinge, die Genuss und soziales Miteinander schenken sollen.[124] Noch dazu kann man beobachten, dass Menschen seit jeher ihre Gestaltungsfähigkeit mit Spiritualität verbinden: Viele Religionen kannten und kennen bis heute Feste, Tempel oder rituelle Zeremonien. So gestalteten die Juden damals ihren Tempel und ihre Feste mit viel kreativem Aufwand. Oder denk an Jesus, der kunstvolle Gleichnisse erzählte. Selbst in der säkularen Welt scheint Kreativität uns nah an Spiritualität und Transzendenz (Raum des Höheren) zu führen: Als ich an der Kunstakademie studierte, waren die wenigsten Leute dort »offiziell religiös«, und doch konnte ich mit diesen künstlerisch tätigen Menschen besonders schnell über Gott oder spirituelle Erfahrung und die Welt reden. Kreativität gibt uns also eine Lebensfreude, die über das Überleben hinausreicht und doch Teil unseres ganzheitlichen Überlebens ist.

Kreativität: Zwei Seiten einer Medaille

Kreativität kann uns in ungeahnte Höhen führen – aber auch in den praktischen Raum des Alltags: Alle Lebensbereiche von Familie über Job bis hin zu Vereinen werden täglich mit Herausforderungen konfrontiert, die bewältigt werden wollen. Und wenn wir dann noch die gesellschaftlichen und globalen Herausforderungen wie Rassismus und Klimawandel mit einbeziehen, wird deutlich, dass wir neue Ideen brauchen. Noch dazu ist unsere Welt nicht so, wie noch vor zehn Jahren und wird in zehn Jahren wieder anders sein.

Darum ist die Fähigkeit, kreative Lösungen zu finden, nicht nur ganz nett, sondern ein ganz wichtiges, gottgegebenes Werkzeug!

Wenn aber Kreativität in uns Menschen angelegt ist, warum verhalten sich viele dann so, als ob sie nicht kreativ wären? Jordan Peterson, ein berühmter Verhaltenspsychologe aus Kanada, würde mir an diesem Punkt schlicht widersprechen: Seiner Meinung nach seien nur sehr wenige Menschen kreativ, denn nur die wenigsten seien in der Lage, wirklich auf neue Ideen zu kommen. Stattdessen herrsche in der Gesellschaft ein Gleichgewicht zwischen kreativen und unkreativen Menschen: Man brauche für die Mehrheit strukturierte, »unkreative« Menschen, damit nicht alles im Chaos versinkt. Doch ein paar besonders veranlagte »kreative« Menschen seien auch wichtig: Sie würden das enorme Risiko eingehen, neue Ideen ohne Erfolgsgarantie auszuprobieren. In den meisten Fällen versagen diese Ideen, aber einige wenige davon finden Erfolg, und genau dadurch bleibe eine Gesellschaft anpassungsfähig.[125]

Ich glaube, dass Peterson und ich gleich viel Recht haben, und zwar auf verschiedenen Ebenen: Von unserer menschlichen Bestimmung her (anthropologisch) und aus der Perspektive Gottes (theologisch) sind wir alle kreativ oder haben zumindest das Potenzial dazu. Aber vom Verhalten her (soziologisch) sind wenige Leute kreativ, und das hat verschiedene Gründe. So hat unsere Erziehung zum Beispiel großen Einfluss darauf, ob wir unserer eigenen Kreativität Raum geben. Außerdem ist es, wie schon angedeutet, riskant und anstrengend, neue Ideen umzusetzen. So lehnt sich die Mehrheit eher zurück, obwohl sie theoretisch in der Lage dazu wäre, etwas mehr Kreativität auszuleben. Was das Thema noch komplizierter macht: Oftmals erkennen wir kreatives Denken gar nicht erst und fördern es somit auch nicht. Elisabeth McClure, eine Forscherin zu Kreativität und frühkindlicher Entwicklung, erklärt es so: Kreativität (im Sinne von praktischer Gestaltungsfähigkeit) ist aus zwei Arten des Denkens zusammengesetzt, aber nur eine dieser Denkformen wird von den meisten Leuten als kreativ wahrgenommen. Wenn wir also kreativer im Sinne von gestaltungsfähiger werden wollen, müssen wir (als Einzelne und als Gruppen) neu lernen, beide Denkformen zu nutzen.[126]

Die erste Denkart nennt sie »divergentes Denken«, was »auseinandergehendes Denken« bedeutet. Es ist das, was die meisten Leute als »typisch kreativ« bezeichnen würden: raus aus den Normen, viele Ideen haben, verspielt und ausgefallen träumen. Das können Kinder besonders gut, aber zum Beispiel auch hochsensible Menschen oder Menschen mit ADHS. Divergentes Denken hilft uns, uns bei neuen Herausforderungen schnell anzupassen, und bringt frischen Wind in eingerostete Systeme. Aber damit wir wirklich kreativ gestalten können, reicht divergentes Denken nicht aus. Die neuen Ideen müssen auch in der realen Welt einen angemessenen Raum finden. Dazu brauchen wir die zweite Denkart der Kreativität. McClure nennt diese »konvergentes Denken«, was »zusammenführendes Denken« bedeutet. Wir hatten an meinem Geburtstag zum Beispiel viele Ideen zu Jane Blond, aber ohne die Regie meines Vaters wäre kein Film entstanden. Bei anderen Dingen ist es ähnlich: Ohne Finanzen und Absprachen wird zum Beispiel kein Haus gebaut. Wenn wir unsere Welt gestalten wollen, müssen wir also weder Kinder oder künstlerisch begabte Menschen idealisieren noch bodenständige Erwachsene wegen ihrer Erfahrung als »eingerostet« abtun. Wir brauchen beides in angemessener Dosis und können von beiden Seiten lernen, wenn wir nur einander zuhören.

Kreativität leicht gemacht

Ob du eher an alten Normen festhältst oder vor lauter Ideen keine Struktur findest, man kann Kreativität auf viele Arten fördern. Es mag zu Beginn fremd erscheinen, aber Kreativität ist wie ein Muskel: Je mehr du sie trainierst, desto stärker wird sie. Ich will dir an dieser Stelle fünf Schritte mitgeben, die sowohl divergente als auch konvergente Kreativität fördern.

Schritt 1: Herausforderung klären (konvergent)

Wenn wir eine Situation wie ein Problem behandeln, geht unser Gehirn in den Kampf- oder Fluchtmodus: Feuer löschen oder abhauen! Das ist für kreatives Denken nicht hilfreich. Besser ist es, wenn wir eine Situation als Herausforderung sehen. So nehmen wir die Lage ernst, denken aber über den schlechten Istzustand hinaus: Wir setzen uns ein Ziel der kreativen Arbeit. Das gibt uns eine Perspektive nach vorn, aber auch eine Grenze: Wir müssen nicht die ganze Welt retten, sondern gehen dieses Thema an. Wir sollten unser Ziel dabei offen genug formulieren, um neue Ideen zu erlauben, aber nicht so offen, dass wir keine Anwendung finden.

Schritt 2: Sammeln (divergent)

Als Nächstes gilt es, möglichst unvoreingenommen eigene Ideen/ die Ideen der Gruppe (Brainstorming) zu sammeln. Ganz wichtig: In dieser Phase wird noch keine Idee verurteilt oder abgelehnt, egal, wie ausgefallen sie sein mag! Genauso wenig wird schon etwas festgelegt. Es geht einzig und allein um die Ideen – nicht mehr und nicht weniger! Hier sind zwei einfache Übungen, die das Brainstorming ankurbeln können:

- **Abc-Liste**: Schreib spontan eine Liste von Wörtern auf – das erste Wort beginnt mit A, das nächste mit B usw. Nimm dann eines der Wörter aus der Liste und schreib davon inspiriert eine neue Abc-Liste. Wiederhole das mindestens dreimal. So kommt man von naheliegenden Ideen zu ausgefallenen.

Am Ende könnte die Abc-Liste von »Spaziergänger« über »Haifischbecken« zu »Popcorn« führen. Ja, genau so um die Ecke darf es sein!

- **Was-kann-das-noch**: Oft meinen wir, wir müssten Gegenstände oder Ideen so verwenden, wie sie uns vorgegeben werden. Aber was, wenn es auch anders geht? Nimm zur Übung irgendeinen Gegenstand (zum Beispiel eine Plastikflasche, Klorolle, Besen) und finde möglichst viele Verwendungen dafür. Je ausgefallener, desto besser!

Schritt 3: Aussieben und Vernetzen (konvergent und divergent)

Sobald wir eine Liste an Ideen haben, schauen wir, welche dieser Ideen am besten zur Situation passt. Wir sollten immer noch offen dafür sein, Ideen auf originelle Weise zu kombinieren, nehmen aber jetzt eine kritische Haltung ein und sieben aus: Haben wir die finanziellen Mittel, um diese Idee umzusetzen? Haben wir das nötige Know-how? So kommen wir zu den Ideen, die hier und jetzt ihren Platz haben.

Schritt 4: Umsetzen (konvergent)

In diesem Schritt geht es darum, Material zu kaufen bzw. zu besorgen und helfende Hände zu organisieren. Denk daran: Ohne Umsetzung wird aus den Ideen nichts!

Schritt 5: Auswerten (konvergent und divergent)

Dieser Schritt wird oft vergessen: Wir sollten überprüfen, ob die Umsetzung etwas gebracht hat. Wird durch die Umsetzung das ursprünglich festgelegte Ziel erreicht? Hatte dieses erreichte Ziel die beabsichtigte Wirkung? Wenn nein, was muss angepasst werden – das Ziel oder die Umsetzung? Und besonders wichtig: Wir dürfen nicht vergessen, die Erfolge und alle beteiligten Teammitglieder zu feiern, auch wenn es Kritikpunkte gibt. Denn: Ein Projekt wurde durchgeführt und ist nun ein neuer Ausgangspunkt für künftige Gestaltung!

Geschichten

Was für Kreativität gilt, gilt auch für Geschichten: Sie prägen uns alle, und unter bestimmten Voraussetzungen prägen auch wir damit auf ganzheitliche Weise unsere Welt. Ein anderes Wort für Geschichte ist »Narrativ«.[127] Laut dem Duden ist ein Narrativ eine »sinnstiftende Erzählung«.[128] Es geht also nicht unbedingt darum, was erzählt wird, sondern darum, dass die erzählende Person Ereignisse deutet und dadurch so etwas wie Orientierung für ihre Ideale oder Werte, aber auch Vor- und Feindbilder findet. So ist alles – von der Deutung der eigenen Lebensgeschichte bis hin zu politischer Ideologie, dem Evangelium oder dem Klimawandel – ein Narrativ.

Wir alle haben eine Geschichte

Jeder Mensch hat mindestens ein Narrativ, das ihn persönlich betrifft: seine eigene Lebensgeschichte. Diese Geschichte setzt sich aus zwei Bausteinen zusammen:

1. all unsere Erlebnisse, die wir je gehabt haben,
2. die Deutung unserer Erlebnisse.

Punkt 1 ist vermutlich selbsterklärend. Aber beim zweiten Punkt wird es kompliziert: Wir alle sind nämlich von verschiedenen Narrativen geprägt, zum Beispiel der lokalen Kultur, Familiengeschichte, einer religiösen Überzeugung, von Liedern, Filmen und dem, was wir in der Schule lernen. All das verbinden wir mit unseren Erfahrungen, um unsere eigenen Vorstellungen vom Leben und unser Verhalten daraus abzuleiten. Ein einfaches Beispiel ist mein Geburtstag: Hätten ich und meine Freundinnen nie von James Bond gehört, hätten wir auch keine Parodie davon drehen können. Wir haben also eine Geschichte aus unserer Umwelt genommen, sie mit unseren Ideen vermischt und daraus eine eigene Geschichte gebastelt. Genau dasselbe passiert auf allen Ebenen des Lebens: Wir »sammeln« Geschichten und »drehen« unsere eigenen Geschichten daraus.

Sprich: Niemand von uns ist neutral, wir alle sind immer durch unsere Geschichte voreingenommen. Aber wir haben die Wahl, welchen Geschichten wir glauben wollen – denn je nachdem, was unsere Geschichte ist, werden wir anders leben. So glauben wir als Christinnen und Christen, dass wir nicht auf uns allein gestellt sind, sondern von Gott bewegte Weltgestalter, keine Waisenkinder, sondern Kinder Gottes, mit den Rechten des Himmels. Gott hat für uns den Weg schon frei gemacht, und genau wie Vincent und Jane Blond brauchen wir gar nicht zu kämpfen. Lassen wir uns also, inmitten der Herausforderungen, immer wieder von dieser Geschichte ansprechen? Lassen wir uns bei allem Auf und Ab von dieser Geschichte neu beleben, und hat sie Einfluss darauf, wie wir dem Leben begegnen?

Was passiert ist, können wir nicht verändern, aber wir haben sehr wohl Einfluss darauf, in welchem Licht wir unsere Lebensgeschichte deuten wollen.

In der Bibel begegnet uns dieses Prinzip immer wieder: Josef wurde zum Beispiel von seinen eigenen Brüdern in die Sklaverei nach Ägypten verkauft. Er sah seine Familie etwa zwanzig Jahre lang nicht, schuftete und wurde zeitweise sogar wegen falscher Anschuldigungen ins Gefängnis geworfen! Er hätte allen Grund dazu gehabt, bitter zu werden, doch im Text steht auch immer wieder: »Der Herr half Josef und ließ ihm alles gelingen« (1. Mose 39,2). Das war das Narrativ, das Josef prägte, und so ging er die Herausforderungen aktiv als Weltgestalter an und wurde sogar vom Pharao befördert. In dieser Position bereitete er das Volk auf eine Hungersnot vor. Sogar die Menschen aus den umliegenden Gebieten kamen, um Getreide zu kaufen – inklusive seiner Brüder! Josef hätte sie abweisen können, und doch sagte er ihnen:

> Was mich betrifft, hat Gott alles Böse, das ihr geplant habt, zum Guten gewendet. Auf diese Weise wollte er das Leben vieler Menschen retten.
>
> *1. Mose 50,20*

Er leugnete nicht das Böse, doch er erkannte, dass Gott Gutes daraus gemacht hatte. Was passiert ist, können wir nicht verändern, aber wir haben sehr wohl Einfluss darauf, in welchem Licht wir unsere Lebensgeschichte deuten wollen. Und das hilft uns wiederum, mit neuer Kraft kreativ zu werden!

Die Geschichte des großen Ganzen

Nicht nur unser Denken als Einzelne ist von verschiedenen Geschichten geprägt, auch das Denken von uns als Gruppe oder Gesellschaft. Dabei werden wir von bestimmten Grundsätzen geleitet, die fast wie unausgesprochene Gesetze gelten. Solche Sätze werden als »Meta-Narrativen« bezeichnet, denn sie stehen über (griechisch: *meta*) allen anderen Narrativen. Meist sind sie so im Hintergrund, dass wir sie gar nicht bemerken. Aber es hilft uns, wenn wir uns diese Meta-Narrativen vor Augen führen, denn sie geben unserer ganzen Kultur den Takt vor.

Ein Beispiel: Bestimmt hast du mal einen Disneyfilm angeschaut. In fast jedem dieser Filme gibt es eine Figur, die einen Traum hat und durch die sture Umwelt zurückgehalten wird, ihn zu leben. Der zugehörige Satz lautet: »Vergiss, was andere denken, folge deinem Herzen und lebe deinen Traum!« Dieser Satz verweist direkt auf folgendes Meta-Narrativ – auch bekannt als Individualismus: »Der Mensch wird glücklich, wenn er sich möglichst von den Erwartungen der anderen befreit und seine eigenen Wünsche auslebt.« Es gibt noch viele weitere Beispiele – Kapitalismus, Kommunismus, Demokratie, Denken der Aufklärung. Sie alle haben gemeinsam, dass sie ihrer jeweiligen Gesellschaft den Takt vorgeben. Sie sind die Brille, durch die die Menschen ihre Welt sehen.

Ich erzähle das aus zwei Gründen: Zum einen haben wir als Christinnen und Christen mit dem Evangelium ebenfalls ein Meta-Narrativ – und dieses steht teilweise in Einklang, aber teilweise auch in starkem Gegensatz zu unserer Gesellschaft. So glauben wir, dass allein der Glaube an Jesus zu Erlösung und Versöhnung der Welt führt. In postmodernen westlichen Gesellschaften wird aber jeder absolute Anspruch eines Meta-Narrativs geleugnet. Sprich: Die Regel ist, dass es keine Regel gibt. Nach dem Motto: »Erzähl mir nicht, dass ich irgendeinem Gott glauben soll, lass mich meine eigene Spiritualität zusammenstellen!« Anderes Beispiel: Durch das Evangelium wissen wir, dass wir mit Gott die Welt gestalten können. Den Wunsch, die Welt zu gestalten, finden wir zum Teil auch im Individualismus: Wir können als einzelne Leute etwas bewegen. Wenn allerdings unsere Gesellschaft sagt: »Folge deinem Traum«, Gott aber sagt: »Folge mir nach«, ist sind Konflikte vorprogrammiert.

Das führt uns zum zweiten Punkt: Auch wir, die Jesus nachfolgen, bleiben Kinder unserer Umwelt und sind von ihr beeinflusst. Das ist normal und auch absolut in Ordnung so. Aber wenn wir nicht aufpassen, können wir das Evangelium unbewusst zu stark mit anderen Meta-Narrativen vermischen – dann folgen wir womöglich eher einem »christlich gewürzten« Individualismus nach anstatt Gott selbst: Denken wir wirklich, dass wir nur glücklich sein können, wenn alle unsere (im Gebet genannten) Träume sich erfüllen, oder trauen wir Gott mehr als unseren Träumen? Christinnen und Christen waren schon immer damit herausgefordert, welche Geschichten sie aus ihrer Umwelt annehmen oder ablehnen. Daher mahnte Paulus die Römer:

> Deshalb orientiert euch nicht am Verhalten und an den Gewohnheiten dieser Welt, sondern lasst euch von Gott durch Veränderung eurer Denkweise in neue Menschen verwandeln. Dann werdet ihr wissen, was Gott von euch will: Es ist das, was gut ist und ihn freut und seinem Willen vollkommen entspricht.
> *Römer 12,2*

Das Wort für »Denkweise« oder »Sinn« wie Luther übersetzt, meint dabei die rationalen Gedanken, den Verstand.[129] Wir sollen also nicht beliebig über das Leben denken, sondern haben die Wahl, unsere Denkweise von Gott »verwandeln« zu lassen. Und warum das Ganze? Damit wir Gottes Willen im eigenen Leben und der Welt erkennen – »das, was gut ist und ihn freut und seinem Willen vollkommen entspricht«. Man könnte auch sagen, damit wir näher an die Quelle des Lebens kommen. Je besser wir wissen, was uns lenkt, desto besser können wir entscheiden, ob wir dem zustimmen oder nicht. Wir können Gott erlauben, dass er unser altes Denken immer mehr durch seine Geschichte ersetzt.

Wie alles zusammenpasst: Steig (immer wieder) ein!

Und wie bringt man Kreativität, Geschichten und das Evangelium jetzt zusammen? Als christliche Weltgestalter glauben wir (im Gegensatz zur Postmoderne), dass es ein allumfassendes Meta-Narrativ gibt, nämlich Gottes Beziehung zur Welt. Und so haben wir die Möglichkeit, Gottes Geschichte mit den Menschen in die Welt, ins Hier und Heute zu tragen. Müssen wir dazu Theologie studiert haben? Nein, auch wenn Fachwissen sehr hilfreich sein kann. Aber wenn Gott den Himmel geöffnet hat, können wir alle dieser Offenheit durch Kreativität und Geschichten auf die Spur kommen. Gehen wir mit Gott unter offenem Himmel durch die Welt, mit seiner ganzheitlichen Brille, dann lassen wir uns durch seine Geschichte bewegen und leben sie automatisch vor. So sind wir zugleich Erzählende und Zuhörende. Gottes Geschichte in der Bibel und in unserem Alltag führt uns hin zu den Wahrheiten, aber eben nicht in Form einer Liste an Regeln, sondern in Form einer gelebten Beziehung, einer Geschichte. Das bedeutet nicht, dass Erklärungen oder Nachdenken über Themen egal sind. Aber es bedeutet, dass alle abstrakten Inhalte des Glaubens immer in die eine Geschichte eingebettet sind. Jesus sagte nicht nur, dass jemandem die Sünden vergeben sind, sondern er lebte es vor. Wenn wir die Bibel lesen, dann erfahren wir also nicht nur etwas über einfache Handlungen von Menschen einer früheren Zeit. Vielmehr gehen wir mit diesen Menschen ein Stück ihres Weges mit, erkennen uns zum Teil in ihnen wieder, fühlen mit – und kommen so zu tieferer Erkenntnis. Diese Erkenntnis lädt uns dazu ein, selbst als Weltgestalter Teil dieser Geschichte zu werden. Gott selbst spricht mit seinem Heiligen Geist zu uns, zur Gemeinde und zur Welt. Und wir tauchen, wenn wir ihm nachfolgen, in sein Abenteuer mit ein.

Ob es also um das Thema Kreativität, Geschichten oder andere Themen des Buches geht: Du musst nicht erst jede Frage erklären können, um Gottes Geschichte weiterzugeben. Du kannst einsteigen und weitergehen, egal, auf welchem »Niveau« du dich siehst. Erzähle einfach, was Gott in deinem Leben tut, erzähle deine Geschichte, und unterschätze das nicht. Denn jedes Mal, wenn wir oder andere davon erzählen, was Gott tut, ist es, als würde ein Hinweisschild zum Himmel zeigen. Das ermutigt uns, aber auch die Leute, die zuhören, und es stärkt die Freude und Verankerung an der Quelle des Lebens, die wir in Gott finden.

DAS ENDE FÜHRT ZUM ANFANG

Vom Ankommen und Aufbrechen

Damit kommen wir zum Ende unserer gemeinsamen Reise.

Vielleicht kannst du das, was ich damals am Jägerturm gespürt habe, nun auch spüren: Wir alle, du und ich, dürfen ein verantwortlicher Teil des Ganzen sein, Bürgerinnen und Bürger des Himmels, denn das Reich Gottes ist in jedem Lebensbereich angebrochen!

Womit wirst du nun rausgehen in die Welt? Was ist dir beim Lesen wichtig geworden? Welches Thema hat sich zum Herzensthema entwickelt? Egal, was es auch sein mag, geh einfach los. Schritt für Schritt. Mit deiner ganzheitlichen Brille auf der Nase. Sie wird dir den Blick öffnen – für Kleines und Großes.

Gott segne dich in diesem Sinne. Egal, was auf dich zukommen mag: Er geht mit dir.

Leinen los, Weltgestalter, und Anker lichten.

Der Himmel ist offen!

Deine Nicole